本教材获湖南省教育厅科学研究重点项目（24A0508）、湖南省
（22YBA191）以及 2022—2025 年衡阳市人才办校企

体育专业本科毕业论文（设计）
写作理论、方法与案例

蒋德龙◎编著

九 州 出 版 社

JIUZHOUPRESS

图书在版编目（CIP）数据

体育专业本科毕业论文（设计）写作理论、方法与案例／蒋德龙编著. -- 北京：九州出版社，2025.1.
ISBN 978-7-5225-3609-5

Ⅰ. G642.477；G80

中国国家版本馆 CIP 数据核字第 2025TR0409 号

体育专业本科毕业论文（设计）写作理论、方法与案例

作　　者	蒋德龙　编著
责任编辑	杨宝柱　周　春
出版发行	九州出版社
地　　址	北京市西城区阜外大街甲 35 号（100037）
发行电话	（010）68992190/3/5/6
网　　址	www.jiuzhoupress.com
印　　刷	武汉鑫佳捷印务有限公司
开　　本	787 毫米 ×1092 毫米　16 开
印　　张	27.5
字　　数	392 千字
版　　次	2025 年 1 月第 1 版
印　　次	2025 年 1 月第 1 次印刷
书　　号	ISBN 978-7-5225-3609-5
定　　价	188.00 元

前　言

自教育部颁布《本科毕业论文（设计）抽检办法（试行）》以来，高等学校越来越重视本科毕业论文（设计）质量，对毕业论文（设计）理论指导和实践执行提出了更高的要求。从20世纪80年代开始，徐本立、陈安愧、何敏学、黄汉升、李艳翎、张力为、毛丽娟、郑旗、杨秀芹等教授陆续主编了不同版本的《体育科学研究方法》，为体育专业本科毕业论文撰写和体育科学研究提供指导。但是，专门为首次进行体育科学研究、撰写毕业论文（设计）的本科生编写的理论著作尚付之阙如。因此，我们在以上作者成果的基础上，借鉴其他专业本科毕业论文写作理论和方法，编写了《体育专业本科毕业论文（设计）写作理论、方法与案例》，旨在为我国体育专业本科毕业论文（设计）的写作提供一些参考。

本教材内容从体育专业的发展历史、培养目标谈起，论述体育专业本科毕业论文（设计）的定义、种类、特点和作用，阐述体育专业本科毕业论文（设计）的选题与任务书、文献综述、开题，并详细阐述论文（设计）数据材料的收集整理与分析，勾勒毕业论文（设计）各部分的写作标准和要求，论述毕业论文（设计）的修改和要求，介绍论文（设计）答辩和评审等。本教材共分为两部分。第一部分为理论篇，共十章：第一章是体育专业本科毕业论文（设计）的概述；第二章到第十章按照本科毕业论文（设计）撰写与答辩基本流程编写，分别是体育专业本科毕业论文（设计）选题与任务书、文献综述、开题、研究方法、中期检查、资料的整理与分析、各部分的主要写法、修改、答辩与评审。第二部分为案例篇，选取笔者指导的优秀体育专业本科毕业论文（设计）作为案例。这些案例不仅体现了毕业论文（设计）的选题、研究方法、文献综述、开题报告、资料整理与分析等各个环节的实际操作，也为读者提供了规范的写作范例，便于参考和借鉴。通过对这些优秀论文（设计）的阅读和分析，读者可以更深入地体会体育专业毕业论文（设计）的写作要求和技巧，提高自身的学术研究能力和写作水平。

本教材具有以下特点。

第一，逻辑主线始终围绕一个主题，问题意识强烈。此书的逻辑主线是在体育专业领域中发现问题、分析问题、解决问题、总结规律、传播经验。具体来说，体育专业本科生运用本科期间所学的基础理论和专业知识，尤其是专业技能，发现、分析和解决体育教育教学、运动训练竞赛、体育经营管理等方面的问题。

第二，本教材除了围绕问题意识外，还体现了体育专业本科生的特点。本科毕业论文（设计）与硕士毕业论文（设计）、博士毕业论文（设计）存在较大差异。与硕士毕业论文（设计）、博士毕业论文（设计）相比，本科毕业论文（设计）发现、分析和解决的问题在深度、难度与创新程度上通常处于基础层次。体育本科毕业论文（设计）偏向于体育领域问题解决方面的初步应用。

第三，问题意识的切身感悟性。体育专业本科毕业论文（设计）的选题必须紧密围绕体育专业对应的职业实践。换言之，体育专业本科毕业论文（设计）选题的问题意识要具有切身感悟性。这种切身感悟性要符合"把论文写在大地上"的时代要求。

第四，增加了体育专业毕业设计的内容。与体育专业本科生以往使用的《体育科学研究方法》相比，本教材增加了一个重要的内容——毕业设计。某些体育特色专业，如体育舞蹈专业、体育工程专业、体育新闻传播专业等，要求其毕业生需要具备较强的实际操作和表演的专业技能。

第五，将我国体育专业本科毕业论文（设计）的写作理论与方法，与其他国家的本科毕业论文（设计）的写作理论与方法进行了比较。通过这种国际比较，可以开阔体育专业本科生的国际视野。

第六，本教材针对每一个重点和难点内容都设计了相应的课堂练习，以巩固、强化和突出学生的学习效果。本教材还注重突出重点、突破难点，对于文献综述、问卷设计、观察法、访谈法等重点内容，设计了相应的课堂练习或课后作业。尤其值得一提的是，每个练习都始终围绕着第一次教学作业所提出的课题，一以贯之。

第七，本教材具有较强的指导本科生进行毕业论文（设计）写作的操作性。以往体育专业本科生使用的毕业论文（设计）教材往往侧重于体育科学研究方法的掌握，而未对体育专业本科毕业论文（设计）的本质属性和特点进行论述，对完成毕业论文（设计）的基本流程的介绍也并不完整。此外，一些研究方法对本科生来说难度较大，需要提升对本科毕业论文（设计）写作实践的指导。为了增强写作实践指导的操作性，本教材不仅梳理了体育本科专业的发展历史与培养目标，还论述了体育专业本科毕业论文的内涵与外延，补充了任务书、开题、中期检查、论文修改等重要环节的内容，并且详细地介绍了论文（设计）各部分的写作要求。

第八，本教材精选了优秀体育专业本科毕业论文（设计）案例。一共选取了9篇案例，其中一些案例的选题具有一定的创新性。有些同学的论文甚至达到了在正式刊物上发表的水平，例如《王船山体育思想研究》已经在较高水平的《体育文化导刊》上发表。

本教材不仅包括前辈学者关于体育科学研究方法的理论经验和其他专业本科毕业论文（设计）的写作经验，还包括笔者近二十年体育专业本科毕业论文（设计）的教学实践经验。

在本教材的编写过程中，我们得到了九州出版社编辑的指导和支持，在此表示由衷的感谢！本教材的出版得到了湖南省哲学社会科学基金项目（项目编号：22YBA191）、湖南省教育厅科学研究重点项目（24A0508），以及2022～2025年衡阳市人才办校企合作项目的资助。在此，谨向有关领导、作者、编者表示衷心的感谢！

  教材中可能存在疏漏和不妥之处，敬请专家学者不吝指正。

蒋德龙

2023年11月

目　录

理论篇

案例篇

理论篇

第一章 体育专业本科毕业论文（设计）概述

本章导读

本章梳理了体育专业发展的历史及未来的发展趋势，描述了体育专业培养的目标，并论述了体育专业本科毕业论文（设计）的概念、种类、特点和要求。

学习目标

1.理顺我国体育专业发展简史。

2.了解我国体育专业培养目标。

3.理解体育本科毕业论文（设计）的定义、种类和特点。

4.理解体育本科毕业论文（设计）的地位和作用。

5.熟悉体育本科毕业论文（设计）的要求。

第一节 体育专业概述

一、我国体育专业发展简史

我国的体育学类高等教育可以追溯到20世纪初。标志我国现代体育教育制度确立的事情，是北京高等师范学校设立我国第一个体育教育专业。

1963年，国家计划委员会、教育部修订并发布了《高等学校通用专业目录》，其中体育学类专业共7个，包括体育、田径运动、体操、球类运动、游泳、冰上运动、武术。1988年颁布的《普通高等学校本科专业目录》中，体育学类包括体育教育、运动训练、体育管理、体育生物学、武术5个专业和体育新闻、体育健康康复、运动心理、警察体育4个试办专业。1993年颁布的《普通高等学校本科专业目录》中，体育学类专业共7个，包括体育教育、运动训练、体育管理、体育生物科学、武术、体育保健康复、警察体育。1998年颁布的《普通高等学校本科专业设置暂行规定》中，体育学类专业包括体育教育、运动训练、社会体育、运动人体科学、民族传统体育5个专业，以及少数高校试点的运动康复与健康、休闲体育2个专业。2012年颁布的《普通高等学校本科专业目录》中，体育学类设置了体育教育、运动训练、社会体育指导与管理、武术与民族传统体育、运动人体科学5个专业，以及运动康复、休闲体育2个特色专业；管理学工商管理类设置了体育经济与管理专业。2020年，教育部发布的《普通高等学校本科专业目录》设置了体育教育、社会体育指导与管理、运动人体科学3个专业和休闲体育、运动康复（可授理学或教育学学士学位）、体能训练（2017年增设）、冰雪运动（2017年增设）、运动能力开发（2019年增设，可授理学或教育学学士学位）5个特色专业，以及运动训练、武术与民族传统体育2个国家控制布点专业，另外还设置了体育旅游（2018年增设）、电子竞技与管理（2018年增设）、智能体育工程（2018年增设）3个特色及国家控制布点专业，共计13个专业。此外，管理学工商管理类也设置了体育经济与管理专业。实际上，一些体育院校根据社会对体育专业人才的需求，促进体育与教育、医疗、管理、传媒等交叉协作，还设置了一些独具特色的本科专业，如体育新闻传播、体育旅游管理、舞蹈表演、音乐表演、中医骨伤科学、康复治疗学等。可以预见，随着时代的发展和科技的进步，将会有更多崭新的体育专业涌现。

二、我国体育专业类型

根据国家培养本科生工作方向的性质，我国体育专业可以分为体育教育、运动训练、社会体育指导与管理、电子竞技与管理、运动能力开发、智能体育工程、体育经济与管理等14种类型。其中，体育教育专业主要培养增强学生体质、增进学生健康的体育教师。

根据所属学科门类标准，我国体育专业可以分为教育学门类体育学类体育专业和管理学门类工商管理类体育专业2种类型。其中，体育学类体育专业包括体育教育、运动训练、社会体育指导与管理等13个专业，工商管理类体育专业则包括了体育经济与管理这一专业。

根据出现的时间，我国体育专业可以分为传统体育专业、新兴体育专业以及潜在体育专业。例如，体育教育属于传统体育专业，而智能体育工程则属于新兴体育专业。

三、我国体育专业培养目标

《普通高等学校本科专业体育学类教学质量国家标准》规定：体育学

类本科专业培养德智体美全面发展，具有较好的科学、文化素养和高度的社会责任感，具备现代教育、健康理念，系统掌握体育学基本理论、基本技能和基本方法，具有创新精神和实践能力，具备一定的科学研究能力，能从事与体育相关工作的应用型人才。[①]每个专业既有共性的培养目标，也有个性的培养目标。各专业的具体培养目标如下。

体育教育专业的学生必须掌握现代教育教学理论与方法，以及学校体育课程与教学、课外体育锻炼和训练竞赛的基本理论与方法，具备一定的运动技能和较强的体育教育教学能力，能胜任学校体育工作。

运动训练专业的学生必须掌握专项运动教学、训练、竞赛的基本理论与方法，具备较强的专项运动技能、运动训练指导能力、竞赛组织能力，能胜任专项运动教学、训练与竞赛工作。

社会体育指导与管理专业的学生必须掌握社会体育的基本理论和方法，具备健身运动指导、大众体育活动策划与组织以及体育产业经营与管理的能力，能胜任社会体育方面的工作。

武术与民族传统体育专业的学生必须掌握专项运动教学、训练、竞赛和管理的基本理论和方法，具备较强的武术、养生、民族民间体育基本技能和传播、推广、教育、传承中华民族传统体育文化的能力，能胜任民族传统体育方面的工作。

运动人体科学专业的学生必须掌握运动人体科学的基本理论和方法，具备运动机能评定和体质评价的能力，能胜任运动人体科学及相关领域的工作。

运动康复专业的学生必须掌握现代康复的理论和方法，具备运动康复诊疗和运动防护技能，能胜任运动康复和运动防护方面的工作。

休闲体育专业的学生必须掌握休闲体育的基本理论和方法，具备休

---

① 教育部高等学校教学指导委员会. 普通高等学校本科专业类教学质量国家标准（上）[M]. 北京：高等教育出版社，2018：77.

闲体育项目策划与组织、休闲体育俱乐部经营与管理、体育旅游推广与经营、户外运动指导与管理的能力，能胜任休闲体育方面的工作。

各高等学校在国家基本培养目标和具体培养目标的基础上，根据学校自身条件和办学特色，分析社会发展需要和学生未来发展需求，细化人才培养目标，制定合适的专业人才培养目标，建立必要的定期评价机制，适时调整专业发展定位和人才培养目标，以适应经济社会和体育事业发展的需要。

例如，上海体育学院运动能力开发专业致力于培养具备扎实的人体结构、生理和运动特征等基础知识，能基于自身运动技能，向各类人群传授运动科学知识，制定运动处方并提供训练实践指导；能合理运用运动科学知识，测量、监控不同人群参与运动过程中的表现，并为参与体育运动的人群提供提升运动表现的建议；擅长使用数字化技术，能分析团队和个人在比赛和训练中的运动表现，并提供改善方案；能胜任大众健身和体育健康机构的运动训练指导工作，以及在体育科研机构进行学术研究和实践探索，为各类职业和社会体育运动团体进行数据分析和提升运动表现的高水平复合型人才。

广州体育学院电子竞技运动与管理专业面向区域经济和电子竞技发展需要，培养德智体美全面发展，系统掌握电子竞技运动与管理所必需的基本理论、知识、技能和方法，了解体育运动的基本规律和体育科学的基本理论，具备一定的政治素质、人文背景、实际问题解决能力和创新创业意识，具有电竞专业知识，能够承担电竞IP赛事活动打造、专业战队运营、电竞产业中的教育培训、赛事组织、企业管理、俱乐部管理等工作的专业复合型人才。

北京体育大学智能体育工程专业致力于培养符合数字化时代体育产业需要的新型体育科技人才。该专业注重学科交叉和创新实践，培养掌握体育学、计算机科学、信息科学等相关基础理论知识，具备信息处理与控制相关应用能力和较强的实践能力，能在智能体育、体育大数据、互联网、计算机技术及其他电子技术等领域从事教学、科研和管理的高层次复合型人才。北京体育大学体育经济与管理专业主要培养具备体育学、经济学、工商管理学等专业知识，系统掌握体育经济管理基本技能与实务操作技术，能在体育竞赛表演、健身休闲、用品制造、咨询和培训等行业的体育组织中从事体育经济管理工作的应用型和复合型人才。

河南财经政法大学体育经济与管理专业致力于培养掌握经济学、管理学、体育学等学科基础知识和基本理论，系统掌握工商管理、市场营销、公共经济与管理等专业理论及体育产业经营管理等方面的专业知识，能够熟练运用体育经营管理、市场营销等相关理论和实践操作方法，从事体育产业统筹规划、体育产业运营管理、体育竞赛表演、体育健身休闲、体育培训、体育中介服务等相关领域的组织与管理工作的人才。

衡阳师范学院体育教育专业的人才培养目标是依据党的教育方针、基础教育改革发展的新理念，培养德智体美劳全面发展，具有良好的道德、科学素养和教育情怀，扎实的体育教育基本理论和技能，具备较强的体育教学实践能力、创新意识，初步具有教育教学研究与专业自主发展能力，能在中学和其他教育机构从事体育教学、训练竞赛与管理及学校健康管理工作的高素质应用型人才。该培养目标每4年进行一次修订，每2年进行微调。衡阳师范学院运动训练专业的人才培养目标指出，要全面贯彻党的教育方针政策，坚持五育并举，落实立德树人，培养具有良好的职业道德规范、扎实的专项运动技术与技能、出色的合作与交流意识和一定的自主学习和创新创业能力，适应未来职业和社会发展，从事专项运动训练、体育教学、竞赛组织与管理、体育产业运营与管理等工作的高素质应用型人才。

第二节 体育专业本科毕业论文（设计）

一、本科毕业论文（设计）的概念

1981年，《中华人民共和国学位条例暂行实施办法》第三条对本科学生获得学士学位的论文进行了规定：高等学校本科学生完成教学计划的各项要求，经审核准予毕业，其课程学习和毕业论文（毕业设计或其他毕业实践环节）的成绩表明确已较好地掌握本门学科的基础理论、专门知识和基本技能，并具有从事科学研究工作或担负专门技术工作的初步能力的，授予学士学位。《中华人民共和国学位条例（修正）》（2004年）第四条规定，高等学校本科毕业生，成绩优良，达到下述学术水平者，授予学士学位：较好地掌握本门学科的基础理论、专门知识和基本技能；具有从事科学研究工作或担负专门技术工作的初步能力。在《学位论文编写规则（GB/T 7713.1-2006）》中，学位论文的定义是作者提交的用于获得学位的文献，其中学士论文表明作者较好地掌握了本门学科的基础理论、专业知识和基础技能，并具有从事科学研究工作或独立承担专门技术工作的初步能力。《中华人民共和国学位法》（2024年）第十九条规定，接受本科教育，通过规定的课程考核或者修满相应学分，通过毕业论文或者毕业设计等毕业环节审查，表明学位申请人达到下列水平的，授予学士学位：在本学科或者专业领域较好地掌握基础理论、专门知识和基本技能：具有从事学术研究或者承担专业实践工作的初步能力。[①]

综上所述，毕业论文是高等学校毕业生综合运用所学专业的基础理论、专门知识和基本技能，对本专业理论或社会生产实践领域的某些问题

---

① 中华人民共和国学位法［N］. 人民日报，2024-04-27（006）.

进行研究，从而形成和提交的一份具有一定学术价值的文章。因此，在撰写毕业论文时，必须按照学术论文的要求进行写作。毕业指在学校或训练班学习期满，达到规定的要求，结束学习。论文是就文体而言，即运用所学专业基础理论、专门知识和基本技能对本专业领域内某些问题进行分析、总结并提出解决办法，形成的具有整体性和逻辑性的文本。毕业论文不仅是学生完成专业学习任务后的标志性成果，也是对学习成绩和探索能力的综合性总结和检阅，还是从事科学研究的初步尝试。

撰写毕业论文的一个重要目的是获得学位，属于学位论文的类别之一，包括学士学位毕业论文、硕士学位毕业论文和博士学位毕业论文。作为学位论文的一种，毕业论文与发表在期刊上的学术论文既有一定区别又有一定联系。毕业论文与学术论文在科学性、价值性、创造性等方面存在一定程度的差异，但这种差异不是绝对的，不排除毕业论文在科学性、价值性和创造性方面达到甚至超过学术论文的可能性。

毕业设计是指高等学校相关技术科学专业的应届毕业生，针对某一课题，综合运用本专业相关课程的理论和技术，做出解决实际问题的设计。毕业设计相当于一般专业的毕业论文。毕业论文和毕业设计都是毕业生的综合性、实践性较强的独立性作业，是高等学校的一个重要的教学环节，属于应届毕业生的总结性作业，是应届毕业生根据所学专业培养目标的要求，在指导老师的指导下独立完成的具有一定学术价值的一份作业。

体育专业本科毕业论文是指高等学校本科毕业生综合运用所学体育专业的基础理论、专门知识和基本技能，对体育专业理论或体育运动竞赛实践领域的某些问题进行研究，从而形成和提交的具有一定学术价值的文章。需要注意的是，高等学校管理学的工商管理类专业也设有体育经济与管理专业。因此，工商管理类专业下的体育经济与管理专业本科毕业生运用所学专业的基础理论、专门知识和基本技能，对体育经济与管理实践中的某些问题进行研究，从而形成和提交的具有一定学术价值的文章，与体育专业本科毕业论文具有同等性质。工商管理类专业下的体育经济与管理专业的基础理论、专门知识和基本技能，集中在体育领域的经济行为管理方面。

体育专业本科毕业设计是指高等学校体育专业的本科毕业生，针对某一课题，综合运用体育专业相关课程的理论和技术，做出解决实际问题的设计。例如，智能体育工程专业毕业设计是在智能体育、体育大数据、互联网、计算机技术及其他电子技术等方面解决某种实际问题。再如，体育院校舞蹈学专业毕业设计有两种形式：毕业作品设计（文字档案）和毕业作品舞台展示（视频档案）。又如，体育新闻专业毕业设计是运用所学知识、策划新闻报道、创办报纸、编辑排版、拍摄DV、制作网页、策划广告文案和创意等。体育专业本科毕业设计不仅可以增加学生对学习的兴趣，还能潜移默化地提升学生毕业时的竞争力，为学生进入社会奠定基础。

可见，体育专业本科毕业论文（设计）是学生为获得学士学位，综合运用本科期间所学的基础理论、专门知识和基本技能对体育领域的某些问题进行研究，从而形成和提交的具有一定学术价值的文章（设计）。体育领域包括体育教育教学、运动训练竞赛、体育经营管理等方面的教学方法与评价、竞赛指导与组织、体育品牌与营销、体育文化与社会等。这些问题涉及人们的体质健康、健身娱乐、体育产业发展，乃至国民幸福、政治稳定、经济繁荣、社会文明、人类永恒。当然，体育专业本科毕业论文（设计）对这些问题的发现与分析、归纳与总结、反思与创新的程度仍处于基本水平甚至是较低水平，在科学性、价值性与创新性上与硕士、博士研究生对体育专业相关问题的研究存在一定距离，有较大的改进空间。

二、本科毕业论文（设计）的种类

根据毕业论文（设计）的不同属性，可以进行不同的分类。根据所获学位进行分类，可分为本科（学士学位）毕业论文（设计）、硕士学位毕业论文（设计）[硕士专业学位论文（设计）和硕士学术学位论文（设计）]、博士学位毕业论文（设计）[博士专业学位论文（设计）和博士学术学位论文（设计）]。根据毕业论文（设计）所属学科进行分类，可分为自然科学类毕业论文（设计）、社会科学类毕业论文（设计）。根据毕业论文（设计）的答辩评价等级进行分类，可分为优秀毕业论文（设计）、良好毕业论文（设计）、中等毕业论文（设计）、合格毕业论文（设计）、不合格毕业论文（设计）。根据毕业论文（设计）所属专业进行分类，可分为英语专业毕业论文（设计）、安全工程专业毕业论文（设计）、体育专业毕业论文（设计）、音乐专业毕业论文（设计）等。

根据体育专业本科毕业论文（设计）的不同属性，可以将其分为不同的类别。通过这些类别，我们可以更好地了解体育专业本科毕业论文（设计）的多面属性。例如，根据教育部发布的《普通高等学校本科专业目录》中的13个体育专业，体育专业本科毕业论文（设计）可以分为体育教育专业本科毕业论文（设计）、社会体育指导与管理专业本科毕业论文（设计）、运动人体科学专业本科毕业论文（设计）、休闲体育专业本科毕业论文（设计）、运动康复专业本科毕业论文（设计）、体能训练专业本科毕业论文（设计）、冰雪运动专业本科毕业论文（设计）、运动能力开发专业本科毕业论文（设计）、运动训练专业本科毕业论文（设计）、武术与民族传统体育专业本科毕业论文（设计）、体育旅游专业本科毕业论文（设计）、电子竞技与管理专业本科毕业论文（设计）、智能体育工程专业本科毕业论文（设计）。值得注意的是，教育部规定体育各专业的选题范围和领域要限定在自己所学专业之内。也就是说，体育教育专业本科毕业论文（设计）的选题范围和领域要限定在学校体育教育教学之内，如体育俱乐部运营和体育新闻传播解说等话题是不可选择的。但是这在实际执行过程中存在一定的难度，也在一定程度上限制了体育专业本科毕业生的想象力和创造力，尤其是限制了其今后从业的兴趣。因此一些学校已经放宽了这种限制。例如，在2022年之前，衡阳师范学院要求体育教育专业本科毕业论文（设计）的选题必须限定在学校体育教育教学领域，而运动训练专业本科毕业论文（设计）则没有选题限制。但是，在2022年之后，衡阳师范学院取消了对体育教育本科毕业论文（设计）选题的这一限制，学生可以在体育领域内自由选择选题。

按照答辩后的评价等级，体育专业本科毕业论文（设计）可以分为优秀体育专业本科毕业论文（设计）、良好体育专业本科毕业论文（设计）、中等体育专业本科毕业论文（设计）、合格体育专业本科毕业论文（设计）、不合格体育专业本科毕业论文（设计）。需要注意的是，实际上在高等学校中很难存在不合格体育专业本科毕业论文（设计）。一旦在答辩过程中被评委认定为不合格体育专业本科毕业论文（设计），学生还有修改、补充和完善的机会，经过导师指导和自己的努力修改，可以通过答辩并获得学士学位。当然，也有一些体育专业本科毕业论文（设计）实际上达不到合格标准，但仍然获得了通过，并且作者也获得了学士学位。正因为这种情况，教育部于2020年颁布了《本科毕业论文（设计）抽检办法（试行）》，该办法于2021年1月1日起施行①。其中第四条规定，每年对上一年度授予的学士学位论文进行抽检，抽检比例原则上不低于2%。第十条规定，省级教育行政部门采取随机匹配方式组织同行专家对抽检论文进行评议，提出评议意见。每篇论文送3位同行专家，3位专家中有2位以上（含2位）专家评议意见为"不合格"的毕业论文，将认定为"存在问题毕业论文"。3位专家中有1位专家评议意见为"不合格"，将再送2位同行专家进行复评。2位复评专家中有1位以上（含1位）专家评议意见为"不合格"，将认定该毕业论文为"存在问题毕业论文"。第十二条规定，对涉嫌存在抄袭、剽窃、伪造、篡改、买卖、代写等学术不端行为的毕业论文，高校应按照相关程序进行调查核实，对查实的应依法撤销已授

① 教育部关于印发《本科毕业论文（设计）抽检办法（试行）》的通知（教督〔2020〕5号）［EB/OL］．http://www.moe.gov.cn/srcsite/A11/s7057/202101/t20210107_509019.html.

予学位，并注销学位证书。一般情况下，高等学校会为优秀体育专业本科毕业论文（设计）颁发优秀毕业论文证书。

三、本科毕业论文（设计）的特点

本科毕业论文（设计）作为一种学位论文，具体而言，有以下几个特点。

（一）指导性

毕业论文（设计）是在指导老师的指导下独立完成的科学研究成果。由于毕业论文（设计）是学生毕业前初步尝试的科学研究，所以指导老师的指导作用显得尤为重要。从选题、任务书、文献综述、论文提纲设计、研究方法设计到证明材料的收集整理与分析，再到最后的撰写与答辩，都需要指导老师有经验地引导、规范、督促、鞭策。对于某些需要进行实验的毕业论文（设计）来说，更需要指导老师的亲自指导。这种指导也包括学生参与指导老师的课题，并以该课题的某一部分作为自己的毕业论文。这种基于指导老师的课题形成的毕业论文（设计）通常是几个同届学生各自完成课题的不同部分，最终组合在一起完成整个课题。例如，湖南某高校体育专业同届的3位学生分别以《城镇化进程中舞龙活动的理念变迁研究——以衡阳市大学城为例》《城镇化进程中舞龙活动的组织变迁研究》《城镇化进程中舞龙活动的时空变迁研究》作为各自毕业论文（设计）的题目，完成指导老师的课题《城镇化进程中舞龙活动的变迁研究》。

相比硕士毕业论文（设计）和博士毕业论文（设计），本科毕业论文（设计）的指导性程度较高，但指导老师的指导是在学生的独立性、创造性、能动性基础上进行的，绝不能取代学生，应要求学生充分利用自己所学的基础理论、专门知识和基本技能，刻苦钻研，主动完成毕业论文（设计）的撰写工作。

指导老师通常来自本校本院系。但是某些实践应用性较强的工科类体育专业本科毕业论文（设计）的指导老师可能来自校外，尤其是校外某些企业。例如，某高校的工科类专业鼓励双导师制，聘任校外一些拥有较高教学水平和丰富工程实践经验的科技人员、企业技术人员、管理人员作为兼职指导老师。校内指导老师和企业兼职指导老师协同指导学生的毕业论文（设计），以提高毕业论文（设计）的质量。北京某高校体育智能工程专业也采取了双导师制。未来，这种形式的指导老师选聘将成为一种趋势。

另外，本科毕业论文（设计）指导老师的确定通常是学生与指导老师之间双向选择的结果。学生请求某老师担任自己的指导老师，如果指导老师同意，则视为确定师生之间的指导关系。一般来说，学生与指导老师在大学第四年第一学期之初进行双向选择。在日本的某些高校，学生选择指导老师是单向选择，即学生选择某位指导老师，而指导老师无条件接受。德国应用型大学本科毕业论文更加贴近实际需求，需要在企业中完成，根据企业需要确定题目，由企业指导老师和学校老师共同指导完成。

不同高校对指导老师所能指导的学生的人数有不同的规定，从一个到十多个不等。例如，湖南某高校规定一位指导老师所指导的体育专业本科毕业论文（设计）数量不超过8篇。在双向选择的情况下，可能会出现"落花有意流水无情"的情况。一些指导老师可能会收到十多个甚至更多学生的请求，而有些指导老师由于某种原因可能没有收到请求。收到请求较多的指导老师会筛选一定数量的他认为品学兼优、好学上进、积极努力，尤其对科学研究有兴趣的学生，而那些未能被他选择的学生暂时没有指导老师。此时，高校的毕业论文管理部门会对选择学生过多和没有选择学生的情况进行适当调整。高校对毕业论文指导老师的资格有明确要求，如具有责任心、科研能力和指导能力；在科研能力方面，对本科毕业论文（设计）的指导老师的资格要求，相对于硕士和博士毕业论文（设计）的指导老师的较低。

（二）习作性

毕业论文（设计）是对整个大学期间所学的基础理论、专门知识和基本技能的理解程度、掌握深度、运用效度的综合性的、全面的检验，因此，毕业论文具有习作性特点。毕业论文（设计）习作性的检验主要考查学生的基础理论、专门知识和基本技能，对分析、解决其专业实践领域中的某一问题的契合度、完美度，即基础理论、专门知识和基本技能对现实问题的解析性。需要注意两点：一是基础理论、专门知识和基本技能分析、解决问题的综合性；二是基础理论、专门知识和基本技能分析、解决问题的焦点需要性。要解决专业现实领域中的某个问题，需要综合运用多方面的基础理论、多学科的专门知识和多种基本技能。以体育专业本科毕业论文（设计）中的《小学生校外体适能培训中断原因现象以及对策探讨》一篇为例，这篇毕业论文需要作者运用体育科学研究方法的基础理论，以及体能训练学、体育心理学、体育管理学、体育统计学等专门知识，还需要具备逻辑辩证思维、文献查阅与综述、访谈沟通、写作与答辩等基本技能。

毕业论文（设计）的过程包括选择指导老师、商定论文（设计）题目、查阅相关文献、撰写开题报告、收集整理论证材料、撰写和修改毕业论文（设计）、答辩、修改和毕业论文定稿。本科毕业论文（设计）所需时间最长为一年，最短为半年，具体视高校和专业要求而定。例如，湖南某高校体育专业本科毕业论文（设计）一般从大学第七学期的十月份开始，持续到第八学期的四月份左右，总共大约半年时间；而学前教育专业本科毕业论文（设计）则是在大学第六学期开始，所需时间约为一年。

（三）层次性

与学术论文（设计）相比，毕业论文（设计）的要求相对较低。学术论文（设计）是专业人员进行科学研究和表述科研成果而撰写的论文（设计），一般反映某专业领域的最新学术成果，具有较高的学术价值，对科学事业的发展起到一定的推动作用。一般情况下，本科毕业论文（设计）与硕士毕业论文（设计）、博士毕业论文（设计）在学术价值上具有一定的层次性。当然，并不排除本科毕业论文（设计）在学术价值上能够达到较高水平，甚至超过博士毕业论文或某个专业学者的学术论文（设计）的情况。有些高水平的本科毕业论文（设计）选题新颖、方法和观点的创新性较好，能够在高水平的专业期刊上发表。例如，一名体育专业本科生的毕业论文《王船山体育思想研究》曾在《体育文化导刊》上发表。

在学术价值方面，本科毕业论文（设计）的层次性相对较低，处于基础研究层次，体现在选题范围较宽泛，一般以调查性质的研究为主，主要研究"是什么"的问题，而不是"为什么"或者"应该怎么样"的问题。如果采用实验研究方法完成毕业论文，本科毕业论文（设计）的实验研究方法可能不像真实验类型那样复杂、变量控制较为严格，可能更偏向准实验或弱实验类型的实验研究方法。在文献综述方面，一些本科毕业论文（设计）的文献范围可能不需要包含前沿性的最新研究成果的外文文献。相比之下，硕士生和博士生毕业论文（设计）对文献的经典性、原创性、前沿性要求较高。例如，湖南某高校要求硕士生毕业论文（设计）的参考文献必须包括外文文献且是最近五年之内的。

（四）专业性

毕业论文（设计）的专业性是指检查、检验学生的基础理论、专门知识和基本技能是否能分析、解决本专业某一个专门领域的问题。目前，由于某些专业具有跨学科性和交叉性，该专业所学的基础理论、专门知识和基本技能也具有跨学科性和交叉性，这在体育专业本科毕业论文（设计）中尤为明显。例如体育经济与管理专业既可设在教育学体育学类下，也可设在管理学工商管理类下。

体育专业本科毕业论文（设计）的专业性有一个明确的要求，即无论使用哪个专业的基础理论、专门知识和基本技能，只要能够对体育领域的现象和问题进行分析，就可以得到认可。体育专业本科毕业论文（设计）只要逻辑合理、数据清晰、结构合理、语言表达清楚流畅，便能通过体育专业的学位论文答辩。换言之，体育专业本科毕业论文（设计）仅限于分析和讨论体育领域的问题。例如，运动训练专业的本科毕业可以讨论武侠等与体育紧密相关的文学问题，不允许讨论纯文学方面的问题。

（五）规范性

毕业论文（设计）的规范性是指经过较长时间的提炼和总结，毕业论文已经具有了一套固定的规范、要求和基本格式。

本科毕业论文（设计）作为学生对科学研究的初次尝试，特别强调规范性。《教育部关于狠抓新时代全国高等学校本科教育工作会议精神落实的通知》（教高函〔2018〕8号）、《学位论文作假行为处理办法》（中华人民共和国教育部令第34号）、教育部于2020年发布的《本科毕业论文（设计）抽检办法（试行）》等国家重要文件，以及各高等学校的相关文件中都对毕业论文（设计）规范有明确的规定。本科毕业论文（设计）的规范性不仅涉及封面、目录、正文字体大小等格式和结构方面的规范，还包括参考文献、学术道德、学术诚信等方面的规范。其中，格式、结构、参考文献是最基本的规范，学术道德、学术诚信是隐秘的规范。国际标准、国家标准和高等学校具体细则对此都有明确要求。毕业论文的完成需要遵守规范，违背规范会成为问题毕业论文（设计），将受到相应的惩罚。例如，违背学术道德和学术诚信意味着学术生涯的结束。因此，对本科生进行规范性训练显得尤为重要。《本科毕业论文（设计）抽检办法（试行）》的第十二条规定[①]："对涉嫌存在抄袭、剽窃、伪造、篡改、

---

① 教育部关于印发《本科毕业论文（设计）抽检办法（试行）》的通知（教督〔2020〕5号）［EB/OL］．http://www.moe.gov.cn/srcsite/A11/s7057/ 202101/t20210107_509019.html.

买卖、代写等学术不端行为的毕业论文，高校应按照相关程序进行调查核实，对查实的应依法撤销已授予学位，并注销学位证书。"此外，毕业论文（设计）的规范性也是高校招生、学位点设置，以及本科教育教学评估、一流本科专业建设、本科专业认证及专业建设经费投入等教育资源配置的重要参考依据。

四、体育专业本科毕业论文（设计）的地位和作用

1903年，清政府在颁布、实行的《奏定高等学堂章程》中规定，各学科学生在毕业前夕要完成毕业论文或毕业设计。撰写毕业论文（设计）自此开始，成为高等学校教学中的一个重要环节。体育专业本科毕业论文（设计）的地位和作用具体来说体现在以下几点。

（一）评定学位的必要条件

从1981年的《中华人民共和国学位条例暂行实施办法》到2024年4月26日第十四届全国人民代表大会常务委员会第九次会议通过的《中华人民共和国学位法》，都对本科毕业论文（设计）进行了规定。例如，后者的第十九条规定，接受本科教育，通过规定的课程考核或者修满相应学分，通过毕业论文或者毕业设计等毕业环节审查，表明学位申请人达到下列水平的，授予学士学位：在本学科或者专业领域较好地掌握基础理论、专门知识和基本技能：具有从事学术研究或者承担专业实践工作的初步能力。可见，为了认真贯彻条例规定，无论是哪个本科专业，都应完成毕业论文（设计），以帮助国家培养各类专业人才。在韩国的社会体育、竞技体育指导和跆拳道专业中，其他毕业实践环节指的是获得3个体育相关资格证书即可毕业。

（二）高等学校教学计划的重要组成部分

高等学校各专业的毕业生都要撰写毕业论文（设计）。长期以来，这被视为高等教育教学内容的一个重要组成部分，尤其是新中国成立以来，教育部门重视对大学生实践能力的培养，并正式将毕业论文（设计）列入高等学校各专业的教学计划。在《普通高等学校本科专业类教学质量国家标准》的体育学类教学质量国家标准中，毕业论文（设计）属于体育学类本科专业课程体系的专业知识体系的专业实践、专业课程体系的专业实践课程的科研训练。例如，衡阳某高校体育教育专业的本科课程计划中，毕业论文（设计）安排在第八学期，开课10周，学分为10分，属于教师教育的集中性实践教学；与毕业论文（设计）密切相关的课程《体育科学研究方法》属于学科基础课程，安排在第六学期，持续16周，学分为2分。此外，该专业的教师教育课程中还设有必修课程《教育科学研究方法》，安排在第五学期，开课8周，学分为1分。对于运动训练专业而言，毕业论文（设计）属于专业技能课程集中性教学实践，安排在第八学期，开课10周，学分为6分；与毕业论文（设计）密切相关的课程《体育科学研究方法》属于必修的学科基础课程，安排在第六学期，开课16周，学分为2分。

（三）培养学生解决实际问题能力的重要教学环节

毕业论文（设计）和课堂教学环节紧密联系、相互配合、相辅相成。从某种程度上来说，毕业论文（设计）是各个教学环节的延续与深化，具有其他理论和实践教学环节所不能取代的综合性和实践性。在整个大学教学过程中，虽然科研方法的训练和科研能力的培养一直被视为持续任务，但各门课程和各个教学环节对学生科研能力的训练和培养存在局限性、被动性和零散性。而毕业论文（设计）集中在大学最后阶段，由专门指导老师集中、系统地进行指导。通过精准选题，查阅和梳理文献，设计、修改开题报告，运用观察法、问卷调查法、访谈法以及科学实验等方法进行分析、研究、构思、升华，在指导老师的带领下独立解决一个实际问题，这是对学生进行一次理论联系实际的、全面的、综合性的培养与训练过程。通过这一教学实践环节，学生可以获得以下收获。

（1）掌握本专业知识，并巩固平时学习和训练的成果。例如，体育专业的学生能够掌握人体解剖学、运动生理学、体育教学论、体育竞赛学等基础理论知识，并运用基础理论知识分析、解决现实世界中体育教学、运动训练竞赛、体育经营管理等领域的问题，进一步体会、对比体育理论知识与体育运动竞赛实践之间的差距。

（2）系统地锻炼独立思考、独立工作的能力，初步训练科学研究的基本技能。例如，选择合适的课题、查阅与选题密切相关的文献资料并进行综述、问卷设计与调查研究、进行访谈调查研究、实验设计等。

（3）培养收集、整理、统计资料，并对资料进行描述、分析的能力，以及从中发现体育教育训练、运动训练竞赛、体育经营管理等领域中的规律、特征和问题的能力。

（4）提高逻辑论证思辨、论文结构设计、语言表达等写作能力，并能使用相关工具完成毕业论文（设计）中图表的制作。

（5）激发科研兴趣，增长才智。学生能够在完整的科研训练中获得规范的学术基础训练，为提高发现、分析和解决问题的能力奠定坚实的基础。

（四）检验教学效果、提高教学质量的重要措施

毕业论文（设计）的质量基本上可以反映学生的学习水平和科研能力。各科的教学效果、教师的教学方法的合理性、学生的学习质量、教育教学管理等，都能通过学生毕业论文（设计）的完成情况和质量等方面反映出来。一般而言，如果教师的体育基础理论扎实、业务水平高、教学训练与竞赛指导方法恰当，学生平时观察得仔细、学得扎实、练得扎实、赛得努力、思考得深入，体育教育管理也有序高效，那么学生的体育学基础

理论将更加深厚、专门知识更加牢固、基本技能更加实用熟练，观察、分析和解决体育教育训练、运动竞赛指导、体育经营管理中实践问题的能力也更强，毕业论文（设计）的进行会更加顺利，质量也会提高；反之，则更差。毕业论文（设计）犹如一面镜子、一颗试金石，既反映学生学的问题，也反映教师教的问题，还反映教育管理的问题。需要指出的是，教师不仅包括各门体育理论学科与运动项目术科的教师、通识类课程的教师，还包括毕业论文的指导老师，其中指导老师的态度和科研指导水平至关重要。教师也可以通过对毕业论文中存在问题的分析，不断端正教学态度、改进教学方法，以弥补教学中的不足，进一步提升教学质量。

（五）学生走向社会的桥梁

本科毕业论文（设计）实际上是认识、分析和解决专业领域中的某个问题的归纳总结，经过条理清晰、逻辑严谨的表述而形成的文章。从选题、查阅文献资料、开题论证、实际收集论证材料、分析材料、撰写与修改论文到最后的答辩乃至发表，这个过程必定要与现实社会进行有效接触和沟通，开展深度调查，即使是文史哲之类的本科专业也需要与现实社会进行链接、沟通。因此，毕业论文（设计）是专业"小课堂"与社会"大课堂"有机融合的桥梁。例如，某体育专业本科毕业论文（设计）《城镇化进程中舞龙活动的理念、时间、空间的变迁研究》需要在春节期间与村民、组织者、领导以及商铺老板、顾客进行访谈和调查；《小学生校外体适能培训中断原因现象以及对策探讨》需要到体适能中心观察、访谈，与体适能中心的老板、工作人员、教练以及家长广泛沟通，收集资料以深入分析资料小学生体适能培训中断的原因。这要求学生走出象牙塔，接触纷繁复杂的社会。

第三节　毕业论文（设计）的相关要求

一、毕业论文（设计）指导工作的基本要求

（一）指导教师的资格

毕业论文（设计）的指导教师一般由具有讲师（或相当于讲师）以上职称或具有硕士、博士学位的教师、科研人员、工程技术人员或管理人员担任。指导教师应具备较丰富的理论和实践教学经验、高水平的业务能力、严谨的教风、强烈的责任心。据了解，指导教师对本科毕业论文（设计）的指导通常并没有专门的培训，而是凭借自身积累的科研经验。

（二）指导教师的职责

毕业论文（设计）实行指导教师负责制。指导教师应该对毕业论文（设计）从选题到答辩的整个过程的指导活动全面负责。指导教师的职责包括以下几方面。

（1）指导教师应指定或根据学生的兴趣、今后的工作意向、研究方向，为学生确定论文的选题，并根据选题的性质和要求定期检查学生的工作进度。例如，若学生有意从事体育教师方面的工作，指导教师可以考虑让学生选择体育教育教学的方法、内容、组织与评价、场地器材等方面的选题；若学生有意从事运动竞赛指导方面的工作，指导教师可以考虑让学生选择某一重大赛事的组织、参赛、裁判、技战术等方面的选题。

（2）指导教师应根据学生选题的内容，帮助学生设计相关的调查研究方法，安排学生查阅相关书籍和文献资料，完成开题报告，并指导学生顺利通过开题。研究方法要具体明确，如开题报告中论文提纲必须包含三

级标题。

（3）指导教师应指导或亲自带领学生完成实际材料的收集和整理。例如，带领学生设计、修改调查问卷并试发放；介绍或带领学生进行实地访谈；收集、整理客观实际的数据材料，指导学生完成实验。

（4）指导教师应对学生的毕业论文（设计）内容提出具体要求，按时完成对学生毕业论文（设计）初稿的审阅，并提出相应的修改意见，要求学生反复递进式地进行修改。

（5）指导教师应在答辩前审查毕业论文（设计），客观公正地向答辩委员会提交对学生的工作态度、能力、毕业论文（设计）水平、理论或实践价值等的评语、意见和建议，并评定成绩。

（6）指导教师应指导学生做好毕业论文（设计）的答辩工作，包括答辩提纲撰写、模拟答辩、了解答辩注意事项等。

（三）指导教师相关制度

一般情况下，院系的学术委员会会针对指导教师的相关指导工作制定制度性文件或通知，以督促、监管指导教师的指导工作。某高校体育学院对教师指导工作的相关要求如下所示。

体育科学学院20××级本科毕业论文教师指导工作要求

毕业论文（设计）是本科人才培养的重要环节。为了加强管理，提高本科论文的质量与水平，对体育科学学院20××级本科毕业论文教师指导工作进行以下要求。

（1）以现场指导为主，微信群、电话仅用于通知等辅助手段。

（2）实行导师分组制，集体指导学生。由博士教授为组长，现场指导各导师，集体指导学生。分组表格见表1-1。

表1-1　分组示例表

组别	组长	组员
第一组		
第二组		
第三组		
第四组		
第五组		
第六组		
第七组		

开学后第一周，各组长指导各组教师成员进行选题、任务书下达及开题报告撰写等工作，各指导教师对学生进行现场指导。各组长拍摄开会现场的照片，发给周××老师。

体育科学学院学术委员会
20××年×月××日

二、开展毕业论文（设计）活动的基本要求

各高等学校开展毕业论文（设计）活动的基本要求大致相同，主要包括以下几点。

（1）按照学校统一规定的时间和指导教师的具体要求，按时完成毕业论文（设计）。若因特殊原因无法按时完成，须提前办理相关手续。

（2）毕业论文（设计）必须由学生本人独立完成。尊重他人的知识产权，不得弄虚作假、编造数据，不得抄袭或剽窃他人的成果。

（3）毕业论文（设计）成果、资料应及时按照规定整理装订归档，上交学校（教师）。学生对自己的毕业论文（设计）的处置需获得学校或指导教师的允许。

三、毕业论文（设计）撰写的基本要求

（一）内容要求

1. 现实性

现实性主要指本科毕业论文（设计）的现实关怀，即问题意识。现实性是本科毕业论文（设计）必然的特性。大学所学的基础理论、专门知识和基本技能只有在对该专业现实问题的分析、讨论与解决中才能得到一定程度的检验。而毕业论文就是分析、讨论与解决现实问题的结晶。现实性的问题意识只能是基础理论、专门知识和基本技能中某一个方面的问题意识。例如，某体育教育专业本科毕业论文的主题是实习生体育课堂教学中如何把握重难点以及如何突出重点、突破难点，而不是对体育课堂教学中的教学目标、教学内容、教学组织、教学方法、教学评价等所有方面的问题进行研究。需要注意的是，虽然研究的只是体育课堂教学中的重难点问题，但是关于体育课堂教学中的重难点的基础理论、专门知识和基本技能是一个体系，需要全部掌握。

2. 客观性

客观性要求作者一切从实际出发，以客观事实为基础，对研究课题进行周密的调查研究或科学实验，从调查和实验所获取的大量真实可靠的资料、数据中研究、分析、提炼论点，并选取资料，以正确的立场、观点、方法进行逻辑论证，最后得出结论。所有观点、意见和结论必须建立在客观事实的基础上，绝不能主观臆造。即使是假设性的毕业论文（设计），也必须以充分的事实、真实的资料为基础，具备客观性。要注意区分历史客观性和现实客观性。历史客观性要求收集、寻找原始的第一手经典的历史材料。例如，《王船山体育思想研究》的历史客观性体现在查询王船山的经典著作和相关论述，搜寻其中有关王船山养生健身的内容。

3. 科学性

科学性要求毕业论文（设计）的作者以正确的世界观和方法论为指导，正确地反映客观事物，并揭示其规律；以科学理论和科研实践为基础，采用严谨的态度去探索未知，并得出结论。立论要客观、正确；论据要可靠、充分；论证要符合逻辑、严密、有力；表述要严谨、准确。要求作者以科学的精神和求真务实的态度进行写作，以对学校负责、对自己负责的态度对待论文写作。体育专业本科毕业论文（设计）的科学性体现在通过使用各种正确的方法，系统、完整、连贯地描述体育教育训练、运动竞赛指导、体育经营管理等领域中某个方面的认识、规律、特征、因素、方法。例如，《小学生校外体适能培训中断原因现象以及对策探讨》的科学性体现在通过实地调查，从家长、教练、学生以及其他方面（如场地器材等）等进行分析，每个方面都包括对主观原因和客观原因的分析，系统完整地反映了小学生校外体适能培训中断的原因。

4. 创造性

创造性要求作者拥有创新思维，能在毕业论文（设计）中提出新见解、解决新问题，不能人云亦云。一般来说，满足以下条件之一即可认为具有创造性。第一，对学科领域中的某个问题提出了一定的认识和看法，具有一定的理论意义和实际意义。第二，采用新颖的论证角度或新的实验方法研究已有的问题，得出启发性的结论。第三，虽然研究主题一般，但披露了重要的新资料、新事实，例如，某位本科生的毕业期恰好是里约奥运会期间，她对女排决赛中双方发球失误的次数、落点、发球动作等方面的统计是新资料、新事实。第四，使用相关学科的理论较好地提出并在一定程度上解决了本学科的某个问题。第五，运用学科的知识解决了某个问题，或为某个问题的解决提供了新观点、新数据，具有一定的实效。第六，全面归纳、总结他人的全面资料和观点，得出结论性论点或提出自己的新见解。这主要指对某个问题的已有研究进行全面梳理，即文献综述。

总之，观点正确、客观、富有新意是对毕业论文乃至所有学生论文的内容要求，也是毕业论文的价值所在。同时，需要注意的是，本科毕业论文（设计）必须具有创新性，但是对创新点的数量和创新深度的要求一般不高。本科生应始终持有问题意识，并运用所学的专业理论知识和技能进行仔细观察、分析与思考，这本身就是一种潜力无限的创新。

（二）文风要求

写作态度严肃，数据来源清楚、可靠、准确。论文结构完整、合理、层次清晰，论据充分，推理论证具有逻辑性，语言精练、用词准确、文风朴实、行文流畅。

（三）文体要求

从文体上看，毕业论文（设计）属于议论文。它要求作者以自己的实践或客观的调查研究数据为基础，阐述和论证自己的观点（设计），或者提出学科中某个问题，综合已有的研究成果，指明进一步探讨的方向。无论是哪个专业的毕业论文（设计），从形式上来说，都需要具备议论文的一般属性，即论点、论据和论证。文章主要以逻辑思维的方式展开论证，强调在客观事实的基础上，展示严谨的推理过程，得出令人信服的科学结论或提出有建设性的意见。

（四）格式要求

首先，毕业论文（设计）需要符合国家对学术论文（设计）撰写的相关规范。其次，要满足学校对学生毕业论文（设计）表现形式的具体要求，包括题目、署名、摘要、参考文献、致谢、篇幅文字、正文采用的字体和字号等方面。

（五）过程要求

本科毕业论文（设计）的完成过程通常要经历以下步骤：毕业生与

指导老师双向选择、选题、任务书的安排、文献综述、通过一定的研究方法获取相关资料、中期检查、整理与分析资料、论文撰写、盲审、论文答辩、论文抽检等。这些过程环环相扣，不能互相替代和疏漏。每个过程对于优秀毕业论文来说都是必不可少的。

本章小结

体育专业发轫于20世纪初，目前，《普通高等学校本科专业目录》中公布了体育教育、运动训练、民族传统体育、智能体育工程等13个体育专业，多个试办体育专业，涵盖了教育学、管理学、医学、艺术学等多个学科，为国家社会培养了大量体育专业人才。体育专业本科毕业论文（设计）是学生为获得学士学位，综合运用本科期间所学的基础理论、专门知识和基本技能发现、分析和解决体育领域的某些问题，从而形成和提交的一篇具有一定学术价值的文章（设计）；具有指导性、习作性、专业性、层次性和规范性等特点；在本科生培养中具有重要的地位和作用；撰写时要体现现实性、创造性、客观性和科学性。

章节练习

一、思考与探索

1.体育专业的发展历程是什么？

2.体育专业本科毕业论文（设计）如何定义？

3.体育专业本科毕业论文（设计）有哪些种类？

4.体育专业本科毕业论文（设计）有哪些特点？

5.撰写专业本科毕业论文（设计）的地位和作用是什么？

6.你的毕业论文（设计）想研究哪些方面？可以用哪些关键词表示？

7.为了完成你的毕业论文（设计），你将付出哪努力？

二、讨论与作业

1.谈谈你所学专业的历史、培养目标及发展趋势。

2.谈谈你所学专业的基础理论、专门知识和基本技能。

3.你是否能够运用所掌握的专业基础理论、专门知识和基本技能来分析、发现和解决专业问题。

第二章　体育专业本科毕业论文（设计）的选题与任务书

本章导读

本章在区分体育问题、体育课题与体育选题的基础上，论述了选题对于完成毕业论文的重要性；界定了选题的概念、原则、程序与方法，其中，重点介绍了选题的程序与方法；指出了本科毕业论文（设计）选题常见的错误；介绍了任务书的地位、内容、格式。

学习目标

1.在理解体育问题、体育课题与体育选题的基础上，理解体育专业本科毕业论文（设计）选题的定义。

2.理解体育专业本科毕业论文（设计）选题的意义。

3.理解体育专业本科毕业论文（设计）选题的原则。

4.了解体育专业本科毕业论文（设计）的方法。

5.掌握体育专业本科毕业论文（设计）选题的程序。

6.了解论文选题的注意事项与常见错误。

7.了解体育专业本科毕业论文（设计）的任务书。

第一节　选题的概念与意义

一、选题的概念

（一）体育问题

选题的"题"指的是问题，而且是科学的问题，也即课题。哲学方法论认为，问题就是矛盾。假如从已知与未知的矛盾出发，那么由已知向未知发展是问题的提出，由未知向已知转化是问题的解决。从传统意义上说，问题是人们在一定的实践和认识活动中出现的矛盾；从现代意义上说，问题是客观事物现状与期望之间的差距。体育问题是人们在一定的体育实践和认识活动中出现的矛盾，是体育运动现状与期望之间的差距。

根据问题所属的体育专业，目前至少有13个体育专业领域问题。体育教育领域问题，包括教学内容的现状、选择、编排，教学方法的现状、选择、执行，以及教学评价的时机与程度把握等。运动训练领域的主要问题为现状与期望之间存在差距，如跑得慢与跑得更快、跳得低与跳得更高、投得近与投得更远、投球不准与投得更准等。体育竞赛领域存在裁判偏向、误判问题，运动员受伤问题，球迷骚乱问题等。此外，还有体育旅游、电子竞技与管理、智能体育工程等专业领域问题。根据问题的表现形式，体育问题可以分为体育场馆问题、体育技术问题、体育理念问题、体育价值问题等。根据问题求解的类型，体育问题可以分为陈述性体育问题（如单手肩上投篮球的运行轨迹）、因果性体育问题（如单手肩上投篮投不进的原因），以及过程性体育问题（如单手肩上投篮的用力顺序）。

拓展

伟人的体育问题

国力苶弱，武风不振，民族之体质日趋轻细，此甚可忧之现象也。提倡之者不得其本，久而无效，长是不改，弱且加甚。

——毛泽东《体育之研究》

（二）体育课题

科学研究始于问题，始于研究者对特定领域问题的发现、提炼和选择。但是，并非每个问题都可以成为科学问题。科学问题是一定时代的认识主体，在当时的知识背景下，提出的关于认识和实践需要解决但尚未解决的矛盾。科学活动是探索未知世界的过程，而科学问题则是科学探索的焦点、科学发现的逻辑起点。课题是科学领域中尚未被认识和解决的科学问题。换句话说，课题是现状与运动实践之间、理论与事实之间、理论和事实本身的各种尚未彻底认识和解决的矛盾。对科学而言，课题和问题都是值得研究探讨的未知的科学问题。但是，问题是课题的基础；课题是问题的深化，是由有价值、有创造性的问题进一步形成的。课题是具有独立性、明确意义的科学问题，是基于科学根据，能用科学术语明确表达的问题。从问题到课题的转变的条件是，该问题是否属于"尚未得到解决"的范畴，这与主体和时代相关。一些问题对某些主体来说可能已经解决了，但对另外一些主体来说可能仍然是未解决的；一些问题在当前时代是无法解决的，但随着时代的发展，能够被解决。而且，同一个主体目前可能无法解决某个问题，但过一段时间后却能够解决。无疑，体育领域中，一定时代的认识主体在当时的知识背景下提出的关于认识和实践中需要解决而又尚未解决的问题，称之为体育课题。

根据体育专业，目前，体育课题可以分为体育教育课题、运动训练课题、运动康复课题、社会体育指导与管理课题、体能训练课题、电子竞技管理课题、运动能力开发课题、休闲体育课题等。根据科学问题的表现形式，体育课题可以分为体育场馆课题、体育技术课题、体育理念课题、体育价值课题等。根据体育课题求解的类型，体育课题可以分为陈述性体育课题（如单手肩上投篮球的运行轨迹）、因果性体育课题（如单手肩上投篮投不进的原因），以及过程性体育课题（如单手肩上投篮的用力顺序）。

（三）体育选题

选题是指选择科学的问题，也即选择课题，或者说选择科学领域需要解决而又尚未解决的课题。体育科学研究选题是体育科研工作者在对已获得的资料信息进行分析研究的基础上，有目的、有步骤地选择体育领域中尚未被认识和解决的科学问题进行研究的过程。

对于毕业论文（设计）而言，选题意味着确定"写什么"的问题。毕业论文（设计）的选题是指学生在指导老师的指导下选择和确定论述范围或研究方向——需要解决而又尚未解决的课题，确定"写什么"的问题。体育专业本科毕业论文（设计）选题是指体育专业本科生在指导老师的指导下在对已获得的资料信息进行分析研究的基础上，有目的、有步骤地选择和确定体育教育训练、运动竞赛指导、体育经营管理等方面需要解决而又尚未解决的课题进行研究的过程。这个过程一般是指从体育教育训练、运动竞赛指导、体育经营管理等领域出现或遇到的现实问题切入，然后确认这个问题是需要解决而又尚未解决的科学问题（课题）的过程。在这个过程中，学生需要密切关注、追踪、思考体育现实领域的热点、痛点、兴奋点问题，以确定课题的选择。同时，需要查阅相关资料或运用大学期间所学的基础理论来了解，该课题是否已经基本解决或解决的程度。

需要注意的是，体育专业本科毕业论文（设计）的选题与主题是有区别的。体育专业本科毕业论文（设计）的主题是作者通过各种材料所表达的中心思想，体现作者的主要意图，包含作者对文章所反映的客观事物的基本认识、理解和评价。它贯穿和统领整篇论文，是论文的中心论点。选题的"题"是指需要解决而又尚未解决的科学问题，而主题则是作者通过一定程度的研究给出的这个科学问题的答案。

二、选题的意义

美国哈佛大学威尔逊教授在《科学研究方法论》中指出："所谓优秀科学家，主要在于选择课题时的明智，而不在于解决问题的能力。"[①]爱因斯坦也提到："提出一个问题往往比解决一个问题更重要，因为解决一个问题也许仅仅是数学上、实验上的技能而已，而提出新的问题、新的可能性，从新的角度去看旧的问题，则需要富有创造性的想象力，而且标志着科学的真正进步。"[②]

从科学研究的系统性来看，选题是科学研究的起点、目标和关键，是科学研究者素养的综合体现。因此，有人说："论文的选题好，等于完成了毕业论文的一半工作，接下来的一系列工作如确定标题、搜集材料、选择论证方法以及篇章内容的组织安排等就能够顺利进行，反之则不然。"[③]具体来说，选题的意义体现在以下几个方面。

首先，选题可以确定文章的论述角度、方向和规模。在大学中，学生所学专业繁多，而每一个学科都有许多需要探索和解决的问题。对于刚接触科学研究的毕业生来说，要明确提出一个对学科理论和生产实践具有重要价值和深远影响的研究课题难度很大。根据哲学认识论的观点，我们在对各种客观资料进行研究的过程中会产生各种各样的想法和见解。这些想

---

① ［美］E. B. 威尔逊. 科学研究方法论［M］. 石大中，鲁素珍，等译. 上海：上海科学技术文献出版社，1988：1.

② ［美］爱因斯坦. 物理学的进化［M］. 周雄威，译. 上海：上海科技出版社，1962：66.

③ 初景利，王珏，任娇菡. 图书馆学期刊论文的选题策略［J］. 图书馆学刊，2022，44（10）：1-7.

法和见解是宝贵的，同时又是凌乱的。由于它们尚处于分散状态，不能将它们全部写入文章，必须有一个选择、鉴别、归拢、集中的过程。随着有选择地分析和研究资料，我们的认识会逐渐深入，从对个别事物的个性认识上升到对一般事物的共性认识，从对象的具体分析中寻找彼此间的差异和联系，从而从获得的大量信息中进行选择和提炼，最终形成自己的观点并确定下来。这个从个别到一般、从分散到集中、从分析到综合的认识发展过程就是从感性认识到理性认识的过程，也可以称为毕业论文（设计）论题的确定过程。一旦选题确定，就可以据此确定文章的论证方向、角度和规模等其他事项。

其次，合适的论题能调动作者的积极性、主动性和创造性，从而保证写作顺利进行。在毕业论文（设计）的选题过程中，有些学生的论题范围过大、难度较高。由于知识积累不足，学生往往无法对这种选题进行深入研究，最终难以完成写作任务，即使勉强完成了论文，论文的质量也较低。有些学生的选题范围过小，过于简单，导致在写作中观点无法得到很好的展开，内容空洞、论述肤浅、内容局限、缺乏宏观视野，最终也会影响论文的质量。只有恰当适中的选题，才能有效调动作者的知识储备，检索相关知识，并逐渐形成初步的写作思路。调动作者的写作兴趣，激发其积极性、主动性和创造性十分重要，思维一旦活跃起来，研究中遇到的问题就能够被一一解决，从而保证写作的顺利进行。

再次，选题能够影响毕业论文（设计）的质量、学术水平和学术价值。毕业论文（设计）的质量和学术价值取决于论文的完成度和客观性，但选题作为论文写作的第一步具有重要意义。选题不仅仅是确定题目和写作范围，同时确定选题的过程也是一个创造性思维的过程，在此过程中，作者需要经过多方思考、比较、反复推敲、精心策划。题目确定就表明作者头脑中已经初步形成了论文的轮廓。正如我国著名哲学家张世英所说："能提出像样的问题，不是一件容易的事，却是一件很重要的事。说他不容易，是因为提问题本身就需要研究。一个不研究某一行道的人，不可能提出某一行道的问题，也正因为要经过一个研究过程，才能提出一个像样的问题，所以我们也可以说问题提得像样了。这篇论文的内容和价值也就很有几分了，这就是选题的重要性所在。"因此，在确定选题过程中，能否创造性地发现一个对现实生活有重要影响、具有一定科学价值的课题是毕业论文（设计）能否达到科学性、创造性和现实性的先决条件。

最后，选题为工作实践奠定基础。毕业论文（设计）撰写是毕业生用在学校中学到的理论知识来解决实际问题，是为毕业后继续从事理论探讨和科学研究做准备。一个好的课题如果研究得透彻，将为毕业后从事相关工作提供很大的便利，并且容易获得成果。这也是一些学校要求毕业论文（设计）选题必须在专业范围内的重要原因。例如，一般情况下，体育教育专业的毕业生今后将从事学校体育工作，因此，毕业论文（设计）选题限定在学校体育范围内，有助于其毕业后从事学校体育工作。许多高等体育院校除了本专业外还有一个专修方向，毕业生往往会选择与自己专修方向紧密相关的问题进行研究。例如，某运动训练专业的学生的专修方向是田径，且主项是400米跑，成绩是国家一级。有趣的是，他的母校每年都会有学生获得全国比赛前三名，因此，他的毕业论文就以母校的400米跑训练与管理的经验与展望为题。这样，他的毕业论文选题为他今后成为田径教练奠定了基础。

第二节　选题的原则

一、专业性原则

专业基础是科学研究的前提条件，只有具备扎实的专业基础，才能在科学研究中发现真理并有所建树。选择本专业的课题能使学生综合运用所学知识，促进专业的发展，并取得优秀的成果。例如，体育教育专业的学生可以从体育教学方法、体育教学内容的选择与改编、体育教学组织的设计与安排、学生体育素养的培养等方向进行选题选择。运动训练专业的学生可以从竞技比赛（如各球类技术战术）、球迷骚乱、裁判员判罚尺度、运动项目制胜规律等方向进行选题选择。社会体育指导与管理专业的学生可以从社会体育指导员等级制度、老年人广场舞指导与管理、贵州"村BA"与"村超"的社会效应与推广、湖南株洲的"厂BA"超越与发展等方向进行选题选择。

虽然抛开自己的专业优势，选择与所学专业无关、跨度很大的其他领域的问题进行研究，也有可能写出优秀的论文，但在有限的写作时间内，对学生来说，困难相当大。同时，对指导老师来说，也难以提供有效的指导。坚持以专业为本的原则是顺利完成毕业论文（设计）的前提，也是毕业论文（设计）教学环节的基本要求。只有如此，毕业论文（设计）才能直接反映出学生在大学期间的学习情况、对基础知识的掌握程度、处理问题的能力。此外，在本专业内选择选题，学生可以充分利用所学知识，创造性地进行发挥。总之，无论从学生和学校的角度来看，还是从毕业论文（设计）的实际情况来看，选择本专业的论题是必要且必需的，百益而无一害。

二、实用性原则

所谓实用性，即所选课题应能回答和解决现实生活或学术研究领域中的实际问题，具有实际效益或学术价值。实用性原则也可以称为效益原则或价值原则。

（一）选题的现实价值

科学研究的最终目的，归根结底是为了满足社会需要。为了最大限度地发挥学科理论的实际效用，毕业论文（设计）的选题应重视解决现实问题。学生应密切关注本专业的发展状况和趋势。体育教育专业应在学校体育范围内的体育教学、锻炼、竞赛等实际问题中选择选题，例如针对青少年肥胖、近视眼、耐力差等体育素养问题提出新的解决理念、方法和手段。运动训练专业应在体育运动训练、竞赛与管理等范围内选择选题，例如核心力量训练的新方法和新运动器材的使用。

（二）选题的学术价值

我们强调选题的实用性，绝非主张急功近利的实用主义，也绝非提倡选题必须具有直接的效益作用。有些毕业论文（设计）的题目，表面上看似乎没有什么明显的现实意义或没有直接的实际研究价值，但对于训练思维、掌握方法，以及个人的偏好选择等方面具有潜在的推动力。例如，典籍的考证、历史人物的研究（如《王船山体育思想研究》）等，这类选题与人们的现实思想和实际距离较远，但从发展的角度来看，它们能够表示某种趋势，甚至在未来的某个时期可能产生不可估量的影响。因此，学术价值也是选题时的重要参考因素之一。

三、创新性原则

毕业论文（设计）的成功与否、质量高低、价值大小，在很大程度上取决于论文是否有新意。所谓新意，指的是在论文中表达自己的新见解、新观点。毕业论文（设计）的创新要求在前人的基础上有所突破，有独立的见解。例如，选择前人未曾探索过的新领域、前人未曾研究过的新课题，或者从新的角度探索旧课题，在前人成果的基础上进一步研究，提出自己的新发现等。实现创新性可从以下几个方面入手。

第一，从观点、题目到材料以及论证方法都是新颖的。这样的论文不仅具有较高的价值，还会产生重要的社会影响，但撰写难度也相应较大。

选择这类课题时作者必须对某些问题有深入研究，且有扎实的理论功底和写作经验。对于毕业论文（设计）来说，选择此类课题需要十分慎重。

第二，以新的材料论证旧的课题，提出全部或部分新观点。

第三，以新的角度和新的研究方法重新探讨已有课题，提出全部或部分新观点。

第四，质疑已有观点、材料、研究方法，尽管自己未能提出新的观点，但能够启发人们对某一观点进行重新思考。

要做到选题新颖，必须在总结和发展相关科学领域的实践经验和理论成果的基础上进行选题。如果没有这个基础，那么不可能实现研究成果的创新。因此，体育专业毕业生要广泛而深入地查阅文献资料，开展实践调查，熟悉所研究领域的发展水平和最新成果，然后再确定自己的研究课题。只有这样，论文才能有突破和创新，才具有意义。正如牛顿所说："如果我看得更远，那是因为我站在巨人的肩膀上。"①

对于初涉体育科学研究的本科生，一般而言，不对其在创新方面有太高的要求。但初涉体育科学研究的本科生，不应以此作为降低写作标准的借口，应在力所能及的范围内，力求在不同程度的"新"字上不懈努力。

四、可行性原则

所谓可行性，指的是论题能被研究的现实可能性及充分考虑论题的难易程度、工作量，在一定时间内获得研究成果的可能性。

第一，从主观条件的影响因素来看，选题必须考虑个人的知识、能力、专长、兴趣。毕业论文（设计）是对学生学习成果的综合性考核，选题的方向、大小、难易都应与学生自身的知识积累、分析问题和解决问题

---

① 杜红平，王元地. 学术论文参考文献引用的科学化范式研究［J］. 中国科技期刊研究，2017，28（1）：18–23.

的能力、写作经验相适应。只有难度适当，方可循序渐进。综合运用之前所学的基础理论，参考必要的文献来研究和解决新的实际问题。尽可能地迎合自己的特长和兴趣，选择那些能够充分发挥自己专长且学有所得、学有所感的课题，这是因为一个人对某个方面的研究越是专注，就越能发现问题，训练的内容也越丰富。若个人兴趣浓厚且积累了大量资料，写作时就能思路开阔、联想丰富、论述深刻。在自己的特长和兴趣范围内认真挖掘、细致观察和反复思考，能够发现许多有价值的选题。

第二，从客观条件的影响因素来看，选题还应考虑资料、设备、时间、经费以及科学上的可能性。一是要考虑是否有相关资料或资料来源。资料是论文写作的基础，没有资料或资料不足就无法完成论文，即使勉强完成，也会缺乏说服力。资料可以分为第一手资料和第二手资料。第一手资料是指亲自考察或实验获得的，包括各种观察、访谈或实验数据。第二手资料的主要来源是图书馆和资料室的文献资料。二是要考虑以下几个方面：是否具备完成选题的物质条件；是否有合适的指导教师；是否有足够的时间和经费等支持。

第三，选题需要注意难度适中、大小适中、深浅适度，切忌好高骛远。本科生提倡先研究小题目。著名学者胡适主张"小题上大做可以得到训练"[①]。语言学家王力也认为"应该写小题目，不要搞大题目"[②]。用小题目写出优秀的论文需要具备一定的功力。如能深入钻研，究其本质，并提出独到的观点，那就是一篇成功且有价值的论文。在体育领域的各个专项、各个学校、各项工作中，存在着大量小而有意义的问题需要解决。比如，以《高中生自有体育器材的调查研究》为题的本科毕业论文，紧扣"自有体育器材"展开了层层细致的调查，被评为优秀毕业论文。

---

① 郑泉. 通往教育革新之路——胡适的语文教育思想研究［D］. 贵阳：贵州师范大学，2015.

② 郝清杰. 谈人文学科研究生的研究选题［J］. 中国高教研究，2010（7）：31-33.

第三节　选题的方法

　　毕业论文（设计）的选题分为规定性命题和自选命题两种形式。规定性命题是由指导教师拟定题目，经学院和系审批，批准后由系向学生公布，由学生进行选择。自选命题则是由学生自定选题，即学生根据自己的专业特长、兴趣爱好以及未来从事的工作等，自由选择符合时代要求的创新型问题。要想获得理想的选题，除了遵循一定的原则外，还必须注重选题方法，一般来说，毕业论文（设计）选题通常有以下几种方法。

一、学习心得法

　　在几年的专业学习过程中，学生对所学课程内容会有自己的心得体会，这些心得体会包括对课程内容的独到见解、对课程内容的发展延伸的新发现、对课程内容进行不同角度审视、对课程内容的不同意见，而这些心得体会往往是课题的生长点。在此基础上形成的论文选题，一方面可以加深学生对所学知识的综合理解，提高撰写论文的效率；另一方面，学生往往能够做到有感而发，观点鲜明，论文有思想、有内容。心得体会往往是特定的观点和建议，要将其转化为论题，并全面了解相关基础知识，建立论题的背景知识体系，然后在背景知识的学术范畴和知识构建中对观点、见解、建议进行审视，确定需要解决的问题，这就形成了毕业论文（设计）题目。

二、查阅文献法

　　通过查阅文献资料、参加学术报告会等方式，了解本学科的研究历史与现状，特别是选题涉及的领域的研究历史与现状。然后确定自己的毕业论文（设计）选题。了解本学科的历史，可以了解到已经进行了哪些研究，取得了什么成果；明确本学科的研究现状，能知道现阶段的研究达到了什么程度，哪些问题尚未得到解决，本学科专业发展的新动向、新问题是什么。对这两方面的资料掌握得越多，情况就越清楚，越有可能产生新颖独特的选题。

三、实践调查法

撰写毕业论文（设计）本质上是一种科学认识活动，确定毕业论文（设计）选题是确定科学认识对象的社会活动。实践及其发展的需要是认识知识产生的根源和发展的动力。参与实践活动，调查分析实践中的问题，也是确定毕业论文（设计）选题的重要途径之一。在体育教育教学、运动训练竞赛、体育产业经营管理等实践中，存在许多需要解决的问题，比如新产品的开发、工艺的改进、设备的更新以及引进设备的吸收。只要深入实践，都可以找到真正的选题。

四、题库选题法

根据专业课教师的研究成果和学术前瞻，建立各个专业的毕业论文（设计）题库，学生从中选择论题作为毕业论文（设计）选题，是一种直接可靠的方法。毕业论文（设计）题库中的论题主题会有大小之分。一般来说，小主题论题针对某个具体问题，其性质、目标及研究方法都有限制，学生的发挥空间较小；而大主题论题提供了一个较大的问题范畴，给予学生一个较大的选择空间，便于他们发挥主观能动性。在建设毕业论文（设计）题库时，指导教师除了提供一定数量的小主题论题外，也应提供更多的大主题论题，以激发学生的兴趣，调动他们的积极性。从教师的科研项目中选题有利于培养学生的科研能力。

第四节 选题的程序

选题的程序是指科学研究从联结研究领域到确定研究论题的全部步骤。从体育实践和体育科学的发展中发现问题，从众多的问题中选择合适的课题，最终形成有价值的研究论题，是一个科学的系统抉择过程。

首先，联结研究领域，显现中心词。研究领域是指科学研究所涉及的某一类现象或问题范围，也可以称为研究方向或研究主题。研究领域具有相对宽泛性，也更具一般性，是一种客观事实存在。联结是指研究者自身的理论知识、技能储备、兴趣专长，与某一类现象或问题的发现、分析与解决相一致。联结研究领域具有比较强烈的目的性，旨在发现、分析和解决问题（体现实用性原则）。所联结的研究领域最好是基于切身的体验、体会（学习心得法），至少是观察过、听说过的（实践调查法），感同身受的。确定体育专业本科毕业论文（设计）选题的第一步是让体育专业本科生根据自己在大学期间所学的基础理论知识、技能储备和兴趣专长，与体育现象或问题的发现、分析与解决进行一致性的匹配。所联结的研究领域一般应该在自己的专业范围内，用一个突然闪入脑海的中心词或者关键词（体现专业性原则）来表达。例如，体育教育专业的学生可以选择"体育课堂教学""课间操""课余体育锻炼"；体育经济与管理专业的学生可以选择"体育消费""体育营销""体育品牌"等；运动训练专业的学生可以选择"训练方法""运动负荷""体疗康复"等；民族传统体育专业的学生可以选择"舞龙舞狮""太极拳""体育非物质文化遗产"等。换句话说，确定体育专业本科毕业论文（设计）选题的第一步，我们可以用一个中心词或关键词表述联结的研究领域。

其次，明确研究领域的主体，限定中心词。一般而言，一个研究领域包含不同的研究主体。例如，体育教育专业中的研究领域"课余体育锻炼"涵盖"中国学校课余体育锻炼"和"国外学校课余体育锻炼"，这里的"中国"和"国外"就是不同的研究主体；也可以是"大学生课余体育锻炼""中学生课余体育锻炼""小学生课余体育锻炼""幼儿园儿童课余体育锻炼"，这里的"大学生""中学生""小学生""幼儿园儿童"就是不同的研究主体；另外，还可以是"高三学生课余体育锻炼""初三学生课余体育锻炼""残障学生课余体育锻炼"，这里的"高三学生""初三学生""残障学生"就是不同的研究主体。"课余体育锻炼"领域中包含众多的研究主体，涉及许多需要分析和解决的问题，如果仅以此为选题，那么研究将会十分复杂，难以进一步开展。确定体育专业本科毕业论文（设计）选题的第二步是根据自身能力确定研究领域的主体（体现可行性原则），即为研究领域表达的中心词或关键词限定一个能够把握的研究主体，在中心词或关键词之前加上一个主体。体育专业本科毕业论文（设计）选题研究领域的主体不宜太大，例如"我国""中南五省"就不太合适。实际上，限定中心词是限定调查或讨论对象的范围，明确研究领域主体。值得注意的是，研究领域的主体可以是一个个体，例如，体育专业某学生本科毕业论文《体育教育专业学生校外兼职的动因与阻碍——一项自我研究》的研究领域的主体是自己。

再次，明确研究领域主体的内涵，细分中心词。限定了中心词之后，是否就完成了选题？并非如此。研究领域主体（调查对象）的内涵需求多种多样，包含许多方面的问题（矛盾）。这些问题（矛盾）是全部研究，还是选择其中一个或几个问题开展研究？这就需要学生根据自身能力和兴趣去分析和确定。仍然以"课余体育锻炼"为例，我们将研究主体限定为"某市某区高三学生"。缺乏经验的学生往往就将"某市某区高三学生课余体育锻炼"这一个比较宽泛和笼统模糊的问题作为毕业论文（设计）题目。实际上，"某市某区高三学生课余体育锻炼"至少包含"课余体育锻炼是否需要组织指导""课余体育锻炼如何注意安全""课余体育锻炼强度如何控制""课余体育锻炼场地是否充足"4个方面的问题。如果理论知识、技能方法以及时间、精力等主客观条件允许，可以选择"某市某区高三学生课余体育锻炼"的毕业论文（设计）题目。但是，如果不想研究至少4个方面的问题，只想研究其中一个或两个特别感兴趣的问题（结合兴趣爱好法），如"某市某区高三学生课余体育锻炼"中的"组织指导"，这就需将最初的、粗略的一般性问题转化为焦点集中的、切实可行的研究问题。通常可以通过缩小问题的内容范围，将一般性问题转化为特定的问题，将兴趣和关注焦点集中在研究领域的某个具体方面。清晰明确地陈述研究问题，即在中心词之后进行细分，使毕业论文（设计）题目更加具体化、更具有可操作性。确定体育专业本科毕业论文（设计）选题的第三步就是聚焦研究领域主体某方面的问题，即所谓的关注痛点、热点、兴奋点问题，在中心词之后添加修饰词进行细分。

最后，中心词综述研究，锁定毕业论文（设计）题目。经过前述的3个步骤，我们已经到了一个限定调查对象、问题聚焦的中心词。选题是否已经完成呢？还不尽然。因为我们目前找到的问题先前的学者一定也遇到过，也一定为此问题的分析和解决付出过许多努力，并留下了宝贵的文献资料。我们必须全面查阅这些宝贵的文献资料，进行梳理、归纳和总结，了解学者们分析和解决该问题时采用的思路、内容和方法，再结合当前时代的政治、经济、科技、文化等现实条件和要求，提出最新的思路、内容或方法（文献调研法和实践调查法）。有针对性地了解相关成果的研究思路、研究对象、研究内容和研究方法等至关重要，这不仅可以明确研究问题对学科理论发展或对现实问题解决的意义和价值，而且可以为研究设计和后续研究提供重要参考。如果选题"某市某区高三学生课余体育锻炼组织指导的调查研究"属于良好级别，那么经过第四步的中心词综述研究，我们就可以确定一个优秀级别的毕业论文（设计）题目。例如，通过对"某市某区高三学生课余体育锻炼组织指导的调查研究"相关文献进行调研，我们发现高三学生面临高考压力、学习任务重等问题，一般较少进行课余体育锻炼；课余体育锻炼主要是在有强制性的组织指导下进行，很少有高三学生自发、规律地进行课余体育锻炼。那么，除了强制性和自律性，是否存在更好的适用于高三学生的课余体育锻炼组织指导方式呢？结合当代科技发展和大学体育教学中已经使用的兼具强制性与自律性的"步道乐跑"App，我们可以对选题"某市某区高三学生课余体育锻炼组织指导的调查研究"进一步精准细化，锁定"某市某区高三学生课余体育锻炼组织指导方式新探"作为毕业论文（设计）题目（体现创新性原则）。

第五节　选题的注意事项

一、选题中常见的问题

（一）选题过大

撰写本科毕业论文（设计）通常在毕业前的一个学期内进行，学生研究和写作时间都比较少。因此，一般说来，学生选择本学科某个重要问题的一个策略或难点进行撰写即可。本科毕业论文以1万字左右为宜。选题过大一方面可能难以完成，另一方面也不易掌握。

（二）选题过难

如果学生选择的题目难度过大，受到时间、精力、资料等方面的限制，本科毕业论文（设计）的撰写工作也将困难重重，甚至难以完成。

（三）选题过旧

选题过旧就如同吃别人吃过的食物，食之无味。应该选择一些具有时代感的题目，以及现实生活中的一些新问题。

（四）选题过虚

选题要结合实际，尽量避免选择虚拟课题，优先选择结合生产科研、实验室建设和社会实践等具有实际应用价值的课题，以增强责任感、紧迫感和经济观念。学生是选题工作的主体，应充分发挥自身的研究兴趣和潜能，主动大胆选择选题，初期可以考虑较为宽泛的范围，随着学习研究的进一步探索，逐步缩小范围，最终确定选题。

指导老师是学生选题的主导者，在充分尊重学生的个人意愿的同时，结合他们各自的特点和兴趣引导学生划定选题范围，开阔和修正研究思路、传授和讲解研究方法、指导和丰富文献收集，起到导向作用。毕业论文（设计）选题的过程实际上是学生在指导老师的指导下反复比较、分析、论证，根据学生专业特长和能力逐步确定的。

二、准确表述毕业论文题目

选题确定后，最终需要用文字准确、科学地表述出来，形成正式的毕业论文题目。能够准确叙述一个问题，问题已经解决了一半。毕业论文题目是毕业论文内容的高度概括和中心所在，是用最精炼的文字向读者阐述所研究的问题。从总体上看，一个确切的毕业论文题目应清晰地表达研究的对象、范围和解决的具体任务，或者准确地反映出研究对象与施加因素及预期效果之间的联系，并能从题目中看出所属的学科范畴。

（一）毕业论文题目的基本要求

第一，题目必须准确概括研究的范围、深度和主要内容。题目与内容要保持一致，使读者一目了然地知晓所研究的中心问题及其所属的范围和层次。在科研实践中，经常出现题目含糊不清、论域太大或笼统模糊的情况，如《关于中小学体育工作的研究》《对我国足球训练水平的研究》。

第二，题目力求明确、精炼、醒目、简短，论域层次不宜过繁，定语应尽量简洁，避免冗长和累赘。如果无法避免，可以通过副标题形式进行说明，如《学生对体育教师职业的认知——体育院校考生、新生、毕业生动机研究》。

第三，在表述上应符合语法规范要求。体育、自然、技术科学类的课题名称一般不追求文采，不使用修饰。而人文社会体育、生物科学类的部分研究题目则注重文采，力求新颖与引人入胜。

（二）毕业论文题目的基本结构形式

第一，明确限定一个研究领域与活动。如前所述，一般用几个定语或状语后接中心词，有时在前面加上介词、议论、标志的动词，在后面加上研究、探讨之类的词语，形成"关于……的研究"的结构，如《试论体育院校大学生口头表达能力的培养》《关于体育院校的社会学的学科结构的研究》《我国女子足球发展趋势的预测》。

第二，确切表述研究对象、施加因素、研究方法与预期效果或作用。这在某些体育自然科学和体育技术学科的题目中较为常见，如《斜坡弯道对纠正背越式跳高起跳的教学实验研究》《延迟运动生理实验设备改进、实验课教学方法的探讨》《运用计算方法培养学生分析能力的探讨》。

第三，用并联词将论述的两个问题或因素连接起来，突出论述它们之间的关系。

三、毕业设计选题的注意事项

以毕业设计为主的体育专业选题应符合该专业的特色和要求。例如，某高校体育舞蹈专业的选题要求如下：①表演专业和舞蹈学专业学生毕业作品（设计）以舞台剧目创作和展演为主要内容；②选题必须符合体育艺术系人才培养目标的要求；③毕业作品（设计）以小组为单位在选题时确定并报年级辅导员处，小组成员最多不超过10人，小组组成必须遵循自愿原则。

第六节　任务书

一、任务书的功能

毕业论文（设计）的任务书是向学生下达任务的文件，是学生撰写毕业论文（设计）时的依据之一，明确学生独立完成的内容和进度计划[①]。任务书由院系领导设计，专业教研室制定，经教研室主任或系主任审批后，发放给学生，每人一份。任务书在一定情况下还可以产生法律效力。其主要功能是对学生提出毕业论文（设计）的各项工作任务，指导、启发和规范学生完成毕业论文（设计）。有些指导老师并非以书面文件的形式而是以口述的形式下达任务，要求学生根据口述内容有逻辑、成系统、有条理地写出任务书。这不仅是一种师生沟通，也是一种锻炼学生的听说、理解、总结和写作能力的方式。

---

① 孙洁，等. 毕业论文写作与规范［M］. 北京：高等教育出版社，2014：30.

二、任务书的主要内容

任务书的内容一般包括毕业论文（设计）题目、主要内容、进度计划、参考文献等。具体包括以下几个方面：

（1）院系专业的名称，学生的姓名。

（2）毕业论文（设计）的目的和要求。

（3）毕业论文（设计）的题目和主要内容。

（4）毕业论文（设计）的原始数据和资料。

（5）任务书应该论述的内容。

（6）应该完成的图纸名称、规格、数量、实验与要求。

（7）指导教师的姓名。

（8）顾问教师的姓名及其所负责指导部分的内容。

（9）主要的参考资料。

毕业论文（设计）任务书的题目要求简短、明确，具有概括性，能直接反映毕业论文（设计）的中心内容和学科特点。学生通过阅读题目能了解题目涉及的基本领域范围。题目一般不超过20个字，如确有必要，可以用副标题进行补充。任务书的题目应与选题申报表中的题目完全相同。

毕业论文（设计）任务书的主要内容应明确课题的主要研究内容，即研究主题、具体要完成的工作、使用的方法和手段，包括为完成研究目标需要设计的程序、图纸、计算书，以及需要完成的实验等。这部分应起到指导学生如何做的作用，应具体明确地指出毕业论文（设计）的目标、预期功能和性能，以便学生能够理解和执行。如果是硬件开发类课题，要明确具体开发的产品是整机还是某个部件，有什么性能要求，需要达到什么指标。如果是软件开发，要明确是开发一个具体的软件还是进行软件开发技术的研究，对原软件功能和性能的要求是什么，对使用的软件工具开发平台有什么具体规定和要求。内容要求部分应同时具备启发性和引导性，给学生留下独立思考和创造的空间。

毕业论文（设计）任务书的进度计划将毕业论文（设计）的全部工作分为若干阶段，一般用第几周到第几周表示，由指导老师制订。进度计划要合理安排时间，并具有一定的弹性。

毕业论文（设计）任务书中的参考文献是指导老师规定学生在完成毕业论文（设计）期间必须阅读的重要文献，以指导学生了解、掌握与研究问题相关的国内外研究现状，包括争论焦点和未来趋势等。文献调研是毕业论文（设计）写作的基础。指导老师在指导学生阅读参考文献的同时，应适当地向学生讲解文献检索的方法。任务书推荐的参考文献一般在五篇左右，其中至少包含两篇外文文献（有些学校及专业没有明文规定必须有外文文献），以确保学生接受系统全面的文献检索训练，并掌握研究课题的文献资料。

三、任务书的格式

不同学校和专业的毕业论文（设计）任务书的格式各不相同。有的采用方框式（表2-1），有的采用表格式（表2-2）。

表2-1 毕业论文（设计）任务书参考式样（方框式）

××大学××学院
毕业论文（设计）任务书
（20××届）

院（系）_____专业班级_____学生姓名_____

一、毕业论文（设计）题目_____

二、毕业论文（设计）时间____年___月___日至____年___月___日

三、毕业论文（设计）地点_____

四、毕业论文（设计）要求

1.一般要求

（1）纪律规定方面……

（2）文献资料与开题报告方面……

（3）合理运用文献资料与尊重他人成果方面……

（4）合理安排毕业论文（设计）时间与确保计划按期完成方面……

（5）毕业论文（设计）构思与提纲方面……

（6）毕业论文（设计）格式方面……

（7）毕业论文（设计）字数与参考文献数量方面……

（8）毕业论文（设计）结束应提交文本资料方面……

（9）提交毕业论文（设计）与开题报告及修改稿电子版方面……

2.任务目的

3.指导教师与学生职责

4.毕业论文（设计）参考资料及其来源

5.毕业论文（设计）基本内容与研究方法要求

（1）研究方法与收集课题相关资料方面……

（2）研究过程与进度安排方面……

（3）研究思路与步骤方面……

（4）研究的关键问题方面……

（5）成果形式方面……

6.主要参数、图纸、实验、计算等问题……

指导教师签名　　　教研室主任签名

院系主任签名　　　任务书批准日期

接受任务日期　　　执行学生签名

表2-2　毕业论文（设计）任务书参考式样（表格式）

论文（设计）题目			
学生姓名		学号	
专业		班级	
指导教师		职称	

主要研究内容（或任务、目标）

　　×××同学，欢迎你选择我作为你的毕业论文（设计）指导教师。我的联系邮箱：××××××，联系电话：×××××××××××。希望你能在20××年××月××日前，完成毕业论文（设计）相关工作，其中主要研究内容、任务、目标如下：

1.了解××学院20××级××专业实习基本情况

2.理解学生评价的概念、分类及功能

3.学生评价访谈提纲

4.实习中学生评价资料的整理与分析

5.毕业论文（设计）的撰写与修改

　　为保证毕业论文（设计）按期完成，要求你每周通过电子邮件向我报告你的工作进度，我要求你按如下进度开展工作：

1.20××年××月××日至20××年××月××日　完成毕业论文（设计）任务书

2.20××年××月××日至20××年××月××日　完成毕业论文（设计）开题报告

3.20××年××月××日至20××年××月××日　完成毕业论文（设计）的访谈

4.20××年××月至20××年××月　　　　　　完成毕业论文（设计）资料整理与

　　　　　　　　　　　　　　　　　　　　　分析

5.20××年××月至20××年××月　　　　　　完成毕业论文（设计）撰写

6.20××年××月　　　　　　　　　　　　　上交毕业论文（设计）材料

　　我要求你查阅、摘抄、整理我打包发给你的资料，并按照参考文献标准格式罗列在以下：

指导教师签名：　　　　20××年××月××日

教研室意见：

　　任务要求明确，成果形式丰富，进度安排合理，参考文献具有针对性。请按照任务书要求，认真查阅文献，做好开题准备。

负责人签名：　　　　20××年××月××日

本章小结

体育问题是人们在一定的体育实践和认识活动中出现的矛盾，是体育运动现状与期望之间的差距。体育领域中，一定时代的认识主体，在当时的知识背景下提出的关于认识和实践需要解决而又尚未解决的问题，叫作体育课题。体育科学研究选题是体育科研工作者在对已获得的资料信息进行分析研究的基础上，有目的、有步骤地选择体育领域中尚未被认识和解决的科学问题进行研究的过程。选题可以确定文章的论述角度、方向和规模，调动作者的积极性、主动性和创造性，从而保证写作顺利进行，影响毕业论文（设计）的质量、学术水平和学术价值，为工作实践奠定基础。

选题要遵循专业性、实用性、创新性、可行性等原则。选题的方法包括学习心得法、查阅文献法、实践调查法、题库选题法。选择选题的程序如下：首先，联结研究领域，显现中心词；其次，明确研究领域的主体，限定中心词；再次，明确研究领域主体的内涵，细分中心词；最后，中心词综述研究，锁定毕业论文（设计）题目。选题要避免过大、过难、过旧、过虚。

毕业论文（设计）的任务书是向学生下达任务的文件，是学生写论文时的依据之一，明确学生独立完成的内容和进度计划。

章节练习

一、思考与探索

1.体育问题、体育课题、体育选题的区别与联系是什么？

2.选题的来源有哪些?

3.选题的方法有哪些?

4.选题的程序是什么?

5.体育专业本科生选题的要求是什么?

6.任务书与开题报告有什么联系?

二、讨论与作业

根据自己的专业，以该领域现实中的突出问题为依据拟写一个毕业论文（设计）题目。

第三章 体育专业本科毕业论文（设计）的文献综述

本章导读

本章论述了体育文献的概念与意义；阐述了体育文献的特征与种类；重点内容是以案例的方式，详细介绍了文献检索及其工具、步骤与方法；难点内容是在界定文献综述概念的基础上，指出其在体育专业本科毕业论文（设计）选题、开题以及撰写中的地位和作用，并详细分析了其格式、撰写的步骤与要求。

学习目标

1.理解体育文献的定义。

2.理解体育文献的意义。

3.理解体育文献的特征。

4.了解体育文献的类型。

5.掌握文献检索及其工具、步骤与方法。

6.掌握文献综述的定义、种类与撰写步骤。

第一节 体育文献的概念与意义

一、体育文献的概念

朱熹认为文献的"文"指典籍，"献"指熟知史事的贤人[①]；也有人认为文献是指具有历史价值的文章和图书，或某一学科有关的重要图书资料；还有人认为文献是指以文字、图像、符号、声频、视频为主要记录手段的一切信息和知识的载体。国际标准化组织《文献情报术语国际标准（草案）》（ISO/DIS5217）将文献定义为，文献是在存储、检索、利用或传递记录信息的过程中，可作为一个单元处理，在载体内、载体上或依附于载体而存储有信息或数据的载体[②]。我国颁布的《文献著录总则》（GB 3792.183）中的定义是：文献是记录知识的一切载体[③]。随着科学技术的高速发展和人们研究工作的不断深入，文献无论在深度还是在广度上都有了很大的发展，形成了一个复杂而庞大的体系。可见，凡是将人类的知识以文字、图形、符号、音频、视频等技术手段记录在一定的物质形态上，并用于交流传播的一切出版物或物质形态的载体都是文献。文献有4个基本要素：第一是知识；第二是载体；第三是知识的形式；第四是作者。

体育文献是指以文字、图形、符号、音频、视频等为形式所记录的体育知识的出版物或物质的载体，其所载的体育知识是人们在体育教育教

[①] 高家望. 文献的认识论及其定义［J］. 图书馆理论与实践，1988（1）：3-8.

[②] 吴磊，刘炎祁. 医学科研论文写作［M］. 北京：化学工业出版社，2023：188.

[③] 邹振环. 世界想象［M］. 北京：中华书局，2022：400.

学、运动竞赛指导、体育经营管理等领域中总结、积累的认知经验与方法手段。

二、体育文献的意义

体育文献是体育科学研究成果的结晶，包括空间中的和实践中的。体育文献是记录和传播体育知识和信息的最真实手段。任何体育文献一旦成为体育文献流的一部分，汇入体育文献的总体，那么这份文献就具备了新的性质，作为体育知识保护的一部分，成为人类精神文明的宝贵财富。

体育文献能够提供丰富的与研究课题相关的资料，这是体育文献最重要、最核心的意义。具体而言，体育文献的作用体现在以下几个方面。

第一，了解以往学者对该研究课题［毕业论文（设计）］的研究结论。一项研究应当建立在前人成果的基础上，这样才能保证科学的连续性和继承性，避免盲目性和重复研究。

第二，了解与研究课题［毕业论文（设计）］相关的各种理论观点和研究方法即我们可以了解以往学者使用了哪些指导思想、理论假设以及方法手段来分析和讨论课题，并得出结论。通过对现有理论方法的借鉴和批评，可以选择新的研究角度和研究方法，并确定本次研究的指导思想和理论假设。

第三，了解研究课题［毕业论文（设计）］讨论问题的社会历史背景。通过收集所研究地区的社会、历史、经济、政治、文化等方面的文献资料，可以获得大量有价值的信息。这些信息有助于周密的研究设计，其本身也能够提供许多优秀的研究成果。成果大多是依靠对历史文献和个案文献的分析获得的。

第二节　体育文献的特征

体育文献的特征可以分成内部特征和外部特征。

一、体育文献的内部特征

第一，科学性。科学性体现在"知识"一词上，是对问题解决的经验介绍，或者是经验描述、理论介绍、理论描述，这是体育文献最核心的一个特征——回答体育问题的科学知识性。因此，体育文献的核心特征是体育领域，包括体育教育教学、运动训练比赛、体育经营管理等相关问题解决的认识经验和理论，用文字、图形、声音记载下来，即回答体育问题的科学知识性。

第二，变化性。不同时代对某些问题或同一个问题的认识深度、宽度都在不断发展。因此，文献的第二个特征是变化性。变化性指的是随着科学的发展变化与时代进步，一些文献所记载的知识可能会过时甚至是错误的，尤其是技术方面的文献。然而，在体育文献中关于人性的知识很难过时，例如关于体育哲学方面的知识经验如身心合一、体育价值观方面的知识经验如健康第一、体育伦理方面的知识经验如公平竞争等。

第三，社会性。体育文献的社会性是指体育文献作为一种知识，可以为社会上的人们的健康和丰富的精神生活提供养料或资源，是一种智力资源。换言之，社会性是指体育文献对社会的有用性或应用性。

第四，综合性。体育文献的综合性指体育知识，包括自然方面的人体科学的知识、基因方面的知识，社会方面的知识，思维方面的知识，因而具有综合性。体育文献的综合性表现在两个方面：一是一个知识单元包含多个学科的知识；二是从用途上看，不同的专业能够提供不同方面的知识，如体育教育教学方面、运动训练竞赛方面、体育经营管理方面等。

第五，国际性。国际性指的是体育知识不仅仅属于某一个国家、某一个民族，而是越来越被国际上众多的国家、地区、民族所传承和享用。例如国际体育比赛的组织、体育规则、评分标准、场地器材等都具有国际约束力。

第六，保密性。体育文献的保密性主要指体育运动竞赛方面的一些理论知识或方法手段不被人所熟知，具有保密性。体育比赛是为了战胜对手，因此体育运动竞赛的技术、战术、阵容、训练方案和手段等通常是保密不外传的。

二、体育文献的外部特征

第一，数量上，体育文献的总量正在持续增加，其规模也在不断扩大，这反映了体育领域研究的活跃度和社会对体育知识需求的增长。随着体育科学技术的发展和体育事件的多样化，相关文献资料也呈现出数量上的显著增长。

第二，载体形式上，体育文献的载体已经从传统的纸质文献发展到电子文档、多媒体内容等形式，种类越来越丰富。

第三，知识形式上，体育文献的表现形式也呈现多样化趋势。除了常见的文字描述外，图形、符号、声音和密码等多种表现形式的使用使得复杂的体育知识更加直观和易于理解，这种多样的知识表现形式有助于更广泛地传播体育知识，同时也促进了跨学科的研究方法和技术的融合。

第三节　体育文献的类型

按照体育文献的特征，体育文献可以分为不同的类型。按照回答体育问题的知识科学性，可以将体育文献分为体育自然科学文献、体育社会科学文献、体育心理科学文献、体育哲学文献等。按照变化性特征，可以将体育文献分为古代体育文献、现代体育文献、当代体育文献等。按照社会性特征，可以将体育文献分为养生体育文献、娱乐体育文献、管理体育文献、竞赛体育文献、产业体育文献等。按照综合性特征，即专业性的细分，可以将体育文献分为体育教育文献、运动训练文献、民族传统体育文献、体育休闲文献、电子竞技文献等13个类型。按照国际性特征，体育文献可以分为中文体育文献、英文体育文献、韩文体育文献、德文体育文献、俄文体育文献等。

一般情况下，体育专业本科生所需要的文献类型除了之前提到的13类体育文献之外，还可以根据本科生对体育文献的接触程度进行分类，主要分为体育教材和单篇体育论文。为什么这样分类呢？因为本科生接触最多的实际上是著作性的教材。在大学四年级之前，体育专业本科生主要学习体育教材。教材是比较经典、系统、综合性的文献，它们可能对某一类体育知识进行综合性、体系化、全面、逻辑性地描述，整合了经典、前沿、国际化以及意识形态性的特征，如《人体解剖学》《运动生理学》《学校体育学》《体育课程与教学论》《体育史》《体育社会学》等。不同体育专业的教材除了体育专业基础课程的教材外，如《人体解剖学》《体育概论》等，还有专业性的教材，如体育休闲专业的《体育休闲学》、体育经济与管理专业的《体育经济学》、智能体育工程专业的《智能体育概论》等。

单篇体育论文是指针对某个体育问题而形成的文献，可以进一步分为体育学术论文和体育学位论文。体育学术论文一般是指在某体育期刊上发表的具有一定创新性、价值性的论文。体育学位论文是指为了获得体育学位，通过选题、开题、收集与整理分析材料、撰写与答辩而通过审核的论文。一般情况下，在大四时为了完成毕业论文（设计），体育专业本科生需要收集、阅读和整理体育单篇论文。

第四节 文献检索

文献检索是指根据学习和工作的需要，特别是完成毕业论文（设计）的需要而获取文献的过程。体育专业本科生在完成毕业论文时，需要发现、认识、分析和解决体育教育教学、运动竞赛指导以及体育经营管理等领域中的问题，需要获取以往学者对以上问题所做的发现、认识、分析和解决的经验与办法的文献记载，即"站在巨人的肩膀上"。例如，屠呦呦在解决疟疾病问题时，在古籍《肘后备急方》记载的"青蒿一握，以水二升渍，绞取汁，尽服之"办法的基础上，多次实验，提取到了青蒿素[①]。文献检索的方式有两种：一种是手工检索；另一种是计算机检索。手工检索是将阅读过的专业期刊，特别是古籍文献、重要的往期期刊、发布的标准化文件和出版物相关文献做成读书笔记卡片。计算机检索是在互联网时代使用的检索方式，比如在Cochrane Library、PubMed、ElsevierScienceDirect、Web of Science、中国知网、万方数据库和维普数据库等资源库检索。对于体育专业本科生来说，重要的手工检索是检索本专业教材，重要的计算机检索是通过中国知网进行检索。

一、文献检索的工具

18世纪著名文学家、词典编纂家塞缪尔·约翰逊（Samuel Johnson）曾说过："知识有两类。一类是我们知道的某专题的知识；而另一类知识我们应该知道到什么地方去寻找它。""知道到什么地方去寻找另一类知识"指的是文献检索工具的掌握与利用。[②]

---

① 吴素香. 课程思政融入《新药研究与开发》教学的探索与实践［J］. 高教学刊，2020（26）：150-152.

② 王艳，宫兆军，王世伟. 论掌握文献检索知识的重要性［J］. 山东化工，2018，47（11）：164，166.

根据文献知识的载体，文献检索工具可以大致分为以纸张为载体的工具书和以磁盘、光盘为载体的以互联网为主的检索工具。其中，以纸张为载体的工具书包括字典和词典，百科全书、类书、综述，书目和索引，名录，表谱，图录，年鉴、手册；以互联网为主的检索工具包括全文搜索引擎、目录搜索引擎、元搜索引擎和其他搜索引擎。检索工具的发展速度非常迅速，种类越来越多。例如，ChatGPT是一种基于人工智能技术的自然语言处理模型，在处理文本方面具有非常出色的成长能力。使用ChatGPT可以帮助我们查找和引用各种中文文献，提供快速而准确的信息。

二、文献检索的步骤

文献检索的步骤是指为了获得与体育课题相关的已有文献记载所采用的检索方法和程序。对于不同的、具体的体育课题，可能需要采取不同的检索方法和程序，总体上可以分为以下几个步骤。

（一）分析体育课题，明确检索要求

明确体育课题的性质和所属学科专业范围，所需的文献类型、文种、年代，以及课题的关键词等是检索的第一步。其中，课题的关键词是选题程序中所说的中心词。这一步是带着问题——体育课题去查找文献，体现"有的放矢"，为针对性地、精准地查找所需文献做准备。

（二）选择检索工具

根据体育课题的检索要求，选择最适合的检索工具或数据库。首先需要清楚了解各种检索工具所覆盖的学科范围，然后从文献类型、文种、出版时间等方面考虑，选用哪种检索工具最为合适。

（三）确定检索策略

选用具体的检索工具后，需要选择并确定检索方法和具体的检索点，如确定是从分类途径还是从主题途径进行检索、所查找的文献应满足什么要求、选用什么检索词等，以便具体开展检索工作。

（四）使用检索工具

确定了具体的检索方法后，就可以利用所选的检索工具，在一定的年代范围和文献范围内进行具体的检索，以获取相应的文献信息。在手工检索时，可以一边检索一边进行分析和筛选，以获取符合需要的文献。

（五）获取原文

检索文献的最终目的是获取原文。如果在馆藏文献中没有找到相关文献，则可以通过各类联合目录获得其他单位收藏的信息，再通过馆际互借等途径或方式获取原文。这样就完成了文献检索的全过程。

三、文献检索方法

要精准找到经典文献的途径或方法比较多，不同学科专业的检索方法有其特点，而不同学者的检索方法也有其特色。文献检索方法主要有以下3种。

（一）追溯法

利用著者在发表的文献中所列的参考文献作为线索，由近及远逐一追踪查找，追溯原始文献，再从这些原始文献中所附的参考文献继续进行逐一检索，如同滚雪球般获得一批批相关文献的方法叫作追溯法（亦称滚雪球法）。这是科研人员常用的一种简便地获取文献的途径。

（二）常用法

常用法也称工具法，是直接利用各种文献检索工具查找文献的方法。由于检索工具种类繁多，一般应根据课题内容特点，首先使用综合性的检索工具，然后再使用专业性的检索工具，二者结合，以避免文献资料的漏检。常用法根据时间范围又可分为顺查法、倒查法和抽查法。

（三）循环法

循环法，也称分段法、交替法或综合法，是追溯法和常用法的结合。通过将追溯法和常用法相结合交替使用，充分发挥二者的优势，分期、分段地交替使用，直到获得满意的相关文献为止。

实际课题的检索选用何种方法，要根据具体情况而定：一是根据课题研究的需要；二是根据所能利用的检索工具和检索手段。在检索工具较为丰富的情况下，可以使用常用法。当获取了针对性较强的文献时，可以使用追溯法获取相关性较高的文献。而在研究课题涉及的年代有较多出版文献时，则可采用抽查法进行检索。

四、中国知网体育文献检索分类检索

中国知网是由清华同方知网技术产业集团利用网络资源共享技术与非线性知识传播技术，自主开发的网络出版网站。中国知网作为内容服务商和数字图书馆技术提供商，将CAJPH编辑出版的由中国内地生产的大多数期刊、报纸、博士学位论文、会议论文、图书等文献资源构成的CNKI（China National Knowledge Infrastructure）系列全文数据库，与中国内地的其他数据库整合为《中国知识资源总库》，共包括23个大类：学术期刊、学位论文、会议、报纸、年鉴、专利、标准、成果图书、学术辑刊、法律法规、政府文件、企业标准、科技报告、政府采购、工具书、词典、手册、百科、图片、统计数据、指数、知网大学生百科、中国引文数据库，以一站式数据库超市的方式向中国和全世界发行，同时在此平台上向中国内地提供国际著名数据库的集成服务。

中国知网提供CNKI源数据库、外文类、工业类、农业类、医药卫生类、经济类和教育类多种数据库。其中，综合性数据库为中国期刊全文数据库、中国博士学位论文数据库、中国优秀硕士学位论文全文数据库、中国重要报纸全文数据库和中国重要会议文论全文数据库。每个数据库都提供初级检索、高级检索和专业检索3种检索功能，其中高级检索功能最常用。中国学术期刊网络出版总库是中国知网建设最早、资料最齐全、影响最大的一个数据库，也是目前世界上最大的连续动态更新的中文期刊全文数据库。该库收录中文学术期刊8 500余种，含北大核心期刊1 900余种，网络首发期刊2 400余种，最早可回溯至1915年，共计6 110万篇全文文献；外文学术期刊包括来自80个国家及地区900余家出版社的期刊7.5万种，覆盖JCR期刊的96%，Scopus期刊的90%，最早可回溯至19世纪，共计1.2亿篇外文题录，可链接全文。

许多大学图书馆都购买了期刊网使用权，校园网IP范围内的电脑用户都能通过图书馆进入该数据库免费检索、浏览及全文下载。大部分学校的师生员工也能够通过馆外系统访问，一般进入馆外系统登录页后，输入工号或学号和密码，也能免费检索、浏览及全文下载。

中国知网提供了7种检索方式：快捷检索、高级检索、专业检索、作者发文检索、科研基金检索、句子检索和来源期刊检索。其中，快捷检索和高级检索是最常用的两种检索方式。快捷检索仅能满足单一条件下的检索需求，而高级检索可以根据检索者的需求同时满足多个检索条件。

（一）快捷检索

以中心词"比赛暂停"为例，详细说明使用快捷检索方式检索近5年期刊文献的步骤。

第一步，进入中国知网页面，选择文献类型，如期刊、学位论文、会议、报纸、图书等。至少选择一种文献类型，选中即意味着文献检索将在此类文献中进行。本例选择"期刊""学位论文""会议""报纸"，如图3-1所示。

图3-1 选择文献类型

第二步，选择检索类型。检索类型共有主题、篇关摘、关键词、篇名、全文、作者、第一作者、作者单位、基金等16种检索类型，默认检索类型为"主题"，如图3-2所示。本例选择"篇名"，如图3-3所示。

图3-2 检索类型

图3-3 选择检索类型

第三步，输入检索条件。在检索框中输入"比赛暂停"，点击检索符号——放大镜图形，搜索结果界面如图3-4所示。

图3-4 "比赛暂停"的搜索结果

此步骤中，检索结果上方有各种浏览方式，可根据需要选择：一是分组浏览，包括主题、学科、研究层次、作者、机构等不同的组别浏览，默认浏览方式为主题，每个主题后括号中的数字表示相关文献的数量。本例中，主题为"篮球比赛暂停"的有11篇文献、"乒乓球比赛暂停"的有9篇文献、"排球比赛暂停"的有7篇文献；二是排序，可以按照相关度、发表时间、被引次数、下载次数、综合的降序排列浏览，默认排序方式为相关度；三是每页记录数，可以选择每页显示10、20、50条记录，默认为每页显示20条记录。

第四步，缩小文献来源。为了找到更精准的目标文献，可以缩小检索范围。例如，在"比赛暂停"的检索结果中，可以点击左侧主题组别的"篮球比赛（11）"，检索结果界面会列出关于篮球比赛暂停的11篇文献，如图3-5所示。

图3-5　缩小文献来源

　　第五步，选择文献并下载。此时可以根据毕业论文（设计）的选题需要下载相关文献。点击篇名进入文献内容简介界面，该界面包括文章目录、摘要、期刊来源、参考文献链接等内容。如果要下载文献，可以根据个人喜好点击页面下方的"CAJ"或"PDF"两种电子文献格式的按键，如图3-6所示。

图3-6　文献内容简介界面

经过以上5个步骤，一次简单的文献检索就完成了。

（二）高级检索

如果想要检索到更精准的文献，我们可以使用高级检索方式。仍以中心词"比赛暂停"为例，说明使用高级检索方式检索2019～2023年期刊文献的步骤。

第一步，在中国知网的首页搜索栏左侧点击"高级检索"，然后选择"期刊"，如图3-7所示。

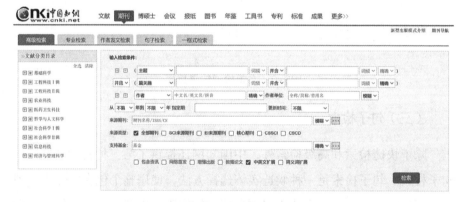

图3-7　高级检索页面

第二步，在检索条件的"主题"栏中输入"比赛"，在同行右侧"并含"栏中输入"暂停"，检索时间选择"2019～2023"，如图3-8所示。

图3-8　高级检索内容输入

第三步，点击"检索"按键，生成符合全部条件的文献结果页面，其中有2条文献，结果更加精准，如图3-9所示。

图3-9　文献检索结果页面

（三）句子检索

除了快捷检索和高级检索外，中国知网还提供了第三种检索功能——句子检索。句子检索是一种候选实体选择方法，使用整个包含实体指代项的句子，而不是单独的实体指代项来搜索知识库，以获得候选实体集，即通过用户输入两个关键词，检索同时包含这两个词的句子。通过句子检索，可以获取更多的语义信息，并获得更准确的结果。句子检索适用于细化的中心词，尤其是较为前沿的中心词。

以中心词"篮球暂停"为例，选中"文献"和"句子检索"，在"全文同一句"左侧栏中输入"篮球"，右侧栏中输入"暂停"，如图3-10所示。再点击检索按键，就会出现匹配的结果页面，如图3-11所示。得到499条结果，其中主题为篮球比赛的有74条结果、临场指挥的有25条结果、篮球运动员的有29条结果，这些文献中至少有一句话中含有"篮球"和"暂停"这两个中心词。

图3-10　检索同一句中包含"篮球"和"暂停"的文献

图3-11　检索结果页面

第五节　文献综述

　　文献综述是文献综合评述的简称，是指在全面收集有关文献资料的基础上，经过归纳整理和分析鉴别，对一定时期内某个学科或专题的研究成果和进展进行系统、全面的叙述和评论。

　　综述包括综与述两个方面。所谓综，是指作者必须对占有的大量素材进行归纳整理、综合分析，以使材料更加精炼、明确、层次分明，更具逻辑性。述就是评述，是对所写专题进行比较全面、深入、系统的论述。因而，综述是对某一专题、某一领域的历史背景、前人工作争论焦点、研究现状与发展前景等方面，以作者自己的观点写成的严谨、系统的评论型、资料型科技论文。综述分为综合性的综述和专题性的综述两种形式。前者针对某个学科或专业，后者针对某个研究问题、研究方法和研究手段。

一、文献综述的前提

文献综述的前提是指对收集的与研究课题相关文献信息进行的文献阅读和积累，为综述做好准备。

（一）文献的阅读

要从文献资料中获取对研究课题有价值的图形、符号、文字、数据等信息，文献阅读通常要遵循针对性、计划性、顺序性、批判性、同步性等原则。其中，针对性是指阅读文献时一定要专注于研究课题，即带着问题寻找答案，有的放矢。顺序性是指一般应先阅读一次性文献，再阅读文献综述；先阅读一般文献，再阅读专业文献；先阅读理论文献，再阅读应用文献；先阅读书籍，再阅读论文；先阅读近期文献，再阅读远期文献；先阅读难度小的文献，再阅读难度大的文献；先阅读中文文献，后阅读外文文献；先阅读有新内容的文献，再阅读新内容较少的文献；先阅读摘要和结论部分，再阅读中间部分；先阅读主要关键部分，再阅读次要细节部分；先阅读重要报刊上的文献，再阅读次要报刊上的文献。实际的阅读顺序因人而异。同步性是指在阅读文献的同时查阅文献。因为在阅读文献的过程中可能会发现可以追溯的新的材料线索。

具体阅读的方法一般有浏览、粗读和精读3种层次递进的方法。

浏览是快速阅读的方法，是将收集到的文献资料普遍地粗略地翻阅一遍。浏览可以初步了解和判断收集到的文献的内容和价值进行，并根据这些初步判断决定是否需要进一步深入研读。快速阅读是一种从文字中迅速吸收有用信息，尽快抛出多余信息的阅读方法。快速阅读的速度通常达到每分钟100到150字。它要求注意力高度集中，克服出声朗读、逐字阅读和回归倒读的习惯，采用无声视读法。除浏览外，快速阅读的方法，还有概念阅读法、垂直阅读法，以及跳读方法。可见，快速阅读法并不是简单追求速度，而是注重质量的一种创造性的理解过程。

粗读是为了了解某一文献的基本观点，搜寻文献引用的主要事实或数据的一种阅读方式。粗读的范围可以是本学科，也可以是相邻学科的文献，可以扩大知识面和视野，从本学科、本专业以外的领域获得有益的资料和启示。粗读的要领包括以下几点：第一，重点搜寻表达文献基本观点的重点句子和主要事实数据；第二，在理解方面，要从宏观上把握文献的主旨和脉络；第三，在联想文献方面，要将文献中的观点与观点、观点与事实、事实与事实之间的关系联系起来进行思考；第四，在评价方面，对一般文献的基本观点和主要事实做出初步的判断。

精读是在粗读的基础上深入探究文献精髓的一种阅读方法，其目的在于理解、鉴别、评价、质疑和创新。通过精读，不仅要全面掌握文献的实际内容，还要明确筛选出对课题有价值的材料，发现问题并提出新的见解。可以说，浏览和粗读都是为精读服务的。精读的要领如下：第一，阅读时要眼到、脑到、手到，即一边阅读，一边思考，一边提纲挈领地记录文献的要义、存在的问题和个人的见解，以提高阅读质量。正如历史学家王笛所说："读资料的时候（写作）哪怕有些想法非常不成熟，只是一个疑问，一个困惑，一个小小的不理解，或者思想的一闪念，都要随时记下来……当这些问题集中到一起，经常会发现一些有趣的东西，甚至发现你研究中最重要的思路或者观点。"①第二，要深入思考和分析文献中每一个概念、判断和推理的过程，以及整个文献的逻辑结构，认真把握文献的全部思想。第三，将文献中引用阐述的观点和客观事实与其他文献联系起来，进行反复比较和研究。第四，对文献中引用的事实、阐述的思想与研

---

① 王笛. 文字表达与学术写作［J］. 抗日战争研究，2020（2）：36–43.

究课题之间的关系进行客观的判断和全面的评价。

毛泽东精读泡尔生《伦理学原理》

　　毛泽东在湖南第一师范求学期间读《伦理学原理》时，一共写了1.2万余字的批语。全书还逐句用墨笔加以圈、点，打上单杠、双杠、三角、叉等符号。批语是用工整的行楷写在天地头空白处及行距间，小者如7号铅字，要用放大镜才看得清楚。批语的内容，绝大部分是他发抒自己的伦理观、人生观、历史观和宇宙观，以及对原著的各种批判与引申；小部分是对原著的简要的赞同语和章段的提要。凡原著中合乎自己观点的地方，不论唯物或唯心，必浓圈密点，眉批则往往有"切论""此语甚精""此语甚切""此说与吾大合"等语。对原著的否定与怀疑之处也很多，常见这类批语："诚不然""此不然""此节不甚当""此处又使余怀疑""吾意不应以此立说""此说终觉不完满"等等。

——李锐《毛泽东传》

　　体育专业本科生阅读的文献一般是自己的专业教材和互联网文献资源，主要阅读论文题目所需要的文献信息，一般是教材和互联网文献中的基础理论、专门知识和基本技能方法。例如，体育专业某同学的毕业论文题目是《第25届CUBAL男子冠军赛的暂停的调查研究》，需要的文献包括教材《篮球》《篮球裁判规则》，以及从中国知网下载的与篮球暂停相关的11篇论文。这些文献提供了所需的基础理论和专门知识，针对性的文献阅读使这名同学找到了篮球暂停的规则、暂停在篮球比赛中的作用、暂停在篮球比赛中的运用时机与方法等基础理论和专门知识，将其作为调查分析第25届CUBAL男子冠军赛暂停的理论依据。

　　基于此，我们大概清楚论文阅读时浏览、粗读和精读的内容。

（二）文献的积累

　　文献积累是指收集论文题目所需的文献信息，并累积到一个地方，包括书籍、论文的第一步累积和进一步精确记录书籍、论文中具体文献信息的累积。传统的文献积累方法可以分为复印式、簿册式和卡片式3种。在互联网时代，文献大多以数字化形式储存。

第一，复印式文献积累。复印式文献积累是将收集到的文献进行复印累积在一起。复印有书籍或论文的整本整篇的复印，也有选择性的章节上的、段落上的复印。需要注意的是，有些图片的文献信息需要拍照——也算复印。在复印过程中，我们必须准确记录相应的文献来源，避免引起有关版权的纠纷，以致引用上可能的学术不端。

第二，簿册式文献积累。簿册式文献积累是将所需记录的文字资料抄录在日记簿或其他记录本上，其抄录的形式一般有以下几种。一是提纲式，从所读的书籍或内容中提列出纲要并记录在笔记本上，以备查考。二是摘录式，将所读的书籍或文章中一些特别重要的句段或结论、数据、史实之类的资料摘抄下来，作为今后撰写学术论文时引文的来源。三是札记式积累，札记式积累是将读书时的心得体会、启示、收获、质疑、批评等用散记的形式记录下来。

第三，卡片式积累。卡片式积累是将资料记录在用单张纸片制成的卡片上，一张或数张卡片摘录一条资料。卡片资料记录法的优点是排版灵活，增减方便。利用卡片记录资料时，可以根据资料的性质制作不同的卡片。

第四，数字式积累。数字式积累是指在互联网时代，数字化文献数量较多，以从中国知网下载的文献为例，可下载的文献有CAJ和PDF两种格式，可以分别免费下载各自的阅读器，将下载的文献以原文篇名保存。根据学科或不同研究的要求建立不同的文件夹，并将下载的文件存储在相应的文件夹中，以便日后查阅。

文献积累需要注意以下问题：一是应围绕所确定的专业、学科或专题进行文献资料的积累，即能够回答论文题目提出的问题，提供当前所能得到的答案；二是一定要有选择性地摘录文献资料；三是摘录文献资料时应对所要摘录的资料进行必要的分析，提炼出类别或主题，以便编排查检；四是注意积累与使用的有机结合；五是要经常温习所积累的文学资料，切不可只摘录，而不进行温习和使用；六是积累文献资料必须持之以恒，随时补充、发现，并了解与论文主题相关的最新信息。

例如，体育专业某同学的毕业论文题目《第25届CUBAL男子冠军赛的暂停的调查研究》，可以从《篮球》教材、《篮球裁判规则》中摘录最新篮球暂停的信息，还可以从中国知网上下载的11篇关于篮球暂停论文中复制粘贴相关文字信息，并整合到一个WORD文档中。文献阅读中的精读很大程度上是反复阅读、熟记、理解已经积累到该文档中的文献信息，包括篮球暂停的概念、种类、作用、使用时机与要求。这种文献阅读和积累已经成为文献综述的前提。

二、文献综述的特征和意义

文献综述是通过对过去和现在研究成果的深入分析，指出目前的水平、动态、应当解决的问题和未来的发展方向，提出自己的观点、意见和建议，同时依据相关理论、研究条件和实际需要等，对各种研究成果进行评述，为当前研究提供基础和条件。对具体科研工作而言，一篇成功的文献综述能够以其严密的分析评价和有根据的趋势预测，为新科技的确立提供强有力的支持和论证。从某种意义上说，它起着总结过去、指导提出新课题和推动理论与实践新发展的作用。文献综述具有内容集中化、浓缩化和系统化的特点，可以节省同行科技工作者阅读专业文献的时间和精力，帮助他们迅速了解有关专题的历史进展和存在的问题，做好科研定向工作。其中，集中化包括两个方面的含义：一方面是指对大量文献的综合描述；另一方面是广泛综述研究对象在时空范围内的发展情况。浓缩化指文献综述集中反映一定时期内一批文献的内容，浓缩了大量信息。一篇文献综述可能反映几十至上百篇原始文献，信息密度大。系统化指文献综述中的信息包含的理论、观点、方法和事实是成系统的，不是杂乱无章的，具有一定的逻辑结构。

撰写文献综述是科研选题和开展科研工作的第一步。因此，学习文献综述的撰写也为今后的科研活动奠定了基础。通过撰写文献综述，能提高一个人的归纳、分析和综合能力，独立工作能力以及科研能力。文献综述的选题范围广泛，题目可大可小、可难可易，而毕业论文（设计）的课题综述则要结合课题的性质进行撰写。

三、文献综述的格式

文献综述的格式与一般性研究论文的格式有所区别，因为研究性的论文注重研究方法和结果。文献综述要求向读者介绍与主题有关的详细资料、动态、进展、展望，并对这些方面进行评述。可以根据观点的提炼、区域性的规划以及年代的划分来撰写文献综述。因此，文献综述的格式相对多样，但总的来说，一般包括前言、主题、总结和参考文献。在撰写文献综述时，可以按照这4个部分撰写提纲，然后根据提纲进行撰写。

前言部分主要说明写作的目的，介绍相关概念、定义以及综述的范围。简明扼要地说明相关主题的现状或争论焦点，使读者对全文要叙述的问题有初步了解。

主题部分是文献综述的主体，其写法多样，没有固定的格式，可以按照年代顺序进行综述，也可以按照不同的问题或不同的观点进行综述。无论采用何种方式，都需要将收集的文献资料归纳、整理并进行分析比较，阐明主题的历史背景、现状和发展方向，以及对这些问题的评述。主题部分应特别注意代表性强、具有科学性和创新性的文献的引用和评述。

总结部分与研究性论文的小结类似，通常对全文主题进行扼要总结，并就所综述的主题进行研究。在此部分，作者最好能提出自己的见解。

参考文献虽然放在文末，但却是文献综述的重要组成部分，它不仅表示对被引用文献作者的尊重及引用文献的依据，而且为读者深入探讨相关问题提供了文献查找线索。因此，应认真对待参考文献部分。参考文献的编排应条目清晰、方便查找，内容准确无误。

四、文献综述的步骤

一般情况下，文献综述分为选择主题、文献检索、展开论证、文献研究、文献批评和综述撰写6个步骤。

第一步，选择主题。一个好的研究课题通常从对现实问题的兴趣中产生，要有将日常生活语言转化为能够成为研究课题的想法。研究课题必须是一个明确的问题，并与具体的学术领域相联系，使用学科语言、提炼研究兴趣、选择学术观点，这是建立研究课题的必经之路。这在第二章的选题中已经详细地论述过。

第二步，文献检索。文献检索决定文献综述将包含的信息，其任务是选择信息，找出能支持论题的最有力的资料证据。在进行文献检索时，必须预览、选择和组织材料，可以借助浏览、快速阅读和制图等技巧分类和存储相关资料。前文中已论述过文献检索的相关内容。

第三步，展开论证。要成功地论证主题，需要建立并呈现论证方案。论证方案要对论断进行逻辑安排，组织相关资料，使其成为论据主体。论据主体也要对关于研究课题的现有知识进行解释。

第四步，文献研究。文献研究是对检索到的资料进行集中、综合和分析，从而建立探究式论证的过程。基于论据，建立一系列符合逻辑核心的结论和论断，这些结论是阐释研究问题的基础。

第五步，文献批评。文献批评是对研究课题现有知识的理解，分析先前的知识是如何回答研究问题的。

第六步，综述撰写。综述撰写是将研究项目转变为可供他人参考的资料。通过构思、塑造和修改，文献综述成为能够准确传递研究内容、让目标读者理解研究问题的书面资料。

五、文献综述的基本要求

由于文献综述的特点，使得它的写作既不同于读书笔记和读书报告，也不同于一般的科研论文。一篇优秀的文献综述应当包含较为完整的文献资料，其中有评论和分析，并能准确地反映主题内容。在撰写文献综述时，应注意以下6个方面的问题。

第一，收集的文献应尽可能全面。掌握全面、大量的文献资料是撰写出优秀文献综述的前提。若只是随便收集一些资料就动手撰写，则无法写出优秀的文献综述，甚至写出的文章根本不能称之为综述。

第二，注意引用文献的代表性、可靠性和科学性。在收集到的文献中，可能出现存在观点雷同的文献，有的文献在可靠性和科学性方面存在差异。因此，在引用文献时，应注意使用代表性、可靠性和科学性较强的文献。

第三，使用文献要忠实于文献内容。由于文献中包含作者自己的评价和分析，因此在撰写时应区分作者的观点和文献的内容，不能篡改文献的内容。

第四，参考文献不能省略，有些科研论文可以省略参考文献，但文献综述中的参考文献绝对不能省略。选用的参考文献应是作者直接阅读过且能全面完整地反映主题的文献。

第五，及时使用统计图表。

第六，不能混淆文献中的观点和作者个人的思想。

六、体育专业本科毕业论文文献综述特点

体育专业本科毕业论文文献综述除了具备一般文献综述的属性、要求之外，还具有一些自身的特点。

在地位上，其一般处于选题步骤的第四步——"中心词综述研究，锁定论文题目"。这一步骤是要确定前人研究对论文提出的问题的回答程度和解决程度、相较于前人研究本选题的不同之处和创新性。因此，体育专业本科毕业论文文献综述通常体现在开题报告中的"国内外研究动态"这一部分，为论证选题的创新性提供依据。在体育专业本科毕业论文的撰写中，文献综述通常体现在前言部分。当然，一些体育专业本科毕业论文本身就是关于某一中心词的研究综述，这种综述本身就是一种创新，在理论与实践中同样有价值。

在内容上，体育专业本科毕业论文文献综述必然是回答体育教育教学、运动训练竞赛、体育经营管理等领域中问题的现有基础理论、专门知识和基本技能的问题。就细分专业而言，目前有13个体育专业领域的基础理论、专门知识和基本技能。体育专业本科毕业论文文献综述应尽可能做到针对、集中、系统、浓缩，尤其要在体育领域问题的解决方面起到承前启后、继往开来的作用。当然，对于文献的信息来源并没有严格规定必须包含国外文献，也没有严格要求必须引用体育类核心期刊中最权威和经典的文献。

在格式上，体育专业本科毕业论文文献综述通常不需要严格按照前言、主体、小结、参考文献的格式。但是，在整体格式上，不能脱离"综"和"述"两大部分。目前，体育专业本科毕业论文的文献综述（国内外研究动态）"综"的部分缺乏逻辑性，导致"述"的部分不全面、不系统。换句话说，"承前启后"的"承前"部分没有做好，导致"启后"部分与自身选题的结合描述不清晰。

本章小结

体育文献是指以文字、图形、符号、音频、视频等形式所记录的体育知识的出版物或物质的载体，其所载的体育知识是人们在体育教育教学、运动竞赛指导、体育经营管理等领域中所总结、积累的认知经验与方法手段。体育文献有科学性、变化性、社会性、综合性、国际性、保密性等内部特征，以及数量庞大、载体和形式多样等外部特征。体育专业本科毕业论文所需的文献类型主要集中在期刊论文和本专业教材。文献检索是指根据学习和工作的需要获取文献的过程，其方法有追溯法、顺查法、倒查法和抽查法以及循环法。文献阅读有浏览、粗读和精读3种方法。文献综述是文献综合评述的简称，是指在全面收集相关文献资料的基础上，经过归纳整理和分析鉴别，对一定时期内某个学科或专题的研究成果和进展进行系统、全面的叙述和评论；文献综述分为选择主题、文献检索、展开论证、文献研究、文献批评、综述撰写6个步骤。

章节练习

一、思考与探索

1.体育文献的三要素是什么？

2.中国知网是什么？

3.体育文献与论文选题有什么联系？

4.如何积累体育文献？

5.文献综述的前提是什么？

6.文献综述的意义是什么？

7.文献综述的结构、步骤有哪些？

二、讨论与作业

通过中国知网查找最近5年15篇在不同期刊发表的与个人兴趣或未来、拟从事职业相关的文献，并进行文献综述。

第四章 体育专业本科毕业论文（设计）的开题

本章导读

　　本章在论述开题的本质的基础上，进而论述假设的陈述方式、作用和方法，详细介绍了开题的内容与过程。

学习目标

1.了解开题的定义、目的与功能。

2.了解假设的作用和方法。

3.了解选题与假设的关系。

4.了解开题的样式和内容。

5.了解开题的过程。

第一节　开题的概念与假设的提出

一、开题的概念

开题，顾名思义，是指毕业生向指导老师、学术指导委员会公开汇报自己的选题，也称为开题报告或研究设计。

开题是毕业论文（设计）工作的重要环节，毕业生为了阐述、审核和确定毕业论文题目先撰写专题书面报告，再向指导老师、学术指导委员会进行汇报。[①]它是实施毕业论文（设计）论题研究的前瞻性计划和依据，是监督和保证毕业论文质量的重要措施，同时也反映了毕业生的科研能力和学术水平。

在向学术委员会汇报选题过程时，需要遵循一定的逻辑。第一，为什么选择这个题目，即选择这个题目的意义或价值是什么？第二，对于这个问题，目前学者们运用什么理论、什么方法、如何解决的。第三，毕业生打算采用什么理论或方法解决这个问题，得到了哪些独创性的见解和观点。第四，毕业生解决该问题的可行性。其中，最引人关注、最能体现毕业生水平的是第三点——毕业生对该问题的独创性的见解和观点。这就是我们所说的假设——对所提问题的尝试性回答。

---

① 孙洁，等. 毕业论文写作与规范［M］. 北京：高等教育出版社，2014：41.

二、假设的提出

（一）假设的陈述方式

假设有几种不同的陈述方式。

第一，函数式陈述，基本形式为$y=f(x)$，其中$f(x)$是一个代表x与y之间关系的函数，当x变化时，$f(x)$也会变化，从而使得y也发生变化，反之亦然。这种方式在自然科学中较为常见，例如，离婚率的增加与青少年犯罪的增加相关；经济越发达的地区，大数据发展越好。

第二，条件式陈述，即"如果X，则Y"。这里，X是先决条件，Y称为后果。这种方式通常说明两个变量之间的因果关系，但有时也表示相关关系。

第三，差异陈述，基本形式是A组与B组在变量X上存在差异或者无差异。

要根据毕业论文提出的问题的种类与性质，选择使用的陈述方式。对于描述性研究，例如探讨某种体育现象"是什么"，通常没有明确的假设或明确的回答，需要进一步研究，才能确切知道"是什么"。

（二）假设的作用

假设在毕业论文中发挥着重要作用。

第一，引领论文完成的整个过程。毕业论文就是要对所提出的问题的设想答案进行论述、证明。因此，整个过程一般以假设为起点，以假设证明或证伪结果作为终点。假设可以引领研究，确定研究的切入点、选择适当的方法、收集相关资料以及决定研究结束的时机。正所谓对某个体育问题大胆假设，然后小心求证。

第二，逻辑推导。假设有不同的抽象层次。理论直接演绎的假设一般比较抽象，研究者可以利用这种抽象的理论假设推演出具体而特殊的经验假设，也称为工作假设。例如，从经济越发达的地区体育发展程度越高，可以推论出沿海地区的体育发展水平高于内地这一具体的工作假设。这种具体的工作假设比较容易通过实证进行验证。由经验概括而来的假设，抽象程度较低，但通过归纳逻辑的推论，可以使一些具体假设上升为抽象的理论假设。后者所说明的是更广泛、更普遍的现象。例如，通过对工业化社会中人们的读写能力、语言能力、思维能力的观察，可以推导出"随着社会的发展，人的智能也无限发展"的假设。科学研究就是利用不同抽象层次的假设来完成从抽象到聚集，再从聚集到抽象的往返过程。

第三，发展理论。无论是由理论演绎还是经验观察得出的假设，只要经过证实和证伪，就能够增进科学知识，促进理论的应用和发展新理论。如果一个假设得到相当程度的证实，就变成了假说；如果假说再得到进一步、多方面的证实，并被科学家们所一致接受，就能成为定律。可以说，理论的建设是经由假设、假说、定律发展的。同样，理论的检验和修正也是从假设检验开始的。

（三）假设的特点

假设不是完全凭空产生的，也不是随意猜测或草率得出结论，而是有其本身的特点。

第一，假设要以一定的客观事实和科学理论为依据，必须经过科学的论证。假设应能合理解释现有的客观事实，不能与已知的事实和已证实的正确的理论相矛盾。在假设的两个依据中，客观事实最重要。

第二，假设具有一定的推测性和或然性。假设是一种理论想象，表示某一预想结果产生的可能性。假设既不是任意的猜测，也不是确切的事实。因此，研究者既要大胆地提出假设，又不能被假设所操纵，必须能够根据事实放弃或修正假设。需要指出的是，在某些研究中，往往把未经验证的假设当作研究的结论。实际上，假设仅仅是科学研究的一部分，它还不是事实，是否正确还需要进一步验证。

第三，假设具有可验证性。假设应以概念为基础，假设中的主要概念或变量应该能够操纵或测量，从而使研究能够得到验证。

（四）假设形成的过程

假设的形成经历了一定的过程。当人对某一事物产生怀疑后，会提出新的问题，此时对问题的认识还处于一种初步的设想阶段，即假设阶段。假设是认识的初级阶段，只是初步设想，有一定的依据即可。在对问题提出多种大胆的假设后，必须根据现有的理论和事实进行严格的推理和论证。一般来说，从问题的产生到假设的形成，可以分为怀疑、问题、假设3个阶段。

（五）假设的条件

假设的提出是有条件的。科学研究中提出的假设并非空想，而是建立在一定条件之上提出来的。社会学家古德于1950年提出，假设必须满足以下几个条件：第一，以明确的概念为基础；第二，具有经验的统一性（能被经验检验）；第三，对假设的使用范围要有所确定；第四，与有效的观测技术相联系；第五，与一般的理论相联系。[①]

（六）假设的方法

假设的提出也需要一定的方法。建立假设是一系列复杂的科学思维活动，需要运用相关的逻辑方法，并经过科学抽象和逻辑推理来实现。常用的方法包括以下几种。

第一，从已有的局部经验中进行抽象概括。人们可以从工作和科研实践中获得一些有益的感性经验。运用理性思维进行去粗取精、去伪存真的抽象概括，找出经验材料间的内在联系，从局部的经验感性材料中抽取事物的某些本质，从而形成对同类事物普遍规律的研究假设。表达新的假设的有关科学概念就是科学抽象与概括的产物。要保证抽象概括的可靠性和

---

① 黄汉升. 体育科学研究方法（第三版）［M］. 北京：高等教育出版社，2015：65.

正确性，需要掌握与课题相关的现有经验材料，并加强对抽象思维能力的培养。例如，一些体育教师在长期体育教学中曾采用过音乐伴奏，取得了较好的效果，经过总结，初步得出了"在部分项目的教学中采用音乐伴奏能加快教学进度，提高学生的学习积极性"的经验。但这一经验还未形成理论，通过概括分析，抽象为"音乐伴奏能够应用于体操、武术、健美操以及整个活动的教学内容，能够加快建立学生学习的节奏感、韵律感、协调性，提高学习积极性、增强审美能力、促进技能掌握"的假设理论。然而，该假设理论尚不具备被成功运用的必然性，可将其作为假设。

第二，对两个相同或相似的事物进行类比推理，形成假设。类推方法是根据两个或两类事物间存在的某些相同或相似的属性，推导出他们的其他属性也相同或相似的一种方法。例如，我国著名的长跑教练马俊仁依照英国男子中长跑技术，并结合仿生学原理，大胆革新运动员的技术。他指出："跑是动物生存的最基本技能，也是本能，关系到身体好的技术必须是协调合理的。"于是，他去鹿场观察鹿奔跑的方式，研究动物四肢如何落地、凭空舒展，使身体保持协调，最终从鸵鸟和梅花鹿身上得到了"摆臂似鸵鸟，出腿似梅花鹿"的经验总结，改进了中长跑技术。[①]

第三，通过再综合来创造形成新的事物和思想。客观事物的整体性是不变的。综合方法是通过创造性的分析、想象与加工，将某些事物的个别属性、局部因素有机地联系组织起来，形成对事物新的整体性认识或创造性的整体形象，并进而能对新形成的整体事物的本质、特点和规律进行推断设想，即形成具备一定事实根据的科学假设。

第四，使用借鉴移植方法来产生新的思想和事物。将一种科学理论和基础方法应用于另一个学科和技术领域，从而使事物产生数量上的变化和质的飞跃，产生具有新功能、新概念、新特征的新事物。这种新思路方案的形成即是一种新的假设。例如，男子单杠的某些技术被引入到女子高低杠中，

---

① 徐本力．专项理论到运动训练科学——兼论运动训练科学理论的形成与发展趋向［J］．北京体育大学学报，2020（2）：721-726，729.

产生了新的高低杠的技术概念和体系结构，将一些舞蹈动作移植到滑冰运动中，形成了既不同于原舞蹈动作又不同于滑冰动作的新的技术概念。

第五，可以运用科学归纳与演绎方法形成研究假设，使其具有研究价值。

第二节　开题目的与意义

一、开题的目的

开题是学生与指导老师或学术指导委员会前期进行论文交流的重要形式。一般来说，开题需要遵循上述提出的四层逻辑的问题，即为什么要进行这项研究（具有什么目的和意义）、以往学者对这个问题的相关回答和经验总结是什么、解决这个问题的独创性是什么、解决此问题是否可行。只要开题时能够很好地回答这四层逻辑的问题，学生就能让指导老师或学术指导委员会相信所选择的论文题目是有意义的，整个研究计划是可行的，并且已掌握了解决论文中所提问题的适当方法，尤其是让指导老师或学术指导委员会了解研究课题的独创性。具体来说，开题的目的有以下几点。

第一，展示有力的证据，使指导老师或学术指导委员会相信所选择的题目具有新颖性或可以填补某一理论的不足，值得花费宝贵的时间进行研究。对于体育专业本科毕业论文的开题而言，学生只要能够说明研究课题对体育领域中某个问题的分析和解决有帮助即可。

第二，通过文献综述对相关理论和现有研究成果进行回顾和评价，展示学生对主要研究题目有足够的了解，有可能较好地完成研究工作。这就是第二层逻辑的问题——学生要对以往学者对此问题的解决状况有足够的了解。需要注意的是，学生要明确提出解决此问题的方案。

第三，选择适当的研究方法，并说明这个方法在现实中可行，使指导老师或学术指导委员会相信学生已经具备了完成所设定目标的能力、技能，以及时间和经费。

第四，展示对整个研究过程的详细计划，使指导老师或学术指导委员会相信学生能够把握研究工作的进程。同时，开题也便于指导老师对制订的计划进行修正，并对学生进行监督和适当的指导。

二、开题的意义

开题的意义是指开题达到上述4个目的后，对学生完成毕业论文产生的作用或对于要完成毕业论文的学生有何价值。

（1）实践价值的落地。

（2）理论知识的检验。

（3）有针对性的聚焦。

（4）理顺工作的程序。

（5）清楚可能的困难。

（6）集思广益。

第三节　开题的样式与内容

一、开题的样式

开题需要有书面材料，以便向指导老师或学术指导委员会汇报。每个学校、每个专业的书面材料封面的样式可能有所不同。例如衡阳师范学院本科毕业论文开题报告为表格式，见表4-1。

表4-1　衡阳师范学院本科毕业论文开题报告

论文题目				
学生姓名		学号		
专业		班级		
指导教师		职称		

一、选题的目的、意义及国内外研究动态：

二、主要研究内容、创新之处：

三、研究方法、设计方案或论文提纲：

四、完成期限和预期进度：

五、主要参考文献与资料：

六、指导教师意见：

该生前期准备充分……同意参加开题报告会。

签名：

年　月　日

七、系部（或开题评审小组）意见：

该生于×××年××月××日，在××楼××教室参加开题报告会，会上汇报了论文的准备情况，现场答复了与会教师就论文准备情况提问……与会人员（或开题评审小组）认为该生已具备毕业论文开题条件，同意开展下一步研究工作。

与会人员（或开题评审小组成员）：张××（组长）、李××、王××

组长签名（签名要求手写）：

年　月　日

八、学院工作小组意见：

同意系部（或开题评审小组）意见。

签名：

年　月　日

二、开题的内容

（一）基本信息

基本信息包括学生姓名、学号、专业、班级、论文（设计）题目、指导教师和所在的二级学院等信息。

（二）主体内容

主体内容一般包括题目、选题的目的与意义、研究动态、研究内容和创新之处、研究方法、论文提纲、研究步骤及进展、预期目标、参考文献等方面，一般要求字数3 000字以上。有些学校的专业要求至少翻译一篇外文资料，外文字数要求2 000字以上。

1. 题目

题目的来源、选择、确定在第二章已有详细阐述。开题时的题目最终将成为毕业论文（设计）的标题。它与研究内容密切相关，应有效地反映论文的基本思想，准确概括研究问题反映研究的深度、广度、性质，以及实验研究的基本要求、处理因素、受试对象和实验效应等。用词和句子的表达要科学、规范、简洁。要用尽可能少的文字表达，一般不得超过20个汉字。若题目字数过多，可以添加副标题。

例如，《体育教育专业考研准备的调查研究——以衡阳师范学院2019级为例》，题目为"体育教育专业考研准备的调查研究"，共15个字，副标题为"以衡阳师范学院2019级为例"。

2. 选题的目的与意义

首先，要陈述研究问题的历史背景，包括问题的来源、地位、重要性。其次，需要清楚地定义和说明主要研究的问题，即要"做什么"。最后，阐述研究的意义，一般包括理论意义和实践意义。

例如，《体育教育专业考研准备的调查研究——以衡阳师范学院2019级为例》的研究目的可以表述为，"通过对现有的参考资料的整理，发现关于考研准备的调查研究较少，本研究旨在通过运用一定的方法，调查研究衡阳师范2019级考研学生为考研做了哪些准备、如何落实这些准备，以及在考研中遇到了哪些问题，如何解决这些问题等"。其研究意义可以表述为，"对体育教育专业考研准备进行研究，可以为后续考研学生提供理论依据和现实依据，研究总结的一些考研准备的安排、计划、考研过程中遇到的问题，以及如何应对这些问题等具有很好的参考价值。此外，该研究为学生与学校提出了建设性的意见"。该选题的研究目的主要体现在明确考研准备中会遇到的几个问题，研究意义就是获得调查研究回答这些问题后带来的益处。简言之，目的与意义是对提出的问题进行细化以及解决细分的问题将获得的益处。需要再次强调的是，对于体育专业本科生来说，在理论意义方面不作硬性规定，因为理论创新对大部分本科生而言难度较大。

3. 研究动态

研究动态即国内外研究现状和发展趋势，通过提出现有存在的问题，导出研究的实际意义。这里的"导出"非常重要。一般来说，能够"导出"说明研究"入流"了，已进入到该研究的脉络之中。国内外研究现状是研究问题在国内外的研究状况，要介绍各种观点流派、说明存在的争议焦点，同时阐明自己的观点，以此指明论文的研究方向。这部分也被称为文献综述，主要包括"综"和"述"两个部分。"综"的部分要有条理，分系统或流派或观点的"综"。"述"的部分相对简短，先使用开头语"综上所述"，然后总结以往学者们对该问题的研究状况，再转到本研究的努力空间。

以《体育教育专业考研准备的调查研究——以衡阳师范学院2019级为例》为例，其动态研究可以表述为，"综上所述，与体育教育专业考研相关的文章主要集中在体育教育专业考研的现状、体育教育专业考研的趋势、体育教育专业考研的动机等方面，但关于体育教育专业的备考情况的文章相对来说较少，并且不够系统和全面。本研究希望在借鉴学者们的研究的基础上，更好地完成体育教育专业考研准备的调查研究，为更多体育教育专业考研学子提供借鉴"。

4. 主要研究内容和创新之处

研究内容和创新之处是比较具体的。在开题中，学生无法详尽地阐述研究内容，一般阐述大致的研究脉络，但必须清晰地阐述，以便让指导老师和学术指导委员会了解选题与研究内容的契合度和研究价值。研究内容笼统、模糊，甚至把研究目的当作研究内容，会使研究陷于被动。

创新之处指在该问题上与前人研究的不同之处，包括研究方法、研究材料、研究假设等方面的创新。这些不同之处往往是最难的，因此创新之处也可以被称为"拟解决的关键问题"，是对可能遇到的最主要的、最根本的关键性困难与问题，要有准确、科学的估计和判断，并采取可行的解决方案和措施。

以《体育教育专业考研准备的调查研究——以衡阳师范学院2019级为例》为例，其主要研究内容为，"主要研究近几年考研人数的比例（包含近五年考研人数的比例分析和衡阳师范学院最近几年考研人数的比例分析）、考研准备的分析研究（包含考研的目的和考研准备的时长）、考研的方式研究、学习计划研究，以及考研影响因素的分析研究等"。其创新之处为："通过对参考文献、参考资料的阅读和分析，发现大多是对考研现状、考研热、考研难等方面的研究，关于体育教育专业考研准备的系统研究不够完善。因此，我们基于已有的文献，通过调查和访谈的方式，更加系统地归纳总结体育教育专业的考研准备。"

5. 研究方法

研究方法是为了具体说明如何解决提出的问题，从而使人们相信所进行的研究是可行的。由于人们的选择不同、研究目的和要求不同，研究方法也常常各异。在开题报告中要说明计划采用的研究方法。例如，对于本科毕业论文中常用的文献资料法，一般要说明引用了哪些教材以及涉及的内容、在中国知网检索时使用的关键词以及检索到的文章数量等。若使用问卷调查法，应介绍问卷的主要内容、调查对象以及预计发放的问卷数量，若已设计好问卷，可以在开题时进行展示。实验方法包括定性实验、定量实验、对照实验、模拟实验等。观察法可以采用视频观察法，但要清晰地说明观察的指标。此外，还有逻辑推理分析法、实证分析法和比较分析法等研究方法。一般来说，要在文献综述的基础上对相关研究方法进行评价，并就所选方法进行讨论，重点说明选择的理由和该方法可能存在的局限。

6. 论文提纲

论文提纲是由序码和文字组成的逻辑结构图。论文提纲在开题中非常重要，是对整个论文组成部分的结构、逻辑的概括性描述，体现出主要研究内容。提纲的构思与完成有利于作者形成明晰、畅达、连贯的思路，谋篇布局，构建中心突出、层次分明、结构紧密且具有较强的逻辑力量的框架，进而避免写作中出现重大失误。①

不同高校、不同专业的论文提纲一般都有比较固定的模板。具体来说，某本科毕业论文比较固定的模板通常包含5个一级提纲："1引言（前言）、2研究对象与研究方法、3研究结果与分析、4结论与建议、5参考文献。"根据一级提纲，可以设计二级提纲，如论文前置部分的"1.1研究目的、1.2研究意义、1.3文献综述""2.1研究对象、2.2研究方法"。在论文主体部分，"3研究结果与分析"的二级提纲会因论文的不同而有所差异。例如，《体育教育专业考研准备的调查研究——以衡阳师范学院2019

---

① 袁焰. 关于毕业论文写作提纲的拟写［J］. 新疆广播电视大学学报，2003（4）：40-41.

级为例》的主体部分二级提纲为"3.1衡阳师范学院体育学院近三年考研情况概述、3.2考研目标准备、3.3考研准备的方式、3.4考研准备的内容、3.5考研影响因素"，而《体育教育实习的课堂教学组织调查研究——以衡阳师范学院祁东附属中学实习队为例》的主体部分二级提纲是"3.1衡阳师范学院祁东附属中学以及其2019级实习队的基本情况、3.2体育课堂教学组织、3.3影响体育课堂教学组织能力的因素、3.4体育课堂教学组织中遇到的困难及其原因"。一般情况下，本科毕业论文的提纲设计到二级提纲即可。如果想进一步详细构建论文框架，可以在二级提纲的基础上设计三级提纲。例如，可以基于二级提纲"3.2体育课堂教学组织"进一步设计"3.2.1开始部分的组织、3.2.2准备部分的组织、3.2.3基本部分的组织、3.2.4结束部分的组织、3.2.5体育课堂教学组织的优缺点"等三级提纲。

　　论文提纲必须体现逻辑合理性，即整个提纲要根据题目中的关键词进行设计。一般根据提出问题、分析问题和解决问题的逻辑设计提纲。提出问题主要指引言部分（绪论部分），分析问题和解决问题主要指论文主体部分。例如，《体育教育实习的课堂教学组织调查研究——以衡阳师范学院祁东附属中学实习队为例》这个题目含有"衡阳师范学院祁东附属中学实习队为例"，那么在主体部分应该有"3.1衡阳师范学院祁东附属中学以及其 2019级实习队的基本情况"。题目中的关键词是"课堂教学组织"，主体部分的每一个二级提纲中都要包含"课堂教学组织"，只需在"课堂教学组织"之前或之后添加修饰语构成不同的二级提纲，例如在其前面加上"体育"可构成"3.2体育课堂教学组织"，再在后面加上"遇到的困难及其原因"可构成"3.4体育课堂教学组织中遇到的困难及其原因"。否则，就会出现最严重的问题——文不对题。这种文不对题的情况在本科生开题中经常出现。

　　提纲一般有3个方面的要求。首先是详略得当。"详"主要指标题的层级要尽量多，例如写到四级标题。"略"主要指一级标题的数量要适当，一般从"引言"到"结论"共4个一级标题。其次是表现形式要规范。提纲的各部分、各层次要有隔行式、数字标码式、标题式、序号标题式、句子式和序号句子式。最后是要具有综合性、整体性。综合性指提纲要将论题、观点、材料、结构组成一个统一的结合体。整体性指所编写的提纲的各部分不是机械相加、彼此孤立、互不相干的，而是从整体出发，统筹安排，纵横相连，首尾呼应，层层衔接，丝丝入扣。需要注意的是，在实际研究过程中，论文提纲是可以进行调整的。

7. 研究步骤及进展

研究步骤及进展是整个研究在时间和顺序上的安排，在开题报告中需要详细说明各个阶段的内容和时间分配。例如，材料收集、实地调研、初稿写作和论文修改等，应明确规定每个阶段的起止时间、相应的研究内容和成果。这些阶段之间不能间断，以确保研究进度的连续性。对指导老师在任务书中规定的时间，学生应在开题报告中给予响应，并最终获得批准。在时间安排上，学生应充分考虑各个研究阶段工作的难易程度，以制订合理的计划，切忌虎头蛇尾，草草收笔，影响论文的进度。

对于本科毕业论文的进度，学校一般都有统一的阶段性安排，以下为某高校对本科毕业论文进度的安排示例。

2022年～2023年本科毕业论文进度安排

（1）2022年10月15日～2022年10月20日：确定指导老师。

（2）2022年10月21日～2022年10月29日：在指导老师的辅导下确定论文的选题，收集相关的资料，完成任务书。

（3）2022年10月30日～2022年11月25日：在指导老师的辅导下认真构思论文结构、拟定论文提纲、填写开题报告和相关表格，准备开题与开题答辩。

（4）2022年11月26日～2022年12月2日：完成开题报告。

（5）2022年12月3日：进行开题答辩。

（6）2022年12月4日～2023年3月10日：在指导老师的辅导下认真撰写

毕业论文。

（7）2023年3月11日～2023年3月27日：论文修改、定稿，准备论文答辩。

（8）2023年3月28日：进行论文答辩。

（9）2023年4月1日～2023年4月20日：上交论文材料。

上述只是阶段性安排，列出了一些重要的时间节点，每位同学在节点上需要完成一定的任务。一般包括选择指导老师、确定选题、下达任务书、准备开题、开题、收集材料、撰写论文、修改论文、答辩、定稿等。具体的时间可以适当调整。

8. 预期目标

预期目标是在合理的研究方法和具体认知的基础上产生的自然结果。要说明论文所要达到的具体目标，以及取得的具体成果。通常要突出本研究与其他同类研究的不同之处，强调结果的实际理论意义和政策方面的意义。虽然本科毕业论文（设计）没有原创性要求，但经过认真思考研究的毕业论文（设计）会具有一定的启示意义，应根据研究的具体情况，对是否具有这样的意义进行说明。在陈述此部分时，应注意不要进行有意渲染，刻意夸大某个结果的重要性。同时还要考虑预期目标和最终结果可能存在的偏差，以便进行解释。

9. 参考文献

在这部分中应列出引证过的所有文献，以便指导老师了解学生是否选用了与研究问题相关的重要文献。参考文献能证明选题具有理论依据和资料支持。所列参考文献不必过多，但要有一定分量，要选择具有代表性的文章和著作。其中，引用的外文文献不少于两篇（某些学校没有此规定）。最好包括近五年的文献，毕业论文如果引用了毕业当年年初的文献，这说明论文具有前沿性。

第四节 开题过程

一、开题准备

（一）毕业生准备

毕业生的开题准备大致需要完成4个方面的事情。

第一是打印开题报告纸质稿。毕业生要对开题报告纸质稿进行最后的检查，包括格式、字体大小、有无错别字等方面。

第二是撰写答辩稿或制作PPT。答辩稿是开题汇报时汇报的内容，首先介绍自己、指导老师和题目，然后简要阐述选择此论题的理由、研究动态、研究内容与创新点、研究方法和论文提纲。

第三是提前进行开题演练。毕业生要十分熟悉自己将要阐述的内容，并能够清楚有条理地讲出来。

第四是请指导老师签字。检查无误后的纸质稿需要指导老师过目，并请其签字。

（二）院系准备

院系学术委员会应高度重视毕业生开题工作。首先要对所有参加开题答辩的学生进行分组安排，包括开题的时间、地点、组别、组长、答辩记录秘书、每组学生人数等具体事项。然后，以通知形式向学生、指导老师以及参加答辩的评委老师发布相关信息，以下为开题通知示例。

××××大学××系20××届毕业生毕业论文开题通知

20××届全体毕业生：

经系部"毕业生论文工作"领导小组研究决定：定于20××年××月××日（星期×）下午2:30在西校区××楼举行20××届毕业生论文开题报告会，请各位毕业生认真修改论文开题相关材料，提前15分钟到开题会场，做好开题准备。开题报告须由指导教师签字，方能参加开题答辩。

答辩前，现场答辩同学当场提交三份由指导教师签署的开题报告于答辩组组长，线上答辩的同学于××月××日交三份开题报告于××老师，无开题报告者不能参加答辩。答辩中准备5～10分钟的答辩陈述（包括个人及指导教师简介、论文题目、研究目的、意义、研究方法、创新之处、主要内容等），答辩后记录开题成绩，拍照保存开题答辩情况，根据答辩组教师意见修改与完善开题报告各方面内容。附答辩安排表（表4-2）。

××××大学××系

20××年××月××日

表4-2　××××大学××系20××届毕业论文第一次开题报告会安排

组次	评审组成员	学生名单	教室
现场一	邓××、蒋××、李××	（15人）李××、段××……	××楼104
现场二	雷××、郭××、李××	（16人）卜××、陈××	××楼105
现场三	陈××、黄××、陈××	（16人）易××、陈××	××楼107
现场四	刘××、谭××、王××	（16人）唐××、刘××	××楼110
线上一	胡××、罗××、郑××	（6人）张××、陈××	××楼113

注：○表示答辩通过；√表示请假；×表示答辩未通过。

此外，在答辩前，召开每组组长会议，由学术委员会领导说明开题规则、规定及需要特别注意的事项。

二、开题答辩

（一）毕业生汇报

当开题答辩组组长介绍参加本次开题的评委老师，讲解开题汇报要求，并宣布汇报顺序后，毕业生开始汇报。毕业生汇报是指他们向评委老师和在座的同学陈述自己的开题内容，时间一般为5～10分钟。毕业生汇报时应具有逻辑性和条理性，并能够清晰地表达。

（二）评委提问

评委老师根据毕业生提交的纸质稿开题报告以及毕业生汇报的内容，就选题目的与意义、主要内容与创新之处、研究方法等方面进行提问。评委老师提问的目的是了解学生对选题目的与意义、主要内容与创新之处、研究方法、参考文献等方面是否清楚，特别是指出毕业生在这些方面的不足，并提出相应的建议，使毕业生了解开题后为了完成毕业论文将要进行的工作、如何开展这些工作以及如何克服可能遇到的困难。例如，评委老师可能会询问毕业生对题目中的关键词是如何定义的，即关键词所包含的相关理论有哪些；可能会针对研究方法中的调查对象，询问毕业生如何确定调查范围；指出毕业生的参考文献可能缺乏近五年的资料；指出论文提纲的逻辑结构问题。一般情况下，每个评委老师只提出一个方面的问题。

（三）毕业生答辩

毕业生答辩是指毕业生对评委老师的提问进行回答和辩解，表明自己对题目关键词定义的理解程度，如何确定调查对象范围，并说明自己有能力展开对范围内对象的调查，及准备访谈哪些专家以及访谈的具体内容等。如果毕业生无法回答评委老师的提问，应谦虚地听取意见，并做好开题笔记，特别要听取评委老师提出的建议。毕业生答辩的目的有两个，一方面是希望评委老师给予肯定和鼓励，认为论文的选题新颖、研究具有意义、方法可行、结构完整、逻辑清晰、参考文献全面且权威，从而产生顺利完成论文的自信心。另一方面，毕业生也希望评委老师能够指出自己在调查对象确定、研究方法细节、参考资料权威性等方面考虑不周全之处，特别是可能会遇到的困难。往往有些同学认为评委老师的提问越少越好，实际上提问越多、越深入对顺利完成调查、成功撰写论文以及通过答辩都更有帮助。

（四）开题结果

开题结果一般有3种。

第一种是顺利通过。这表明选题新颖，毕业生能运用所学的基础理论、专门知识和基本技能来分析、解决自己专业领域中某方面的问题，即目的明确、研究内容清晰、调查对象明确、研究方法可行、结构和逻辑完整顺畅。总之，毕业生具备了必要的理论、知识和技能储备，能够完成调查、整理资料和撰写论文等工作。

第二种是认真修改通过。这意味着选题、关键概念、主要内容、框架逻辑、方法细节基本上没有问题。毕业生了解了接下来的调查研究过程中需要做的工作，并且能够完成，只需要稍微调整某些部分的结构和补充一些资料即可。

第三种是不通过，需要进行第二次开题。通常情况下，这类毕业生态度不端正，没有投入足够的时间和精力，未与指导老师沟通，没有查阅相关资料，选题的关键词内涵和外延非常宏大，导致要讨论的内容过多、要调查的范围过广。尤其是论文的框架混乱，逻辑不通，可能出现文不对题，甚至格式错误，一问三不知。有些高校院系使用严格的标准来评定开题成绩，例如，某专业本科生开题评分标准如下：文献综述10分、实验方案10分、英文翻译5分、口头表达5分，总成绩为30分。再如某大学体育学院本科生开题报告答辩评价表，见表4-3。

表4-3　××××大学体育学院本科生开题报告答辩评价表

序号	项目	评价内容	得分
1	题目（15）	题目表述准确、规范（0～5分）	
		研究范围大小合适，可行（0～5分）	
		主题词内涵清楚，外延清晰（0～5分）	
2	研究目的、意义与国内外研究动态（15分）	目的明确，具有一定的理论和实践意义（0～5分）	
		文献检索充分，能够反映本课题研究现状和发展趋势（0～5分）	
		非重复研究，有研究特色与研究空间（0～5分）	
3	研究内容与创新之处（10分）	研究内容与主题词一致、具体（0～5分）	
		有新材料、新方法、新观点（0～5分）	
4	研究方法（25分）	方法类型与研究问题匹配（0～5分）	
		方法具体、条件可行（0～10）	
		资料处理方法正确（0～10）	
5	论文提纲（15分）	逻辑清晰、顺畅（0～5分）	
		论文结构完整，三级细分（0～10分）	
6	答辩（20分）	准备充分，内容完整、准确，语言表达清楚，思路清晰（0～5分）	
		能在规定的时间内表述开题报告主要内容（0～5分）	
		能正确回答、解释评委提出的问题（0～10分）	
7	结果		

本章小结

开题是毕业论文（设计）工作的重要环节，是学生为了阐述、审核和确定毕业论文（设计）题目而事先撰写专题书面报告，然后再向指导老师、学术指导委员会进行汇报。

假设是对所提问题的尝试性回答，具有引领论文、逻辑推导、发展理论的作用。假设要以客观事实和理论为依据，具有一定的推测性、或然性和可验证性。

开题具有实践价值的落地、理论知识的检验、有针对性的聚焦、理顺工作的程序、清楚可能的困难、集思广益等意义。开题内容包括毕业生基本信息、研究内容、研究进度、参考文献等。开题过程包括毕业生准备、院系准备、毕业生汇报、评委提问、毕业生答辩、开题结果等。

章节练习

一、思考与探索

1.开题的主要目的是什么？

2.开题报告的逻辑是什么？

3.论文提纲与假设有什么关系？

4.如果开题不通过，你将如何处理？

二、讨论与作业

下载本校本专业开题报告空白模板，以某主题为例撰写开题报告。

第五章　体育专业本科毕业论文（设计）的研究方法

本章导读

本章主要概述了研究方法的定义、种类、作用、运用原则及其与研究课题之间的逻辑关系；详细介绍了观察法、问卷法、访谈法和实验法的定义、种类、作用以及实际操作程序和要求。

学习目标

1.理解研究方法的定义和作用。

2.理解研究方法与研究课题的逻辑关系。

3.了解体育专业本科毕业论文（设计）写作中常用的研究方法。

4.初步掌握、运用观察法、问卷法、访谈法和实验法。

第一节 研究方法概述

一、研究方法的概念

"方法总比问题多"说明方法与问题紧密关联。显然，研究方法也与研究课题紧密关联。研究方法是发现、分析和解决研究课题的途径、手段和工具。换句话说，研究方法是指在研究中发现新现象、新事物，或提出新理论、新观点，揭示事物内在规律的工具和手段。也有人认为研究方法是人们在长期对自然和对自我的认知过程中发明和创造的认知工具，目的在于帮助我们客观真实地认识我们的物理、心理和伦理世界。它跟问题、理论和实践紧密关联。有些研究者面对课题的时候显得客观理性，注重逻辑实证，追求微观精准；有些研究者面对课题的时候注重整体模糊，追求体验顿悟。这是因为他们处于研究方法的两种不同的哲学层次，即方法论层次。前者具有西方哲学思维特征，后者具有东方思维特征。目前，辩证唯物主义方法论是主流的研究方法论。在主流的哲学方法论的指导下发现、分析和解决不同的研究课题，自然会使用相同的途径、手段和工具。这就是一般研究方法，例如文献资料法——全面了解该课题已具备的研究方法、观点和工具，以便研究在此基础上提出新方法、新观点和新手段。除了一般研究方法，不同学科还有本学科专用的研究方法，用于发现、分析和解决本学科的研究课题，例如运动人体科学中的尿生化、核磁共振、EPO检测等。

那么，体育研究方法就是研究者在体育研究中发现新现象、新事物，或提出新理论、新观点，揭示体育内在规律的工具和手段。体育研究方法包含了哲学方法论、一般研究方法和具体研究方法这3个不同层次。对于体育专业本科毕业论文（设计）而言，发现、分析和解决研究课题的方法主要在于从体育教育教学、运动训练竞赛、体育产业经营管理等现实领域中发现新现象、新事物，不以提出新理论、新观点为追求目标（不排除提出新理论、新观点）。

二、研究方法的种类

按照研究方法的层次，体育研究方法可以分为哲学研究方法、一般研究方法和特殊研究方法。有学者认为，体育科学研究者亟须解决的不仅仅是研究的技术手段和具体方法的问题，更应关注对世界的理解、科学的诠释、科学与哲学的关系、科学与宗教的关系等更深层次的问题。这是在强调研究中人的地位问题（人是否是中心）、价值观问题（价值是否中立）。体育专业本科生分析、发现和解决体育教育教学、运动训练竞赛以及体育经营管理等体育领域中的问题，可能更多地考虑的是一般研究方法和特殊研究方法，一般是不自觉地运用某种方法论指导自己。

按照研究课题的领域，体育研究方法可以分为体育自然科学研究方法和体育人文社会科学研究方法。体育自然科学研究方法主要指对体育运动中人体这个"自然"的结构、生理生化以及运动穿戴的设备、场馆器材等的发展变化所采用的研究方法。而体育人文社会科学研究方法则主要指对体育运动中的人及人与人之间的心理、思维和社会关系、结构、制度、伦理、道德等所采用的研究方法。

体育专业本科毕业论文（设计）的研究方法在哲学层次上应认真考虑辩证唯物主义方法论，实事求是，不断追问，身体力行，追求真相；同时，必须使用文献资料法，广泛运用观察法，以及运用访谈法和实验法等。

三、研究方法的作用

从某种意义上说，有什么样的研究方法，就有什么样的科学研究。如果说归纳法产生经典科学、假说演绎法产生相对论，那么系统方法则产生复杂科学，恰如手工铁铲代表农业社会、蒸汽机代表资本主义社会、计算机代表信息社会一样。研究方法对于社会进步、学科建设和学术规范均具有重要作用，因为研究方法反映了某些课题的分析与解决。首先，研究方法有利于推进社会进步与社会发展。其次，研究方法有利于各门学科的可持续发展。研究方法的多寡优劣及其应用水平直接影响科学研究的效果、效率和效能。许多科学家非常重视对研究方法的科学探讨，甚至认为一切理论探讨都可以归结为对其研究方法的科学探讨。特定学科的研究方法的完善某种程度上表征着该学科的完善程度。此外，研究方法也有利于学术规范的形成。学术规范是研究者在从事科学研究过程中所要遵循的一些基本程序、基本方法和要求，是人们在长期从事科学活动的过程中所形成的，且在动态的过程中不断完善。

对于体育专业本科生完成毕业论文来说，研究方法显然是要分析、解决毕业论文中所提出的问题，具体作用包括以下几点。

第一，在哲学层次上，研究方法可以提高毕业生宏观、辩证和逻辑思维能力。体育专业本科生在马克思主义辩证唯物论基础上，在哲学方法论层次上将其迁移、运用到分析和解决毕业论文的选题上，形成宏观思维架构的眼界，辩证地看待问题，并通过逻辑联系性解决问题。毕业生还能意识到除了科学理性外，还存在感性悟性的思维，进一步拓宽了自身的思维境界。

第二，研究方法有助于寻求毕业论文所要分析和解决的问题的理论依据，这主要指文献资料法的作用。对于我们面临的体育问题，前辈们也一定遇到过并留下了分析和解决该问题的经验，而这些经验就记录在前辈们留下的文献中。体育专业本科毕业论文（设计）所要分析和解决的问题的理论依据主要在体育专业教材中。

第三，研究方法有助于找到毕业论文所要论证的体育运动实践中的材料证据，这主要指在运用观察法、问卷法、访谈法、实验法等过程中，收集论证论文中体育教育、运动训练、体育经营管理等方面的事实、观点的材料。

第四，研究方法有助于梳理、归纳论文所要发现的体育运动实践中的特点和规律，这主要指毕业生在处理收集到的体育教育、运动训练、体育经营与管理方面的材料时，梳理、归纳这些材料呈现出的特点和规律，从而得出论文的结论，进而提出相应建议。

四、研究方法运用的原则

（一）应在研究计划、研究报告、学位论文中明确提出使用的研究方法

在研究计划、研究报告、学位论文等研究成果中，应清楚地阐明使用的研究方法，这样做至少有两个作用：其一，可以增加研究成果的可信度和可行性，便于读者审核和检验；其二，可以为以后开展相关课题或项目的研究人员提供参考，进而有利于研究工作的可持续发展。

无论是论文、研究报告，还是硕士学位论文、博士学位论文，在摘要中都要用一定的篇幅对所采用的研究方法进行描述，清楚地描述研究数据的处理过程、论证材料的组织和加工过程、理论运用和实践思考的过程。可以说，没有研究方法的论文是不符合要求的，没有明确提出所使用的研

究方法的论文是不完整的。

（二）应根据各学科、各课题的特点、性质、对象，选择、运用适当的研究方法

从方法论的角度看，方法具有层次性，不同层次的方法有其特定的应用范围和应用对象。在从事具体的科学研究时，研究人员首先要了解所在学科及研究课题的特点、性质和研究对象，然后有针对性地选择相应的研究方法。

例如，在物理学领域，理论物理和实验物理的研究方法在选择上是有一定区别的。简单来说，实验物理首先要考虑运用观察法和实验法，获取相关数据后再借助数学方法、统计方法进行加工整理，最后再分析数据，通过模型法、比较法等方法提出一个科学结论。而理论物理通常是建立假说，设计模型，然后通过动手实验、理想实验来验证假说。当然，在研究过程中，还会大量使用形象思维、直觉或灵感等逻辑思维方法和系统论、信息论、控制论等系统科学方法等。又如，在社会学的具体实践研究中，通常采用抽样调查法、访谈法、问卷法等方法进行相关调查以获取相关资料，然后利用统计方法、分类方法等对数据进行处理，最后借助数学方法提出模型或得出实质性的结论。在外语研究中，由于研究的对象不同，采取的研究方法也有所侧重。在语言系统研究中，通常采用演绎法、推理法；在语言使用和语言教学研究方面，多采用观察方法和实验方法进行定性研究、比较研究或描述性研究。哲学研究则采用抽象与具体方法、分析与综合方法、历史与逻辑统一的方法、批判与继承的方法以及比较法等。

（三）应根据研究方法的特点和功能，选择、运用适当的研究方法

在选择研究方法时，一定要充分考虑各种研究方法的不同特点和功能。例如，假说既是科学发展的重要环节和思维方式，也是一种重要的研究方法。假说经过实践的验证可以上升为理论。假说包括基础事实、背景理论、对现象本质的猜测、推演出的预言和预见等基本要素，具有科学性、假定性和易变性。在科技发展史上，许多科学家提出了一系列假说，如数学中的费尔马猜想、哥德巴赫猜想，物理学中的普朗克能量量子假说、爱因斯坦的光的波粒二象性假说等。人们在自然科学领域内运用假说这种方法取得了许多突破性的成果。黑箱方法是一种重要的控制论方法，它是在研究对象内部情况还不清楚的情况下，通过外部观测和试验来考察其输入和输出情况，进而认识其功能和特性的系统。它比较适合从整体上、从事物之间的相互联系上研究问题。例如，可以通过社会系统与社会环境之间的相互联系考察和认识社会现象，并对社会系统进行整体性探讨。

（四）应根据研究方法和研究内容的一致性程度选择、运用适当的研究方法

研究方法通常要与一定的研究内容相适应，即与研究内容保持一致性。研究方法与研究内容的关系可以类比为主观与客观的关系，研究方法是人们在实践基础上形成的主观意识，而研究内容是客观存在的。在一种具体方法的使用过程中，研究者既要对研究方法的"性能"有充分的认识，也要把握研究内容的特点，避免研究方法与研究内容的"互斥"。

五、研究方法使用注意事项

要注意使用多种研究方法，各种研究方法可以相互补充，有助于新成果的产生；还要注意在研究的不同阶段选择和使用不同的研究方法。

第二节　观察法

一、观察法的概念与特点

观察法不仅是研究自然科学的重要工具，也是研究人类学、社会学、教育学、体育学等社会科学的重要工具。观察法是研究者有目的、有计划地通过感官以及借助仪器，对处于自然状态下的客观事物或社会现象进行感知，并进行系统的考察和描述，从而获取经验事实的一种科学研究方法。

观察法的主要目的是描述客观事物和事物现象及研究对象的行为。它具有以下特点。

第一，观察法是一种自觉、有目的、有计划的认识活动，而不是盲目的简单反射式感觉。日常生活中的观察是观察者通过看、触、尝、嗅等方式消极地接受外界对感官的刺激。而观察法还包括理解或理性上领会的含义。观察法具有明确的观察目的、观察对象，以及具体而严密的观察计划，是为了揭示自然现象中的规律而积极主动地对客观事物进行考察和描述的过程。

第二，观察法是在自然条件下进行的，观察对象是处于自然状态下的客观现象。这是观察法有别于其他研究方法的主要标志。因此，通过观察得出的结果较为客观可靠，避免了人的刻意造作和掩饰。如果观察对象未处于自然状态，而是人为的、故意制造的，也就失去了使用观察法的必要性和意义，甚至可能得出错误的观察结论。

第三，观察法是研究者借助一定的观察仪器对客观事物进行认识的一种科学研究方法。人类的感觉器官是最重要的观察工具，在人类所获得的外部世界的信息中，90%是通过眼睛获得的。科学仪器是人的感觉器官的放大和延伸。高速摄像机、高速摄影机、电子显微镜、核磁共振仪等先进的仪器设备为人类深入观察、探索体育运动的客观规律提供了可能。

第四，观察法的运用是一个能动的反映过程。人们对外部世界的观察同摄影机的摄影有本质上的区别。摄影是一个纯客观的光学和化学反应的过程，而人的观察过程不仅是直接感知的过程，更是大脑积极思维的过程。从信息论的角度来看，观察既包括信息的输入，也包括对信息的初步加工。

第五，观察法并不需要像实验室那样要求对各种变量加以严格控制，也不像检验法那样需要使用严密的检测工具或量表和常模，只需要制订几个完整的计划即可施行，使用广泛。观察法既可作为一种独立的研究方法使用，也可与其他方法（如个案研究、追踪调研）协同使用，使研究更加系统准确。总之，观察法具有方便、易行、灵活的特点。它可以随时随地开展，可以根据研究需要设置观察时间，若不想设置观察时间，可以在自然状态下开展研究。

二、观察法的作用

观察法作为一种最基本的科研方法，贯穿于体育科学研究的全过程，发挥着十分重要的作用。

第一，观察法是获取第一手资料的重要手段。通过有目的、有计划地对体育领域的某一现象及其变化过程进行全面、细致、深入的观察，能够获取认识该事物的比较客观的事实材料。在此基础上，确定某个体育现象得以发展的条件，科学分析和说明所研究的体育现象及其发展过程。通过观察获得对事物最直接的认识，有利于科学理论的提出。

第二，观察研究是检验体育科学理论观点是否正确的重要途径。体育研究假设所推导出的关于未知事实的结论，只有通过观察到的科学事实加以检验时才是科学的、有价值的。

第三，观察是发现问题的主要来源，有助于研究课题的选择和形成。通过观察，可以直接形成新的课题，发现新观点、新理论，开拓体育研究新的方向和领域。

第四，观察方便易行。观察法通常不需要使用特殊设计的复杂仪器设备，也不需要特殊的条件。观察法通常不会干扰被观察者的日常学习、训练、生活和正常发展，不会产生不良后果。

三、观察法的使用范围

观察法作为一种相对独立的科研方法，有一定的使用范围。尽管它是一种基本方法，但并非万能方法。它的使用范围包括以下几方面。

第一，当研究目的是描述对象在自然条件下的具体状态，或需要对正在执行的某些过程进行描述。例如，研究体育比赛中的技术与战术统计或描述正在发生的行为并检验变量的关系，可以采用观察法。研究体育教学中学生团队内的人际关系，某体育教师的教学艺术，学生与体育教师、学生与学生之间的冲突与合作等可以采用观察法。这些问题不允许研究人员干涉研究对象的活动，一旦发生干涉，研究就失去真实性，因此需要使用观察法收集资料。

第二，当研究需要获取研究对象或事态变化过程的第一手资料时，或者需要了解某一事态变化的原因，或者研究者对于研究现象所知有限，或者研究现象并不是日常生活中的常见现象时，观察法是获取资料最合适的手段。例如，对运动员赛前训练和准备活动的观察、对民间体育组织行为的观察等。

第三，当通过操纵一个或多个自变量来检验其对因变量的影响，并进行比较，或者通过系统地改变刺激事件研究有机体的反应限度时，或者设置条件对之间发生的重要事件进行控制，并观察随后出现的行为时，可以采用观察法。例如，对不同运动负荷所产生的训练效果的观察、对某运动项目教学步骤和教学方法应用效果的观察。

四、观察法的局限性

第一，被动性、偶然性和片面性。由于观察法是在自然条件下对人或客观现象进行考察，如果所要观察的对象不出现，则观察者往往只能消极地、被动地等待。即使观察对象出现了，观察所得往往也是片面和不系统的。观察者没有主动权，对于影响观察结果的各种因素难以控制。因此，仅凭观察法得到的结果不够科学。

第二，难以数量化。利用观察法获得的结果通常是描述性的。即使是定量观察，也往往只局限于经常性和百分比的处理，如次数、发生率等。同时，观察法的描述性结果使得资料的主观性较强，推论、归纳较多，不可避免地会受到主观思想、情感和个人因素的影响。

第三，样本量小。虽然观察法可以通过制定一定的标准来评定，但不宜完全统一标准。观察所需的时间较长，被动地等待并不一定会出现的现象，受到很大的时间、空间限制，也影响了进行大样本观察的可能性。因此，一般不宜大规模进行。

五、观察法的基本类型

根据观察的目的、对象、性质和形式的标准，可以将观察法分为不同的类型。常用的观察法可进行如下分类。

（一）直接观察与间接观察

直接观察法是指研究者直接通过感官在现场获取研究对象相关资料的方法。例如，在篮球比赛现场观察三分球。间接观察是指研究对象的行为、事件发生时，观察者并不在现场，而是通过对某些特定现象的观察获取相关资料，或根据仪器记录来推断研究对象的状况的观察方法。例如，通过转播、录播视频来观察篮球比赛中的三分球。

（二）干预观察与非干预观察

干预观察也称为实验观察法，是指在人为设置或控制的条件下对观察对象或活动进行观察的方法。该方法既可以在实验室内使用，也可以在自然条件下进行人为控制。由于控制了变量条件，它虽然仍以观察对象的自然表现为观察内容，但事实上是一种实验研究方法，是观察法和实验法的结合，能更好地揭示观察对象的本质特征。非干预观察也称为自然观察法，是指在自然情况下的观察行为，对观察对象或活动不加以任何影响或控制。

（三）参与观察与非参与观察

参与观察是观察者参与到观察对象中，以其中一员的角色参加活动，观察对象集体也对此表示认同。在此条件下进行的观察可以获得局外人所无法获得的观察资料。例如，深入运动队中，与队员同吃、同住、同练，获取运动员的真实状况。参与观察得到的资料是第一手的，比较详细可靠。非参与观察是指观察者单纯以观察者、研究者的身份对观察对象进行观察。常见的观察均为非参与观察，由此获得的观察结果更客观，较少有观察者的个人主观色彩。但一些深层或隐藏性较强的资料可能不容易被观察到。

（四）结构观察与非结构观察

结构观察是指有明确目标、具体要求、详尽计划和方案的观察方法。

通过该方法获得的结果较为周详、准确，便于比较分析，并可与实验法结合使用。非结构观察是指没有明确的目标和要求，也不确定观察的方法，可以根据观察者的需要采取灵活的方式进行观察的方法。

（五）定性观察与定量观察

定性观察是区分和确定观察事物所具有的性质，即在事物的变化发展过程中，何时何地发生什么现象，具有什么性质和特征，以及该现象与其他现象之间存在何种联系。例如，观察一个体操运动员后手翻的动作技术，而不是其他手翻动作，其"后手翻的动作技术"就是动作的性质；又如观察空翻动作和球类运动员不同的战术等。定量观察是观察事物在发展过程中的数量的变化。在定量观察中，不仅要认识事物的性质，还要确定事物的数量、长度、历史长短等内容。

六、观察法的基本程序

第一步，制定观察设计方案。观察设计方案是组织观察工作的依据，要求观察目的明确、观察内容和方法具体、观察指标客观有效。

第二步，做好观察前的准备工作。在制定了观察设计方案后，做好观察前的准备工作是顺利观察和获得可靠观察资料的前提。一般包括以下几方面：第一，应取得有关单位的支持配合；第二，要了解观察对象的一般情况，如训练水平、一般和专项素质、技术、战术、个人特点等；第三，要统一思想、统一方法、统一规格、统一符号。

第三步，观察实施。第一，尽量严格遵循观察计划，要明确观察目的，忠实于原定的观察范围。第二，选择最适宜的观察位置。应根据观察的目的和中心来选择观察位置，一方面要保证所有观察对象能全面、清晰地落入视野范围内；另一方面，要保证不影响观察对象的常态或其他人的活动。第三，要善于辨别重要和无关紧要的因素。重要性可根据研究任务的大小、仪器是否能够提供有利的资料来确定。第四，要善于区分引起各种现象的原因。第五，要注意观察范围内各种活动发生的原因。第六，在某些情况下，借助仪器可使观察更准确或观察到肉眼无法捕捉到的现象。第七，对于较为复杂的观察任务，适当分组进行。第八，要保持观察对象的常态，并取得其配合。

第四步，观察记录。观察记录的方式一般有3种：第一种是评级法，即对所察对象的某些表现进行等级评定。例如，观察对象对某种事物可以是不喜欢、不太喜欢、一般、有点喜欢、很喜欢。第二种是频率法，将预先确定的观察项目打印在纸上，一旦出现某种现象，勾选相应的方框。第三种是连续记录法，可以使用录音录像机等方式将观察内容记录下来，然后再转移到电脑中。在进行记录时要注意：不依赖记忆；尽可能节省书写时间；记录清晰、易读、易用；不同的观察任务和内容需要不同的记录表格；借助仪器记录。

第五步，整理观察资料。观察记录只是对客观事物的现象进行描述的一种形式，要想从观察记录中找出客观事物变化的规律，必须对观察记录材料进行加工整理。观察结束后，首先要全面核查观察记录，剔除可能存在错误的材料。对于漏记指标或数据，可结合他人的同类观察记录或通过其他途径予以校补，但依据不足时，应坚决删除，绝不可凭主观猜测随意填补。根据研究任务的需要、指标的性质与特征，可以对观察材料进行分类加工和整理，对量化指标进行专门分析统计处理。

七、观察法的设计

观察法的设计是根据研究课题的任务所需要信息的收集而进行的安排。观察法设计的具体内容包括观察目的与任务、观察对象、观察内容与方法、观察指标、观察方法等。

第一，明确观察的目的和任务。通过观察而收集到的资料是用于解答问题或检验研究假设的。观察的目的一般由研究课题所决定。只有针对课题的性质和内容选取的观察方式和方法，才有可能是适宜的、有效的。因此，在进行观察之前，研究者应通过阅读相关文献或与专家、同行交流等方式，了解该课题的研究背景，以期对所要研究的问题有更加全面深刻的认识。例如，在体育专业2017届某本科生的毕业论文《里约奥运会女排决赛二传手技术特征分析》中，使用的主要方法是视频观察法，目的是通过观看里约奥运会女排决赛的视频，观察比赛双方的二传手使用的技术。

第二，选择观察对象。根据观察目的和任务，选择观察对象的范围和数量。观察对象应具有代表性。例如，《里约奥运会女排决赛二传手技术特征分析》的观察对象非常明确，为里约奥运会女排决赛双方的二传手。

第三，确定观察内容。根据观察目的和任务，确定观察内容是非常重要的环节，是决定观察成败及获得的成果大小的重要因素。一是要有的放矢地选择与研究问题相关的内容。二是要有重点又要多方面收集影响因素方面的内容。三是根据所具备的条件和可行性来确定具体的观察内容。例如，《里约奥运会女排决赛二传手技术特征分析》的观察内容是里约奥运会女排决赛双方的二传手的技术。

第四，选择观察指标。观察指标是观察对象特征的不同侧面的具体反映。选择观察指标时，要注意以下几点：一是要具有客观性，既能反映客观存在，又要符合客观规律，并能通过一定的观察方法获得相关材料。例如，身高、体重、臂长、腿长等指标，它们可以被测量出来，且能在限定的条件下重复出现。二是要具有合理性，既能反映客观现象，又能反映研究问题的本质。例如，研究一堂体育课的运动负荷或强度时，应选择心率、血压、尿量等项目的测定作为观察指标，而不能选择呼吸差、肺活量等，因为其不能客观地反映运动负荷；研究体操运动的支撑、跳跃和跳马的技术结构时，应选择助跳的速度和频率、起跳和推手的时间、腾空的高度等作为观察指标。三是要注重观察指标的灵敏性和技术实现的可能性。

现代科学的发展使我们能够利用各种仪器（如高速摄像机、录像机等科学仪器）来进行准确灵敏的观察。这些仪器可以延长人类进行观察的感光作用、扩大观察的幅度、加深观察的深度，从而使观察更为深刻和准确。例如，《里约奥运会女排决赛二传手技术特征分析》的观察指标包括双方二传手的传球、拦网和进攻技术。

第五，确定观察方法及具体要求。根据观察任务，选择具体的观察方法和手段，并安排整个观察过程，包括观察的次数，每次观察的时间、地点、方向、角度、位置等具体情境及其要求。例如，在研究优秀运动员的关键动作技术和运动队的战术运用时，可以采用比赛现场拍摄法，再通过录像进行观察和解释分析。

八、观察法的应用

体育专业本科生经常在毕业论文中使用观察法，尤其随着科技手段的发展，体育教育教学、运动训练竞赛和体育产业经营等方面的活动视频直播、转播留下了丰富的录像资料，使得视频观察法成为首选方法。例如，本科毕业论文《篮球比赛进攻犯规调查研究——以2015年男篮亚锦赛半决赛、决赛为例》的主要研究方法是视频观察法，其观察方案如下所示。

2015年男篮亚锦赛半决赛、决赛进攻犯规调查研究

一、观察目的

通过反复观察比赛视频，对篮球比赛中的进攻犯规进行统计研究，为篮球比赛控制、减少进攻犯规提供参考依据。

二、观察对象

2015年男篮亚锦赛半决赛、决赛比赛双方的进攻犯规的队员。

三、观察指标及方法

（一）进攻犯规

篮球进攻犯规是指无论进攻队员是否持球，攻方队员对防守队员发生的非法身体接触的犯规。

1.有球犯规

（1）防守者在持球进攻者的进攻路线上，并在进攻者与自己产生明显身体接触前，已经占据合法防守位置，且以躯干接触，防守者可以横移、后撤、一脚或者双脚跳起，但不能向进攻球员前移。

（2）在进攻中，进攻者使用肘部、肩部、膝部等身体坚硬的部位对防守者进行有意的明显侵犯，即便防守者不具备上述（1）的情况，进攻者也被判定为进攻犯规。

2.无球犯规

（1）进攻方在进行掩护挡拆战术时，掩护者对防守者做出明显的推揉或在掩护时脚步进行了明显移动，则被判定为无球掩护犯规，这是一种无球进攻犯规。

（2）进攻方无球球员在落位时对对方球员进行非法的身体接触，也将被判定为进攻犯规，如挤位时的推揉。

（二）进攻犯规观察的5个指标

哪位队员出现了进攻犯规；进攻犯规发生的比赛时间；进攻犯规发生的场上位置；进攻犯规的动作性质；进攻犯规受到的处罚。

（三）设计进攻犯规记录登记表

根据进攻犯规的观察指标，设计进攻犯规记录登记表的内容。

四、进攻犯规统计数据处理

统计数据处理主要包括以下内容：研究比赛双方在比赛中进攻犯规的总次数以及冠亚军之间进攻犯规陈述所占的比例；进攻犯规的5个细分指标的总体特征以及冠亚军之间的差异；对以上统计数据进行初步的原因分析。

第三节　问卷法

一、问卷法的概念

问卷法是调查者运用事先设计好的问卷，向被调查者了解研究课题的答案或征询意见的一种书面调查方法。所谓调查问卷，简称问卷，实际上是一种调查表格，研究者根据一定的研究目的，将调查项目转化为一系列问题，再印刷成统一的调查表格，用来测量人们的特征、行为和态度。[①]

二、问卷的类型

根据填答或使用方式的不同，问卷可以分为两种主要类型：自填问卷和访问问卷。自填问卷是由被调查者本人填写的问卷，访问问卷则是由访问员根据被调查者的回答进行填写的问卷。这两种问卷既有联系又有区别，虽然都是收集资料的工具，并且都由一系列问题和答案构成，但它们直接面对的对象却不同。自填问卷直接面对被调查者，而访问问卷直接面对调查者，间接面对被调查者。自填问卷还可以根据发放给被调查者的方式进行分类，包括邮寄问卷和发送问卷。邮寄问卷通过邮局寄给被调查者，被调查者填写完毕后再通过邮局寄回；发送问卷则是调查员和其他人将问卷直接送到被调查者手中再进行回收。随着科技的发展和互联网的应用，问卷星等软件能够以网络形式发放设计好的问卷。

---

① 李林英，石丽萍. 马克思主义理论学科博士学位论文研究方法运用的实证分析［J］. 马克思主义理论学科研究，2016，2（3）：156-170.

三、问卷的基本结构

一般而言，一份问卷通常包括4个部分：说明词、主体、编码和结束语。其中，主体部分是问卷的核心，每份问卷都必不可少，其他部分可以根据设计的需要进行取舍。

（一）说明词

说明词是对调查目的、意义以及填答问卷的相关事项的说明和介绍。因此，说明词可以分为两个部分：调查说明和填答说明。调查说明部分包括调查者的身份、调查目的和调查方式，一般采用匿名方式，这部分也可以称为封面信，示例如下。

××学院××系学生参与课程改革的动因与障碍的调查问卷（表演班卷）

亲爱的同学：

您好！

××学院是××省深化新时代教育评价改革试点院校，××学院"高校公共体育课程模式创新设计与评价体系构建"课题已成功立项。本问卷是该课题重要组成部分，旨在全面了解大家参与本次课程改革的动因与障碍。本次调查不记名，请您如实填写。

课题组

20××年××月××日

填答说明包括单选题、多选题、排序题等的填答要求。

（二）主体部分

主体部分是问卷的问题与答案，用于收集被调查者各种情况。问卷中的问题形式可分为开放式和封闭式两类，在内容上又可分为有关事实的、有关态度的和有关个人背景资料3类。

开放式问题指的是不为回答者提供具体答案选项，而是由其自由回答的问题。例如，你喜欢哪一类体育运动？你对体育的改革有什么看法？

你学习的主要动力是什么等。开放式问题的优点在于允许回答者充分地按照自己的方式发表意见，没有限制，所得的资料也往往比封闭式问题所得的资料更加丰富生动。然而，开放式问题也存在一些缺点。第一，它要求回答者具有较高的知识水平和文字表达能力。第二，回答开放式问题需要耗费较多时间和精力，因为回答者需要思考、组织和书写，十分费神费力。第三，开放式问题所得的资料难以进行处理，尤其是进行定量处理和分析。

封闭式问题即在提出问题的同时给出若干个可能的答案选项，供回答者根据实际情况进行选择，示例如下。

您选择表演班的初衷是源于以下哪些方面呢？（　）

A.顺利通过期末考试　　　B.和家长沟通，听取家人的意见

C.自己的兴趣　　　　　　D.朋友劝说

E.随便选的　　　　　　　F.其他（请补充）＿＿＿＿＿＿＿

一般而言，问卷中问题的内容主要包括3个基本方面。一是行为方面的问题，例如，您上个月观看了多少场球赛？您每周进行几次锻炼？二是态度和看法方面的问题，例如，你认为优秀的运动员应具备哪些品质？你认为体育课坚持健康第一的思想是否正确？三是回答者个人背景方面的问题，例如年龄、性别、文化程度、职业等。需要注意的是，问题的内容必须与问卷题目中的关键词紧密相关。

（三）编码部分

编码部分是为了方便调查资料的分析、整理以及用计算机进行统计而使用的一种方法。编码将被调查者填答的内容转换成可识别的数字编码，以便研究者对调查资料进行手工汇总分析和计算机统计。

编码有两个方面的内容：一是对每个问题进行编码；二是对问题的各种答案进行编码。对每个问题进行编码相对简单，实际上只需按照问题的排列顺序逐一编号即可。如果是开放式问题，要将所有调查资料进行分类整理后才能进行编码。如果是封闭式问题，因为答案是固定的几种，所以

编码相对容易。对封闭式问题问卷而言，设计者事先设计了几种固定的答案，被调查者只需从中选择一种或几种答案，编码时复制即可。

在进行编码时需要注意以下几点：第一，编码符号必须使用阿拉伯数字，从零到九，有时也可以使用英文字母；第二，可以对某些数字赋予特殊的意义，以便于资料整理时的识别；第三，编码位数的确定要视具体情况而定；第四，为了便于调查数据的登录，可以在问卷每个问题的旁边画上记录编码的方格，这样在登录数据时一目了然，不易出错；第五，对于某些无法事先确定类别的问题和开放性的问题，只能在调查完成后再设计编码。

（四）结束语

结束部分一般设置在问卷的最后，用来简短地对被调查者的合作表示衷心感谢，也可以征询一下其对问卷设计和问卷调查本身的看法和感受，示例如下。

您填答完这份问卷有何感想？

A.很有意义　　　　　B.比较有意义

C.不知道　　　　　　D.没有意义　　　　　E.完全没有意义

四、问卷设计基本原则

（一）效率原则

在问卷设计时，需要考虑研究者和被调查者两个角度。从研究者的角度来看，一切基于研究者的需要。从被调查者的角度来看，不同质量和形式的问题对被调查者的刺激和影响不同，对被调查者的要求也不同。对于合适的问题，被调查者愿意回答，也易于回答。而低质量的问卷，被调查者可能会拒绝填答或难以填答。因此，在设计问卷时，既要考虑问卷设计的效率问题，也要考虑回答问卷问题所需的时间、回答效果等，需要注意以下几点。

（1）问卷设计不宜过长，问题数量不能过多，填写工作量不宜过大。

（2）问卷中尽量避免要求被调查者回忆以及技术难度较高的问题。

（3）要关注被调查者的兴趣，避免设置障碍。一方面，避免设置主观障碍。主观障碍是指被调查者在心理上和思想上对问卷产生各种不良反应所形成的障碍，包括畏难情绪（回忆、思考、推理、计算等）、顾虑重重（私人信息、国家政策等）、漫不经心、毫无兴趣（呆板、与生活无关等）等。另一方面，避免设置客观障碍。客观障碍是限于被调查者自身的能力、条件所形成的障碍，如阅读能力的限制（格式复杂、问题抽象、语言晦涩等）、理解能力的限制、表达能力的限制、记忆能力的限制以及计算能力的限制。

（二）多元原则

一份问卷看起来只是由一组问题和答案构成的调查表格，但其设计工作涉及表面无法看到的因素，并受这些因素的影响。这些因素包括调查目的、调查内容、样本性质、资料处理和分析方法、问卷的使用方式、调查经费和时间，其中调查目的是问卷设计的灵魂，决定了问卷的内容和形式。所有问题和答案的设计都要紧密围绕调查目的。

设计问卷时需要考虑被调查者对设计内容是否熟悉、理解、感兴趣等。此外，还要考虑被调查者的身份、年龄、职业等基本背景，决定问卷的形式和填写方式，如使用纸质问卷还是电子问卷、自填还是代填等。

五、问卷设计的主要步骤

（一）第一步：探索性工作

编写问卷中的问题并不是问卷设计工作的第一步。在实际动手编写问卷的第一个问题之前，必须进行一段时间的探索性工作，这才是问卷设计的第一步。探索性工作最常见的方式是问卷设计者亲自进行一定时间的非结构式访问，即围绕所要研究的问题，以十分随意、自然、融洽的方式，与各种类型的被调查者交谈，在不同类型的回答者中将研究中的各种思想、问题以及各个方面的内容进行尝试和比较，以获得问题的表达方式、实际语言以及可能的回答种类等。通过这种方式，可以了解被调查者对研究问题的初步印象、获取第一手资料。同时，还可以在接近被调查者的方式、说明词的设计、问题的数量和顺序、问题的适当形式以及降低拒答率等方面形成较为切身的体验和客观的认识。在问卷回答过程中，我们可以发现许多含糊不清、不符合客观实际的问题。实际的回答往往隐藏着设计者难以察觉和预料之处。因此，这种探索性工作对于避免这种情况的发生以及调查问题的设计具有极大的帮助。因为在访谈过程中，当提出的问题模糊或过于抽象时，我们会遇到阻碍，被调查者也会受到阻碍，他们会提出疑问或者做出文不对题的回答。

此外，探索性工作对于将自由回答的开放式问题转变为多项选择的封闭式问题具有十分重要的作用。问卷设计者通常不清楚，不同类型的被调查者对于某一问题可能会给出哪些种类的回答。通过与不同类型的被调查者的交流，问卷设计者可以发现人们的回答大致可以分为哪几种主要的类型。基于此，在实际的问卷设计中，可以使用这几种主要类型作为问题选择的答案，再添加一个"其他"选项，就构成了一个封闭式问题。

（二）第二步，设计问卷初稿

在实际的问卷设计工作中，一般有两种方法进行分析，分别是卡片法和框图法。

1.卡片法

第一，根据设计者在探索性工作中的记录、印象和认识，将每个问题及其答案单独写在一张卡片上。如果共有30个问题，就需要30张卡片。然后需要解决一个重要的问题：如何设计每个卡片上的问题。我们将这个卡片问题设计法叫作主题词分解法，包括在主题词前加上修饰语、在主题词后加上修饰词等。下面以本科毕业论文《老年人太极健身调查与分析——以衡阳师范学院为例》的调查问卷设计为例进行讲解。

主题词1：老年人。

1.您（老年人）的性别

男 □　　　　女 □

2.您（老年人）的年龄

A.55～60 □　B.60～65 □　C.65～70 □　D.70以上 □

以上是在主题词"老年人"之后加修饰语"性别""年龄"设计出的两个问题及其答案。

主题词2：太极健身。

3.您正在进行的太极健身运动项目的名称

A.太极拳 □　B.太极剑 □　C.太极柔力球 □

D.太极健身操 □　E.太极扇 □　F.其他 □

4.您每周参加太极健身活动的次数

A.1次 □　B.2～3次 □　C.3～4次 □　D.5次以上 □

5.您每次参加太极健身的时间为多长

A.半小时 □　B.40～50分钟 □　C.50～60分钟 □　D.一小时以上 □

6.您通常进行太极健身锻炼的地点

A.小区空地 □　B.体育中心广场，过道 □

C.附近学校活动场所 □　D.其他 □

7.您通常参加太极健身所用器械是

A.社区提供 □　B.自己购买 □　C.借用别人的 □　D.不使用器械 □

8.您每年用于太极健身活动的花费是多少

A.没有 □　B.50元以下 □　C.50～100元 □

D.100～200元 □　E.200～300元 □　F.300元以上 □

以上是在主题词"太极健身"之后加修饰语"运动项目名称""活动次数""时间""地点""器械""花费"设计出的6个问题及其答案。同样地，我们也可以在主题词"太极健身"之前加修饰语"喜欢""为什么喜欢""和谁一起""觉得"，设计出的相关问题及其答案，如下所示。

9.您喜欢的太极健身项目有（可选3项，并排序）

A.太极剑　B.太极拳　C.太极健身操　D.太极柔力球　E.太极扇　F.太极刀　G.太极棍　H.其他

请排序：_____

10.您为什么喜欢太极健身这项运动（可多选）

A.能强身健体 □ B.能交到朋友，拓展社交圈 □ C.打发空闲时间 □

D.喜爱运动 □ E.喜欢具有中华民族特色的传统文化 □

11.您都和谁一起进行太极健身运动

A.家人 □　B.朋友 □　C.邻居 □　D.独自 □　E.其他 □

12.您所练习的太极健身项目有请专门老师指导吗

A.有 □　B.没有 □

注：如果选B项，那您是

①自学 □　②朋友学会了然后再教我的 □　③跟健身的人一起探索学会的 □　④其他 □

13.您觉得参加太极健身运动对您的身体健康影响如何

A.非常有益 □　B.有益 □　C.一般 □　D.效果不明显 □　E.其他 □

第二，根据卡片上的问题的主题内容，将问题卡片分成若干堆，即将属于询问同一类事物的问题放在一起。

第三，在每一堆中，将卡片按照日常询问的习惯排列顺序。

第四，根据问卷的逻辑结构，确定排出各堆的结合顺序，形成一份完整的问卷。

第五，从回答者阅读和填写问卷是否方便、是否会对回答者心理产生影响等不同角度反复检查问题的前后连贯性和逻辑性，逐一调整不当之处，还可以补充一些新问题。

第六，将调整好的问题依次写在纸上，形成问卷初稿。

2. 框图法

首先，根据研究假设和所需资料的逻辑结构，在纸上绘制出整个问卷的各个部分及其前后顺序。其次，从回答者回答问题是否方便、是否会形成心理压力以及问题的内容前后是否符合逻辑等方面，反复考虑和调整各个部分的前后顺序。接下来，具体写出每个部分中的问题和答案，并安排它们在该部分中的顺序和形式。最后，对所有问题的形式和前后顺序进行修订和调整，并将结果抄写在另一张纸上，形成问卷初稿。

这两种方法的区别在于，卡片法从问题入手，由部分到整体；而框图法则相反，从总体结构开始，由部分到具体问题。卡片法使用卡片容易产生信息调整问题，但相应地，问题的顺序调整和修订也十分方便。在第一阶段设计具体问题时，缺乏总体结构，所以常常漏写某些方面的问题。框图法在调整各个部分的顺序和逻辑结构方面相对容易，但在修改问题和调整问题方面不如卡片法方便。因此，这两种方法可以结合使用。

（三）第三步：试用和修改问卷

问卷初稿完成后，必须进行一次试调查，而不能直接将其用于正式调查。试用这一步在问卷设计中至关重要，即使时间紧迫也必须进行。在访问调查中，各种缺陷和遗漏可以随时得到修改和补充，但是在问卷调查中，我们往往很难做到这一点。一旦问卷发放出去，所有潜在的缺陷和错误都将直接展现在被调查者面前，然后又带着使研究者十分遗憾和后悔的资料回到研究者手中。在这个过程中，即使发现了存在的缺陷，也无法纠正。因此，根据收集责任，所有不足之处都将在最终的问卷责任中留下印记，造成难以弥补的损失。在这个意义上，我们强调试用在问卷设计过程中具有不可省略性。

试用的具体方法分为客观检验法和主观评价法。客观检验法是将设计好的问卷初稿先请少部分被调查者填写，然后再进行回收和客观检查。

第一，要检验回收率。在某种程度上，回收率可以看作对问卷设计的总体评价。如果回收率较低，如低于60%，则说明问卷设计存在较大问题，必须进行较大的修改甚至重新设计。一般而言，报刊回收率一般为10%~20%，邮件回收率一般为40%~70%，送发问卷回收率一般为80%~90%，访问问卷回收率最高。

第二，要检验有效回收率。有效回收率是指回收的问卷中有效问卷的比例，它更能反映问卷本身的质量。如果一份问卷的回收率较高，如达到90%，但其中有一部分问题未填写，甚至填写错误，有效问卷仅占30%，则说明问卷设计存在较大问题。无效问卷通常包括以下情况：资料不真实、答案不完整；空缺率过高，问卷中漏答3项及以上问题；问卷答案呈现规律性作答；答案雷同；问卷答案存在前后矛盾，不符合逻辑和尝试性回答；反向计分题目与原题目得分的差异大于3分。

第三，要对未回答问题进行分析。如果问卷上有几个问题都未被回答，需要重新仔细检查这几个问题，找出未填写的原因。如果是从某一个问题开始后面的问题都未回答，可能是前半部分的问题过于困难或耗时长，导致被调查者不愿意继续填写下去；也可能是中断部分的前后几个问题难以回答，使回答者放弃填写。因此，需要找出中断的原因。

第四，要对填答错误的问题进行分析。如果是填写内容上的错误，可能是被调查者未理解或误解问题的含义导致的，因此需要仔细检查问题的表述是否明确具体。如果是填写形式上的错误，可能是问题形式过于复杂或不清晰所致。

主观评价法是将设计好的问卷初稿以问卷星等方式发送给该研究领域的专家、学者、研究者的同行以及典型的被调查者等，请他们根据自己的经验和认识，从不同的角度和方面直接对问卷进行评论，指出各种缺陷或错误。在实际社会研究中，除了某些小型问卷调查采用主观评价法，大部分问卷调查都采用客观检验法。

六、问卷问题的具体设计

（一）问卷问题的形式

1. 开放式问题的形式

开放式问题的设计非常简单，只需考虑留有空白以便填答。通常情况下，将关于基本信息的问题，如性别、年龄、职业、年级、专业等开放式问题放在问卷的开头，将关于主观思想、感受以及具体建议等开放式问题放在问卷的结尾。

2. 封闭式问题的形式

封闭式问题有多种填选答案的形式。常见的形式包括以下几种。

（1）单项选择

单项选择题要求被调查者从给定的答案中选择一个符合自己情况的答案，示例如下。

你的自有体育器材的使用情况是（　）

A.在家闲置 B.经常使用 C.带至学校但很少使用 D.带至学校经常使用

（2）等级选择

等级选择是单项选择的特殊形式，是专门针对被调查者的态度、倾向的形式，也称为程度选择。程度一般有5个固定等级，示例如下。

您对太极健身的态度是（　）

A.非常喜欢 B.喜欢 C.一般 D.不喜欢 E.非常不喜欢

（3）多项选择

多项选择要求被调查者从给出的答案中选择符合自己情况的多个答案，示例如下。

你获得自有体育器材的来源有哪些（　）［多选题］

A.自己购买　B.他人赠送　C.手工自制　D.家庭所有

（4）排序题

排序题是多项选择的特殊形式，是从答案中选出多项，并按所认为的重要性进行排序，示例如下。

你认为一名合格的体育教师需具备哪些工作能力？请从以下选项中选择5项，并按重要性顺序排列（请在括号内使用①②③④⑤进行排序）

（　）教学能力　　　（　）科研能力　　　（　）组织能力

（　）创新能力　　　（　）语言表达能力　（　）动作示范能力

（　）写作能力　　　（　）自学能力　　　（　）训练能力

（　）临场指挥能力　（　）裁判能力　　　（　）其他能力

（5）顺序评价

顺序评价是将所有答案按照重要程度进行排序（不需选择），示例如下。

你认为影响运动成绩的因素有哪些？（请按照重要程度对下列答案进行打分，最重要的打10分，依次减1分）

（　）教练员水平　　　（　）运动员的吃苦精神

（　）训练系统性　　　（　）运动员的心理素质

（　）营养与恢复　　　（　）运动员的文化素质

（　）训练条件　　　　（　）高额奖金

（　）领导的重视　　　（　）严格管理

（6）后续问题排列式

后续问题排列式，也称为转接问题排列式，是指在设计某些问题时，要求被调查者对第一问的回答内容再进行追踪回答，需要对后续问题的回答方式进行特殊排列或说明，示例如下。

您是否是篮球一级裁判员？

A.是　　　　　B.否

如果回答为"是"：请填写获得登记证的年份（　）。

（二）问卷问题的语言和提问方式

语言是编制问卷问题的基本材料。要设计出含义清楚、简明易懂的问题，必须注意问题的语言。同时，对于同样的问题，不同的提问方式会产生不同的效果。因此，必须关注问卷问题的语言和提问方式。以下是几条常用规则。

第一，语言应简单、通俗易懂，避免使用抽象的概念、专业术语和行话。

第二，问题要尽量简短。问题越短，产生含糊不清的可能性越小。有些社会学家认为短问题是最好的问题。

第三，避免双重含义问题。双重含义问题是在一个问题中同时询问两件事情或一句话实际上包含两个问题。例如"你的父母是体育工作者吗？"这个问题中包含了"你的父亲是体育工作者吗？""你的母亲是体育工作者吗？"两个问题。

第四，问题不应具有倾向性。人们对问题的回答在一定程度上是受问题的措辞表现出的倾向性（也叫作诱发性）的影响。因此，问题不应具有倾向性，应保持中立。

第五，不使用否定形式提问。否定形式容易产生误解。例如，你是否赞成体育管理体制不进行改革？人们往往容易漏掉"不"字，并在这种理解的基础上进行回答。结果会导致许多赞成改革的人选择"不赞成"。

第六，不要问及被调查者不了解的问题。对于不熟悉、不了解的事物，被调查者无法很好地进行回答。

第七，避免直接询问敏感性问题。因为这可能引起高拒答率。

第八，问题的参考框架要明确。参考框架是指问题相对于什么背景、范围或方面而言。例如，"就人口规模而言，这个城市属于哪种类型？"比"这个城市属于哪种类型？"的参考框架更明确。

（三）问卷问题的数量和顺序

问卷设计中必须考虑问题的数量和顺序。问题的数量决定问卷的长度。适当的问题数量主要依据研究内容、样本性质、分析方法以及拥有的人力和财力等多种因素而定，没有统一的标准。但总体而言，问卷不宜过长，问题不应过多。一般以回答者能在30分钟内完成为宜。问卷的问题多且长会让回答者从心理上产生畏难情绪，进而影响问卷的回收率。如果回答者对问卷问题不感兴趣，能使其在20分钟内完成最好。

问卷问题的前后顺序及相互关系会影响被调查者对问题的回答。一般有以下几个规则：第一，将被调查者熟悉、简单易懂的问题放在前面，而将比较生疏、较难回答的问题放在后面；第二，将引起被调查者兴趣的问题放在前面，而将容易引起紧张和顾虑情绪的问题放在后面；第三，将开放式问题放在问卷的结尾部分；第四，先问行为方面的问题，再问态度方面的问题，最后问个人背景资料方面的问题；第五，按照逻辑顺序排列问题，例如按时间先后提出问题。

第四节　访谈法

访谈法，也称为访问调查法，是访问者有计划地与被访问者通过口头交流等方式收集调查资料的一种方法。访谈法也是体育专业本科生完成毕业论文时常用的研究方法之一。

一、访谈法的特点

（一）双向性

访谈的整个过程是访问者与被访问者互相影响、互相作用的过程。与观察法相比，观察法主要是观察者单方面的活动，被观察者一般处于被动状态，观察者尽量防止或减少对被观察者产生影响。访谈法在整个访谈过程中则是双向传导，即一方面，访问者通过提问的方式作用于被访问者；另一方面，被访问者通过回答问题的方式反作用于访问者。访问者积极地影响被访问者，并努力掌握访谈过程的主导权，尽可能让被访问者按预定目标进行回答；同时，被访问者也会酌情回答问题。

（二）交往性

访谈的目的是了解社会，而要了解社会，就必须与人进行交往。只有在人际交往中与被访问者建立起基本的信任关系，并根据被访问者自身特点采用恰当的方式进行访谈，才能使其积极提供所掌握的社会情况。访谈是访问者搜集调查资料的手段。在访谈中，访问者不仅要努力掌握访谈过程的主导权，积极地影响被访问者，尽可能使他们按照预定计划回答问题，还必须根据被访问者的具体情况，采用恰当的方式进行访问，以获得所需的资料。因此，在做好各项访谈准备工作的基础上，访问者还要善于沟通，熟练掌握访谈技巧，有效控制访谈过程。①

（三）聚焦性

访谈法的聚焦性是指交谈双方始终围绕、聚焦某个关键词。访问者要有目的、有计划、明确地指向、围绕主要关键词展开访问。而被访问者

---

① 黄汉升. 体育科学研究方法［M］. 北京：高等教育出版社，2015：167.

也要同样配合，提供与关键词相关或详细的信息，而不是东拉西扯、漫无边际。

二、访谈法的类型

根据访谈的属性，访谈法可以分为不同的类型。

（一）直接访谈与间接访谈

根据交谈的方式，可将访谈分为直接访谈和间接访谈。直接访谈是指访谈双方直接面对面，以双方均感觉适宜的方式进行访谈。间接访谈是指双方通过视频、音频连线的方式进行访谈。视频方式使双方能够相互看见，有眼神和情感上的沟通与交流。当不具备面对面的直接访谈的条件时，许多体育明星都接受了间接访谈，例如，苏炳添在突破9秒83的成绩后接受各大体育媒体人的间接访谈。

（二）正式访谈与非正式访谈

根据访谈正式与否，可将其分为正式访谈和非正式访谈。正式访谈是指访问者根据访谈目的，制订访谈计划，确定访谈程序，并事先与被访问者进行充分沟通后进行的访谈。正式访谈有时要进行全程直播，以增加宣传效果和扩大影响力。非正式访谈是指访问者偶然性地与被访问者针对某个问题进行沟通交流。非正式访谈也是有目的的，并不是漫无边际，只是较为灵活，没有严格的程序要求。有时可能在喝茶、喝咖啡、散步等情况下完成访谈，时间、环境和场地等限制较少。

三、访谈计划的制订

制订访谈计划是根据调查题目和研究假设，设计详细的访谈提纲和调查课题。一旦确定访谈计划，实际上就已经确定了调查课题的研究方向，接下来的重点是如何设计和确定具体的、实际可行的访谈提纲和问题，以有效地达到调查目标。因此，在访谈的全过程和各个步骤中，访谈提纲和问题的设计的好坏是决定访谈成功与否的关键步骤。要设计好访谈提纲和问题，就必须深入分析调查课题，认真学习各种相关知识，形成初步设想。作为访问者，要认真学习与访谈提纲和问题有关的各种知识，因为被访问者有时也会主动与访问者讨论有关访谈提纲的重要问题。如果访问者具备丰富而全面的知识，就能与被访问者进行深入交流，有助于提高被访问者回答问题的积极性和访谈效果。反之，缺乏相关知识会影响被访问者回答问题的积极性和访谈效果。制订访谈计划需要注意以下几点。

第一，明确主题。在制订访谈计划时，需要明确研究课题中哪些问题需要通过访谈来收集资料。

第二，深化主题。根据研究任务的需要以及问题涉及的范围和逻辑层次，可以将访谈主题合理地分解为若干个具体的小问题。每个小问题应尽量相互独立、不重复交叉，并力求问题明确、含义清晰。

第三，确定问题。根据每个独立小问题的性质，以明确的提问形式提供回答的方向或总要求，但不提供回答的范围、数量、深度或具体的参考答案。

第四，形成提纲。将分解后的各独立小问题按照一定的逻辑顺序，遵循由易到难的原则进行排列，从而形成访谈提纲。

上述内容中提到的分解，是指问卷法中问卷主体部分问题设计时采用的主题词分解法：在主题词之前或之后加上修饰语。此处以《体适能培训中断的原因调查访谈提纲》为例，进行讲解。

主题词：体适能培训中断原因。

在主题词前面加修饰语"影响"，设计了"培训机构中的场地器材是影响学生体适能培训中断的原因吗？"的问题。在主题词后面加修饰语"您知道吗？""想出一定的解决方案了吗？""解决方案的效果如何？"，分别设计了"学生体适能中断原因您知道吗？""当学生中断培训之后，您有深入了解中断的原因吗？""想出一定的解决方案了吗？""解决方案的效果如何？"等问题。

四、访谈法的基本程序

访谈法的基本程序一般包括访问前的准备、接近被访问者、提出问题、听取回答、引导和追问、访问后的整理这几个环节。

（一）访问前的准备

一方面，要准备相关的访谈资料。在访谈前，应尽可能掌握与调查内容有关的各种知识，对被访问者的总体情况及其所处环境进行初步了解。然后，根据被访问者的性别、职业、年龄、文化程度、习惯、兴趣等，设计多种联络、提问与过渡的方案。另一方面，访问者应熟悉记录方式。可以采用录音或数据记录的方式，并在访谈结束后及时整理以防遗漏信息。进行标准化访问时，访问者必须对统一调查问卷有明确的了解和掌握。进行非标准化访问时，访问者应将方案提纲具体化为各种问题。

对于访谈时间一般而言，最佳的访谈时间是被访问者工作、劳动、家务不太繁忙且心情较为舒畅的时候。访谈地点和场合的选择以有利于被访问者准确回答问题和畅所欲言为原则。采取将被访问者与其他人隔开的方式进行访谈，通常可以获得最好的效果。

（二）接近被访问者

接近被访问者可以选择以下几种方式。

第一是自然接近。自然接近指在某种共同活动过程中接近对方。访问者有心，被访问者无意，这有利于消除被访问者的紧张戒备心理，便于在不知不觉中了解情况。

第二是求同接近。求同接近是在寻求与被访问者的共同点中接近对方。当暂时难以找到共同点时，可以从被访问者最熟悉、最关心的问题或当时最信任的问题谈起。

第三是友好接近，即从关怀被访问者入手，通过感情联络建立信任，接近被访问者。

第四是正面接近，即开门见山，通过自我介绍直接说明调查的目的、意义和内容，然后进入正式访谈。这种方式虽然显得简单生硬，但可以节省时间，提高效率。

第五是迂回接近。迂回接近指一开始不直接访问相关问题，而通过其他话题逐步进入访谈的正题。

（三）提出问题

提出问题时要注意以下几点。

1. 注意称呼

在访谈过程中，称呼一定要符合双方的亲密程度和心理距离，要入乡随俗、亲切自然、尊重、恭敬、恰如其分。同时，称呼还要随时代发展而变化。

2. 注意提问的方式

提问是访谈的主要手段和环节，在访谈过程中具有十分重要的作用。问题通常可以分为实质性问题和功能性问题。实质性问题是指为了掌握访问调查所要了解的实际内容而提出的问题，包括事实、行为、观念、感情态度等方面的问题。功能性问题是指在访谈过程中为了对被访问者施加某种影响而提出的问题，包括接触性问题、试探性问题、过渡性问题和检验性问题。

首先，要考虑问题本身的性质和特点，选择合适的提问方式。一般来说，对于尖锐、复杂、敏感或具有威胁性的问题，应采用谨慎迂回的方式进行提问。反之，则可以大胆、正面地进行提问。其次，要考虑被访问者的具体情况。一般来说，对于思想上顾虑重重、性格孤僻多疑或对情况不太了解、理解问题能力较差的被访问者，应采用耐心解释、循循善诱、循序渐进的方式提问。反之，则可以直率、连续地提出问题。最后，还要考虑访问者和被访问者之间的关系。一般来说，在访问者与被访问者互不熟悉，尚未建立基本信任和初步感情的情况下，应采用耐心、慎重的方式提问，而在建立较好的关系后，则可以更直接、敏捷地提问。此外，提问的语言要简洁明了，尽可能使用通俗口语。

（四）听取回答

听取回答是提出问题的直接目的，也是访谈过程中的另一个重要环节。善于表达和善于倾听是一位熟练的访谈者必不可少的素质。要做到善于倾听，需要排除各种干扰，保持正确的态度，善于对被访问者的回答做出恰当的反应，表现为认真聆听，聚精会神，一丝不苟，边问、边听、边记。在听取回答时，态度要委婉从容。此外，还要耐心、礼貌地聆听，淡化敏感和威胁性的问题。

（五）引导和追问

在访谈过程中，访问者不仅要提问，还需要进行引导和追问。当访谈遇到障碍无法顺利进行或偏离原计划时，访问者要及时引导被访问者。例如，当被访问者答非所问、一时语塞不知如何回答、回答漫无边际离题太远、回答中断重新开始时，访问者都要给予提示和说明，帮助其正确理解问题，打消思想顾虑，回到正题，确保被访问者能真实、具体、准确、完整地回答问题。

访问者还要进行恰当的追问。追问可以进一步深入了解被访问者的观点和信息，帮助访问者掌握其思考过程和背后的动机。有学者认为访谈中最难的是追问。常见的追问形式有两种，一种是当被访问者回答完一个观点后，访问者追问"为什么"；另一种是当被访问者谈到对某观点的认识时，访问者追问"请举例"。追问的时机一般是被访问者回答不够明确、情绪波动或使用特殊词汇时。在这种情况下，访问者需要追问细节、原因和解释。

（六）访问后的整理

访谈结束后，访谈者应及时整理访谈录音或记录，做好访谈笔记并记下心得体会，防止信息丢失和遗忘，及时发现问题，并做出相应的调整。此外，还要对录音材料和记录材料进行核实和对比，并尽可能结合其他资料进行全面分析和研究。

五、访谈注意事项

第一，尽可能寻求帮助。对于社会生活阅历相对较少的本科生而言，完成一次比较深入的访谈需要获得多方面的帮助。例如，请指导老师帮助联系完全陌生的被访问者，请同学陪同，协助拍摄访谈照片或合影等。

第二，进行预访谈。在正式进行访谈之前，可以找一位比较熟悉的同学或朋友进行预访谈。先与这位同学沟通访谈主题，使其尽可能与被访问者了解相当的信息（不一定完全理解）。预访谈类似于预问卷调查，旨在修改和完善访谈提纲中问题的措辞以及提问的方式和方法。

第三，听取回答时，要善于思考，总结其中的信息，特别是要善于根据信息进一步追问。问答之间需要互动以相互印证。访问者提问之前可能有一个预设的答案，当被访问者的答案与预设的答案一致时，可以回应"嗯""哦"等欣喜性的肯定回答。当被访问者的答案与预设的答案不一致，可以回应"原来这样啊！"等惊喜性的肯定回答，然后进一步追问"为什么"。

第四，补充访谈。一次完整的访谈难以保证获得所需的全部信息，可能会存在遗漏或想再次追问的信息。因此，在适当整理访谈资料之后，若发现需要补充完善相关信息，可以进行补充访谈，即再次向被访问者追问更准确、完善的问题以获取所需信息。

第五节 实验法

一、实验法概述

实验法的产生与论文题目蕴含的问题直接相关，即实验法是要证明或者证伪所提出的假设。实验法是指在控制全部或部分无关变量的条件下，观察和检验自变量与因变量之间相互关系的方法。通过实验设计的方法控制或削弱无关变量的作用，检验自变量与因变量之间的关系，是实验法的显著特征。从宽泛意义上来说，人类绝大部分的行动都可以叫作实验。例如，想要取得一场篮球比赛的冠军，需要制定相应的技术、战术、策略，并在比赛中执行、调整这些技术、战术、策略，比赛结束后会获得一个比赛结果。那么，技术、战术、策略的执行相当于实验法中的自变量，比赛结果相当于因变量。

实验研究所采用的控制包括研究过程的控制和数理统计的控制两个方面。因此，从一定意义上说，实验法仅对收集资料过程进行控制，不直接涉及其本身，是一种对研究过程的设计或处理的方法。要获得研究的具体事实资料，还需要在实验过程中采用观察、测量、调查等其他研究方法。在体育科研中，实验控制的具体含义包括3个方面的控制内容：一是研究对外部因素和实验情境的控制能力，以及能否对这些因素和情景进行操纵或改变，例如，能否改变训练场地的条件、环境、温度等。二是实验研究中对自变量的控制程度，例如，是否能测量自变量、是否能操纵和改变自变量对被试的作用。三是反映在研究设计中的控制成分，例如，通过研究设计的总体安排、研究程序的规范化，以及提高可靠性和有效性排除影响。

二、实验法的基本原理

实验研究的目的是建立变量间的因果关系。通常研究者预先提出一种因果关系的常识性假设，然后通过实验操作来进行检验。以篮球项目为例，提出静力牵拉运动能减缓运动员的肌肉酸痛的假设：剧烈运动后，进行静力牵拉的运动员会减缓肌肉酸痛，没有进行静力牵拉的运动员的肌肉酸痛无明显变化，然后，在60名运动员中随机抽取10名运动员做实验，其他人做对照组。实验结果证明了假设，即静力牵拉运动与运动员的肌肉酸痛减轻之间存在因果关系。[①]

从这个例子中可以看出实验法的基本原理，即以一个理论假设为起点，这个假设是一种因果关系的陈述。它假定自变量是进行牵拉（X），会导致因变量——肌肉酸痛的变化（Y）。然后进行如下操作：首先，在实验开始时，对因变量Y进行测试及检测（前测）；其次，引入自变量X，让它发挥作用或影响；再次，在实验结束后再对因变量进行测量（后测）；最后，比较前测与后测的差异值，即可检验假设。如果没有差异，说明自变量对因变量没有影响，从而推翻假设；如果有差异，则可证实原假设，自变量对因变量有影响。为了排除其他因素的影响，通常将受试者分为两个组，实验组与对照组。这两个组是随机选取的，它们所有的特征和条件都相同，只是在实验中，实验组受到自变量的影响，而对照组未受

---

① 李艳翎. 体育科研理论与方法［M］. 长沙：湖南文艺出版社，2003.

到这种影响。

三、实验法的种类

体育科研中的实验研究按实验环境的不同，可以分为实验室研究和现场实验。大量生物科学的研究可以在实验室中进行，可以人为地进行严格控制，范围较小。现场实验是在体育活动中的各种现实环境下进行的实验。按照实验内容的不同，体育科研中的实验研究又可分为心理实验、教育实验，包括教学训练实验、运动生理实验、运动生物化学实验等。按照实施因素，体育科研中的实验研究分为单一实验和综合实验。按照实验设计控制变量的严格程度，体育科研中的实验研究分为弱实验、真实验和准实验。弱实验是指未对影响内部效度的无关因素进行内在控制的实验。除了自变量外，还有很多因素会影响实验结果，所以很难对自变量的效果做出评价。但弱实验可以使研究者对变量之间存在的相关关系做出因果关系的假设。弱实验又可以分为单组前测、单组后测、固定组比较、固定组前后测4种实验。

四、实验法的要素

实验法的要素是指实验法3个重要的要素，即实验对象、自变量和因变量。

实验对象泛指实验课题所涉及的全部对象，即实验研究总体。但人们不可能或很难对实验研究总体的全部个体进行全面实验，只能从实验总体中抽取部分个体进行实验。因此，从实验对象总体中抽取的部分实验个体叫作实验样本，它是实验室实施实验的具体参加者、受试者。在体育科研中，实验对象有人与动物。在体育教学、运动训练中的大量实践对象是学生运动员。在体育生物学方面，许多实验对象是动物，如小白鼠、狗、青蛙。选取的实验样本应符合研究目的和需要。样本中的个体对施加因素有正常稳定的反应。

自变量也叫作施加因素，是要施加在实验对象上的一种刺激或作用，指实验中的刺激因素，是待检验的引起因变量变化的原因。因此，自变量应该能够引起某种变化，并经过严格定义和操作，以便在实验中进行测量。

因变量是指由于实验对象受到施加因素（自变量）的刺激（作用）而产生的变化量。因变量的变化是由自身变量引起的，是研究的关键点、需要被解释的现象。因变量的状况与实验前相比有所变化，在接受自变量刺激的对象和未接受刺激的对象之间有所不同。同时，研究者应尽可能在自然状态下观测和测量因变量，并且使因变量经过了操作化处理。这种操作化处理包括一系列具体的测量方法。需要注意的是，一个实验中的自变量可能成为另一个实验中的因变量，形成连锁反应。自变量和因变量的中心目标是理解因果关系，其基本内容是检验自变量对因变量的影响。

除了明确实验对象、自变量、因变量，还要明确实验组和对照组。将接受自变量刺激的一组对象称为实验组，而将不接受自变量刺激的一组对象称为对照组。设置对照组的主要目的是将前测和后测对实验对象的影响（实验刺激）区分开。为了达到这个目的，在实验开始前，实验组和对照组成员的各方面条件和状况都应该基本相同，不存在太大的差异。

认识实验法还必须理解前测和后测。由于实验的重点是实验刺激的效果，所以证明这种刺激确实产生了某种效果就显得至关重要。正是这种刺激在效果产生中的中心地位的需要，前测和后测的设计非常重要。实际上，实验者所寻求的并不是刺激后的结果，而是因变量的变化——从刺激前的某个时间点到刺激后的某个时间点的变化。在实验时，刺激前对实验对象进行的测量叫作前测，而在实验实施刺激后对实验对象进行的测量叫作后测。在对实验对象进行前测和后测的过程中，可能会产生一些问题。

实验对象可能会逐渐熟悉测量问题的形式，从不熟悉变得比较熟悉，对研究目的也由不了解变得比较了解。在后测中，实验对象可能会有意改变回答，以迎合研究者的意图，从而影响实验结果的客观性。同时，两次测量可能会使一部分实验对象感到厌烦，缺乏积极合作的热情。此外，在两次测量之间，其他因素可能会发生变化或可能出现一些突发事件，导致两次测量之间的差异不能完全归结于自变量的影响。

五、实验法的基本程序

实验法的基本程序主要包括3个步骤。

第一步是准备阶段，在这个阶段要详细说明实验的程序和方法，包括对变量的操作和测量方法、实验的目的选择、被试的程序、实验的分组、实验条件的设置以及实验的步骤等。准备阶段除了人力和物力的准备，还包括预备性的实验，以确定和检验研究方法的可行性和可靠性。

第二步是实施阶段，也就是给予被试刺激。在给予被试某种刺激之前，由于被试一般并不熟悉实验的环境和方法，因此要对被试进行一定的训练。在给予实验刺激时，要做好观察记录的准备，并设置好实验条件，有效地进行控制。

第三步是整理实验资料阶段。在这个阶段，需要有效地分析资料，要及时对实验中观察、记录和测量的资料进行分类整理，对错误的资料要予以修正或废弃，进而得出研究结论，并撰写研究论文。

六、实验法的基本原则

实验法要遵循随机化原则、均衡性原则、对照性原则和重复原则。

（一）随机化原则

随机化原则主要指在选择研究对象进行直接控制时，要遵循概率论。在研究中，给予被试的刺激、各种因素，以及研究的总体成员等每个成分被抽取的概率要相等。通过把握随机化原则，可以使研究的个体具有代表性，能够代表研究的总体。

（二）均衡性原则

均衡性原则，也称为齐同性原则，指在选取和分配实验对象、给予被试刺激以及控制实验过程时，应尽可能做到均衡相等，从而减少实验的误差。要从以下几个方面实施均衡性原则：首先，在可能的情况下，实验组和对照组的研究对象在年龄、人数、健康状况、体质、文化背景以及其他对自变量和因变量有影响的因素上应保持基本一致。这可以避免研究对象的基本特性成为误差来源。其次，各个研究组别的实验测试条件应基本一致，如实验研究室使用的测量仪器、运动器材、场地环境等条件保持基本一致。再次，实验过程的操作程序及测试的方法、规则和要求应基本一致。最后，各组实验所用的时间以及参加实验的研究人员应基本一致。这样做的目的是避免客观因素和研究人员对研究产生不利影响。

（三）对照性原则

对照是比较的基础。要确定自变量和因变量之间的关系，没有对照就无法说明任何问题。对照方式一般包括空白对照、假处理对照、自身对照、相互对照和历史对照等。

（四）重复原则

每一个实验应有足够数量的样本例数或重复次数。样本所含数量越大或重复次数越多，则越能反映机遇变异的客观真实情况，因此重复次数可以反映实验结果的可靠性。如果样本例数太少，可能会把个别情况误认为普遍情况，将偶然现象当作必然规律，以致错误地将实验结果推广到总体。但是样本例数或实验重复次数过多，不仅在实验上存在困难，而且也是不必要的。实验设计的目标是将实验的重复次数减少到不影响实验结果的最小限度。实验者可以通过重复实验的方法逐步消除系统误差和偶然误差，不断提高实验结果的可靠性，不断补充、修正和完善假说。只有经过多次重复实验，才能显示出实验的一致性和稳定性，并提高实验结果的可靠性和真实性。

七、实验设计

实验设计是根据要证明或证伪的假设，对实验对象的选择、自变量的规范、无关变量的控制等进行设计。实验设计的严格性、科学性、齐同性、随机性、重复性、对照性等会影响实验结果（因变量）的科学性和准确性。实验设计大致可分为两类：简单实验设计和多组实验设计。简单实验设计是对单项假设进行验证，即考察一个自变量与一个因变量之间的因果关系。它通常只包括一个实验组和一个对照组，或仅有一个实验组。多组实验设计有3个以上的组，可以考察多个自变量与因变量之间的关系。常用的设计有单组前后测设计、组间比较设计和双重对照设计。

第一，单组前后测设计。这种设计没有对照组，只有实验组，也称为单组比较设计。它假设自变量的影响可以通过比较前测和后测之间的差异来考察。差异结果即为实际结果，表明所研究的假设中假定的影响对实验对象产生了独特作用。例如，对某班的中学生进行一种每天两次、每次十分钟的课间健身循环实验，假设这能对学生的身体产生良好的效果。在实验开始十天前，先对全班学生进行相关观测指标的测试，经过一个学期的实验后，再次运用相同的测试方法对这些指标进行测试，对这两次的测试结果进行处理，采用T检验法检查它们的差异水平。如果差异非常显著，就证明每天两次、每次十分钟的健身循环实验能对学生的身体产生良好的效果。这种实验设计在体育领域被广泛采用。但是，该实验设计是以假定实验中的基本条件在实验过程中不发生变化为前提的。而在较长时间的实验过程中，某些样本个体的某些指标可能会因自然增长等因素（如身高、体重和身体素质）而发生变化。

第二，组间比较设计。组间比较设计是将实验样本分为实验组和对照组，然后对这两组进行比较实验。对于刚进行科研工作的人来说，这种对照实验常用的自变量是单因素。实验设计是在实验过程中对实验对象施加一个新因素，两组的其他因素完全相同。先按照常规进行实验，在实验前和实验结束后对两组进行相同的相关测试，通常也采用T检验法。对于前文所述的实验，可以再增加一个其他条件与实验班非常类似的对照班。然后，控制实验班的课间循环实验，而其他活动与对照班保持一致，实验结束后，对两个班级的差异状况进行分析。这种实验设计方法目标明确，实验条件易于控制，结果也清晰，因此受到广泛采用。

第三是双重对照设计。在上述两种实验分组中，如果对各种非施加因素和样本条件进行严格控制，使它们高度一致，那么得到的结果一般比较可靠。但是，在体育科研中，有时很难达到上述严格的要求。如果采用通常的单一假设检验判断时间效应，可能导致错误的结论。因此，我们可以采用双重对照设计。

此外，还有配对比较设计、完全随机化设计、多因素设计和拉丁方格设计等。

本章小结

体育研究方法是研究者在体育研究中发现新现象、新事物，或提出新理论、新观点，揭示体育内在规律的工具和手段。体育研究方法有哲学研究方法、一般研究方法和具体研究方法这3个不同层次。体育专业本科毕业论文（设计）经常使用的研究方法有观察法、问卷法、访谈法、实验法。观察法是研究者有目的、有计划地通过感官以及借助仪器对处于自然状态下的客观事物或社会现象进行感知，并进行系统地考察和描述，从而获取经验事实的一种科学研究方法。问卷法是调查者运用事先设计好的问卷，向被调查者了解研究课题的答案或征询意见，是一种书面调查方法。访谈法也称为访问调查法，是访问者通过有计划地与被访问者通过口头交谈等方式来收集调查资料的一种方法。实验法是指在控制全部或部分无关变量的条件下，观察和检验自变量与因变量之间相互关系的一种方法。

章节练习

一、思考与探索

1.体育研究方法与体育选题之间的关系是什么？

2.体育研究方法有哪些种类和作用？

3.观察法的特点、基本类型、作用、适用范围和局限性是什么？

4.观察法的程序是什么？

5.观察法的计划如何撰写？

6.问卷设计中的问题从何而来，分为几类？

7.无效问卷的判断标准有哪些？

8.访谈法的特点是什么？

9.访谈追问有何技巧？

10.什么是实验法？

11.实验法的三要素是什么？

二、讨论与作业

针对体育教育教学、运动训练竞赛、体育经营管理等领域的问题，分别设计相应的观察方案、调查问卷、访谈提纲或实验方案。

第六章　中期检查

本章导读

本章阐明了中期检查的重要性，概述了中期检查的实质、种类与目的，结合实际案例分析了中期检查的内容、程序与要求。

学习目标

1.理解中期检查的内涵、地位与重要性。

2.理解中期检查的内容、程序与要求。

第一节　中期检查的概念

中期检查是指在学位论文撰写过程中，全面检查论文前期、中期工作，了解进展情况，在肯定已经取得成绩的同时找出不足，进一步修订论文后期工作计划，调整充实论文内容的考核制度。从时间上来说，凡是在正式答辩前对论文所做的所有工作的督促、检查都应该算在中期检查内，也就是说，中期检查的"中"是"论文进行中"的意思。一般来说，本科毕业论文（设计）中期检查的时间是每年4月初。

按照检查主体，中期检查可以分为本科生自我中期检查、导师中期检查、院系中期检查等。本科生自我中期检查是开题后自我检查研究工作的进展、差距与不足，并进行修正。导师中期检查是指检查本科生开题后汇报的内容以及对本科生中期工作的点评。院系中期检查包括对本科生和导师的点评的中期检查，最后给出评价。本科毕业论文（设计）中期检查表见表6-1。这3种中期检查是层级关系，权威性逐层增加，目的在于引导、鼓励、监督本科生顺利、高质量地完成毕业论文的下一步工作。

表6-1　本科毕业论文（设计）中期检查表

学院（公章）：　　　　　　　　　　系别：　　　　专业：

论文题目	中文：		
	外文：		
学号：		姓名：	
指导老师：		职称：	
计划完成时间：			
论文（设计）的进度计划： 对于此课题的研究，我的计划主要包括以下几点：			

续表

已经完成的内容：
指导教师意见（不少于100字）：   指导教师签字： 　　　　　　　　　年　月　日
备注：

　　根据检查内容所属学科，中期检查可以分为理科毕业论文（设计）中期检查、工科毕业论文（设计）中期检查、人文社会科学毕业论文（设计）中期检查。其中，工科毕业论文（设计）中期检查具有一个明显的特色——对已有初步成果"物"的检查。例如，在某高校计算机科学与技术专业的毕业论文（设计）中期检查中，要求"能够对解决方案进行测试和评价，并用可视化、报告或软硬件等形式呈现设计成果"，该项要求占中期检查总分的35%。艺术学中的体育舞蹈专业的毕业论文（设计）中期检查则包括节目创编和训练的检查要求。

第二节　中期检查内容

　　中期检查内容包括：是否改变了指导教师和课题内容；前阶段学生完成任务的质量和进度；了解教师对学生的答疑、辅导等情况；课题是否与教学要求相符；如期完成课题是否存在困难，如何解决等。

一、是否改变了指导教师和课题内容

一般情况下，在选题截止期前且最终确认选题前可以更换指导老师和课题内容，而一旦开题通过后，中途不得随意更改论文内容和更换指导老师。然而，如果由于某种原因导致指导老师不能继续指导学生，院系应根据实际情况重新指派其他老师作为该生的毕业论文指导老师。

课题内容的改变主要包括更换论文题目、更换论文结构和更换研究方法（工具）等。显然，更换论文题目最为困难，而更换论文结构和研究方法（工具）相对较容易。更换选题的原因有很多，例如，论文资料难收集、原选题难度较大、后续论文内容偏离了原题目或原选题范围过大。一般情况下，一旦通过选题，不允许更换选题。中途更换选题不仅会影响学生的论文进度，也会增加他们的写作压力。如果要更换选题，院系应根据更换的程度做出是否重新开题的决定。假若只在选题的调查范围上进行调整，主题词不变，即主要问题不变，一般情况下无须重新开题，只需指导老师把关即可。但如果有重大更改，如选题的主要问题发生变化，则需要院系统一组织重新开题。

二、前阶段学生完成任务的质量和进度

开题报告中有较为严格的任务和进度安排。在规定的时间内，学生需要相应的文献收集、整理、阅读、综合利用，实地调研资料的获取，实验的准备、进行、检验甚至反复实验等。本科生从开题到答辩通常只有半年左右的时间，中间还包括寒假和春节，时间非常紧张。因此，学生需要按照计划高质量地完成相应任务。需要注意的是，在完成论文的过程中，遇到任何困难都应及时向指导老师汇报、沟通，寻求其帮助。例如，某位运动训练专业的本科生在查找英文文献时及时向指导老师寻求帮助，非常顺利地得到了指导老师的帮助，并收集到了对课题研究有帮助的英文文献；

某位体育教育专业的本科生在访谈体适能培训学校管理者时请求指导老师帮忙联系和沟通，在指导老师的帮助下顺利完成了访谈，而后自己独自去进行补充访谈。拖延任务会累积不良后果，甚至导致恶性循环，学生和指导老师都需特别注意。对于指导老师来说，需要了解拖延的原因，并提供相应的解决方案，其中主要的方法是减轻学生在论文进行中面临的困难，帮助学生分解任务难度。

三、了解教师对学生的答疑、辅导等情况

复写是从学校管理层面督促、监管本科毕业论文（设计）的完成情况。通常学校会发布相应的制度文件，督促指导教师履行相应的责任，见表6-2、表6-3。这些表格由院系提交给学校进行检查和评估。需要注意的是，指导教师填写的答疑和辅导毕业论文情况的表格由院系进行检查和评估。

表6-2　××大学本科毕业论文（设计）中期检查表（专家）

学院		学号	
学生姓名		指导教师	
论文题目：			
选题（论文题目是否合理） □符合要求 □不符合要求需要修改：			
任务书（主要内容、基本要求、文献查阅、进度安排等是否合理） □符合要求 □不符合要求需要修改：			
开题报告（选题依据、研究内容、研究方法、论文进展计划和指导教师意见是否合理） □符合要求 □不符合要求需要修改：			

续表

论文中期检查（检查表、进展情况、存在的问题、指导意见和建议是否合理）
□符合要求
□不符合要求需要修改：

论文初稿（如已完成）
□符合要求
□不符合要求需要修改：

指导教师论文指导工作日志/指导记录（指导是否翔实有效）
□符合要求
□不符合要求需要修改：

其他意见：
专家签名： 检查时间：

表6-3　××大学20××届本科毕业论文（设计）工作中期检查情况记录

序号	检查项目		情况记录
1	毕业论文（设计）工作计划	组织领导	1.二级学院是否有毕业论文（设计）管理规章制度 2.二级学院、教学团队与指导教师间是否分级管理，责任是否明确 3.有无专门经费，是否能满足毕业论文（设计）教学工作需要
		学术把关	1.是否有本科论文学术班子（学术委员会），并明确相应职责 2.是否有征题、审题制度和程序 3.毕业论文开题报告或毕业设计报告书是否规范
		进度安排	1.二级学院有无各个环节的进度计划与要求，是否严格按照计划或要求执行 2.二级学院是否对指导教师的指导情况进行定期检查，检查后是否有反馈至指导教师的机制

续表

序号	检查项目	情况记录
2	毕业论文（设计）规范要求	1.二级学院是否制定毕业论文（设计）质量的评定标准及优秀毕业论文（设计）评定标准 2.当年毕业论文（设计）工作结束后，二级学院是否根据当年毕业生的论文（设计）质量的总体情况［包括学生论文（设计）的学术不端检测情况、选题意义、写作安排、逻辑建构、专业能力以及学术规范等］，以及本院毕业论文（设计）的管理中存在的不足与问题制定过自查报告。若有制定过，是否进行过相应整改
3	论文（设计）清单	（学生、题目、教学团队、指导教师）二级学院提供
4	开题情况抽查	1.学生的《本科学生毕业论文（设计）工作记录》中指导教师和教学团队是否对开题报告依照选题意义、写作安排、逻辑建构、专业能力以及学术规范等方面给出意见；是否有不少于3次的指导记录 2.教师是否有认真填写《教师指导工作手册》，并有不少于3次的指导记录 3.抽查数：专业人数的10%。专业人数少于60人的检查5份
5	督导专家意见与建议（可附页）	

检查人：

检查日期：

　　一些院系要求指导教师保存与毕业生答疑和辅导相关的材料［如下达的任务书情况、开题报告批改情况、现场指导等的表格（表6-4）、记录和照片等］，以备院系检查。

表6-4　××大学本科毕业论文（设计）指导记录表

姓名		学院		专业		年级 （班）	
论文题目						指导教师	
日期		指导内容					
						指导教师：	
						指导教师：	
						指导教师：	
						指导教师：	

注：可依据指导情况自行增加指导记录表格及页数。

四、论文课题是否与教学要求相符

　　课题是否与教学要求相符，与前面提到的中期检查第一条内容密切相关。本科毕业论文（设计）的一个特点是检查学生对大学四年所学的基础理论、专门知识和基本技能的理解、掌握、应用以及进行科学研究的初步能力。因此，在毕业论文（设计）中这些内容和要求能否体现出来是中期检查的重要内容。如若不然，必须纠偏。体育教育专业的毕业选题应围绕学校体育相关问题。运动训练专业的毕业选题应围绕运动训练竞赛指导与管理等领域的相关问题。

五、如期完成论文是否存在困难

在检查以上内容后，一般情况下可以比较顺利地进行论文的后续工作。因为中期检查属于论文进行中的检查，如果中期检查时间较早，后续工作可能仍然很多。因此，需要评定后续工作的困难程度，并进行相应的准备。

第三节　中期检查程序

一、师生准备

毕业生在指导老师的指导下自行检查后，一般要撰写中期检查报告，详细总结并汇报研究进展，包括研究目的、研究方法、已完成的工作等内容。这些内容可以集中撰写在固定的中期检查报告模板中（大多数高校都有相应的表格）。例如某大学的中期检查报告（表6-5），毕业生首先自行撰写约2 000字的检查内容，并由指导老师审阅后签名，表示同意其参加中期检查报告答辩。

表6-5　××大学××学院本科毕业论文（设计）中期检查报告

姓名		学号		指导老师	
班级		专业		课题研究有无变化	
论文（设计）题目：					
中期报告：要求2 000字左右（包括的内容：工作任务的进展情况及取得的阶段性成果；工作中遇到的问题及改进措施；下一步工作计划） 　　　　　　　　　　　　　　　　　　　　学生签名： 　　　　　　　　　　　　　　　　　　　　　　年　月　日					

续表

指导教师意见：
指导教师签名： 　　　　　　　　　　年　月　日
学院（系）意见： 审查结果：□通过 □不通过 主管院长签字（盖章）： 　　　　　　　　　　年　月　日

二、中期报告

中期报告是中期检查的核心。如果说前期准备是中期检查的总结、设计和铺垫，那么中期报告则是中期检查的集中展示，是将毕业论文（设计）前期的任务书、文献综述、论文框架、开题报告、资料的初步收集与整理、初稿撰写等已完成内容以及接下来将要完成的任务，尤其是遇到的困难和解决办法，在学术指导委员会的组织下进行集中汇报。

三、中期答辩

中期答辩是毕业生在中期报告汇报完毕后就学术委员会老师提出的问题进行回答和解释。中期答辩在加深毕业生对毕业论文（设计）选题、方法、材料以及写作过程中的认识，厘清逻辑思路，正视即将面临的问题和困难方面起到重要作用。此外，中期答辩对于学校监督、促进和确保毕业生顺利、高质量完成毕业论文（设计）也具有重要意义。

四、中期评价

中期答辩后，学术指导委员会会根据毕业论文（设计）的实际完成情况和下一步工作计划，给出客观的评价。学术指导委员会对一些毕业生的前期研究工作充分肯定，表示通过中期检查；对一些前期工作进展缓慢的毕业生，表示通过中期检查，但要求其加快进度，多投入精力；对于一些选题、方法、材料存在重大失误的毕业生，则表示不通过中期检查，提出批评，责令与其指导老师共同沟通协商，并进行下一次中期检查。

第四节　中期检查要求

要严格把好"指导关"。在毕业论文（设计）撰写的中期阶段，学院根据体育专业的特殊性和学生特点，制定了毕业论文（设计）中期检查制度。中期检查一般在3月中下旬进行，基于学生已完成毕业论文（设计）初稿的基础上展开。中期检查目的在于检查毕业论文（设计）工作是否按学校和学院规定的时间节点如期进行，以便进一步调整毕业论文（设计）工作的内容和步骤。毕业论文（设计）中期检查的内容主要包括两个方面：一是检查学生的毕业论文（设计）撰写情况，如学生的选题是否已经全部落实到位、按时上交的选题登记表填写是否规范；二是检查指导教师的工作，如指导学生进行毕业论文（设计）撰写工作是否有序进行、论文（设计）指导记录表的填写是否有漏填部分、教师对学生论文（设计）指导情况的记录是否真实合理。

有些高校体育院系不会专门组织体育专业本科毕业论文（设计）的中期检查，而是由指导老师在平时对毕业生的任务安排、文献查找、阅读和论文框架等的执行进行检查；而有些高校体育院系的体育专业本科毕业论文（设计）则通常需要专门组织中期检查。中期检查的目的侧重于过程管理，若过程管理得当，结果一般也不会差。这对艺术学、工程学体育专业（如体育舞蹈专业）毕业生培养质量的提高非常重要。因此，这些专业中期检查一般要求比较具体。例如，某高校体育舞蹈专业毕业设计中期检查要求如下。

某高校体育舞蹈专业毕业设计中期检查要求

一、审核内容

由教研室组成专家组对学生毕业设计进行剧本创编和舞台设计阶段的检查和中期三轮排练的检查。审核主要内容为作品设计、角色造型、舞台设计以及创作态度。

二、各项内容的具体要求

1.剧本创编和舞台设计阶段

作品设计：毕业设计内容要结合本专业特色，在传统基础上不断创新。

角色造型：角色造型设计合理，角色演出效果出色。

舞台设计：舞台设计效果突出，观赏效果出色。

创作态度：创作态度及接受教师指导态度优秀。

2.作品（设计）三轮排练阶段

作品设计：作品原创性强。毕业设计内容要结合本专业特色，在传统基础上不断创新。

角色造型：角色造型设计合理，角色演出效果出色。

舞台设计：舞台设计效果突出，观赏效果出色。

创作态度：创作态度及接受教师指导态度优秀。

由以上可见，艺术学、工程学体育专业本科毕业论文（设计）的中期检查并非简单的一次督促检查，而是多次进行，并且检查重点在实际操作性的排练方面。

本章小结

中期检查是本科毕业论文（设计）顺利完成的重要环节，是全面检查论文前期、中期工作，了解进展情况，在肯定已经取得成绩的同时找出差距和不足之处，进一步修订论文（设计）后期工作计划，调整充实论文内容的考核制度。根据不同的标准，中期检查可以分为多种类型。中期检查对于完成毕业论文（设计）具有重要作用。

章节练习

一、思考与探索

1.为什么要进行中期检查？

2.中期检查之后论文选题可以进行重大改动吗？

3.中期检查主要检查指导教师的工作吗？

二、讨论与作业

下载本校中期检查报告模板，并试填写其中各项内容。

第七章　体育专业本科毕业论文（设计）资料的整理与分析

本章导读

本章详细论述了资料整理的概念、种类、意义，阐述了资料整理的过程、方法和呈现方式，论述了资料分析的本质、种类与意义。

学习目标

1.掌握定性资料和定量资料的整理方法。

2.掌握各种图表的编制方法和使用技巧。

3.基本掌握定性资料的逻辑分析方法。

4.初步掌握定量资料的统计分析方法。

第一节 毕业论文（设计）资料的整理

一、毕业论文（设计）资料整理的概念

毕业论文（设计）资料整理是指对毕业论文（设计）相关资料进行系统化、条理化的归类，为解决研究课题提供参考。毕业论文（设计）相关资料有两部分：一部分是通过文献综述收集到的资料，可以叫作旧资料。这部分资料是目前回答本科毕业论文（设计）所提问题的已有经验、理论知识和方法手段，主要集中在本专业教材中。另一部分资料是通过观察法、问卷法、访谈法以及实验法等研究方法收集到的最新的回答毕业论文（设计）问题的资料。

二、毕业论文（设计）资料整理的种类

根据资料的属性特征，毕业论文（设计）资料的整理可分为不同类型。

根据资料的新旧程度，可分为已有文献资料整理和最新资料整理。当然，所谓的新旧是相对而言的，有些资料虽然是旧资料，但是未公开发表公告，因此仍可视为新资料。整理旧资料本身也是一种创新过程。有些资料虽然通过调查、访谈，甚至实验等研究方法获得，被称为新资料，但所涉及的理论知识和方法手段众所周知，因此仍可称为旧资料。

根据资料的质与量的属性，可以将毕业论文（设计）资料整理分为定

性资料整理和定量资料整理。定性资料整理指对回答研究课题（事物）的性质，如形态、质料、价值、审美等属性的文献资料进行整理。定量资料整理指对回答研究课题（事物）性质的程度，如大小、重量、快慢等属性的文献资料进行整理，通常以图表形式呈现。例如，表7-1、表7-2分别是本科毕业论文《里约奥运会女排决赛二传手技术特征分析》《老年人太极健身调查与分析——以衡阳师范学院为例》中的定量呈现。图7-1是本科毕业论文《高中生自有体育器材调查研究及对策分析——以广东清新一中为例》中的定量呈现。一般来说，毕业论文（设计）资料整理都包含这两个方面资料的整理，有时可能二者杂糅在一起，因为事物本来就包含质与量两个方面。但是，某些专业本科毕业论文（设计）可能以定量资料的整理为主，追寻事物的"量"方面的规律和特征。

表7-1　里约奥运会女排决赛二传手背面传球技术分析

背面传球	魏秋月	丁霞	奥杰年诺维奇	兹维科维奇
次数/次	9	13	24	1
得分/分	5	7	15	1
正面得分百分比/%	55.6	53.8	62.5	100.0
总传球次数/次	27	60	85	3
正面传球百分比/%	33.3	21.7	28.2	33.3

表7-2　衡阳师范学院老年人太极健身练习者喜欢的太极健身项目

项目	人数/人	百分比/%
太极拳	25	100
太极剑	24	96
太极扇	17	68
太极柔力球	1	4
太极刀	3	12
其他	1	4

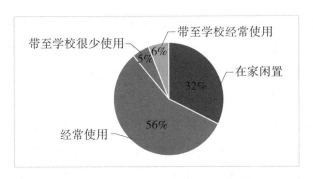

图7-1 清新一中学生自有体育器材使用情况

根据所整理资料的内容信息形式，毕业论文（设计）资料整理可分为文字资料的整理、图像资料的整理、声音资料的整理、符号资料的整理等。对于体育专业本科生为完成毕业论文（设计）所需要收集的资料而言，体育舞蹈专业的本科生可能需要收集整理身体舞姿的图像资料和声音节奏资料；体育建筑类的本科生可能要进行符号与图像资料的整理。当然，所有形式的资料整理都可以转化为文字资料整理。例如，通过访谈获得的录音资料需要整理转换成文字资料，通过视频观察截屏获取的图像资料也需要转换为文字资料进行整理。图7-2和图7-3是本科毕业论文《篮球比赛中进攻犯规的调查分析——以2015年男篮亚锦赛半决赛、决赛为例》中的图片资料。

图7-2 伊朗队球员15号哈达迪进攻犯规——无球掩护推人

图7-3　中国队球员15号周琦进攻犯规——抢前场板推人

三、毕业论文（设计）资料整理的意义

不论是经典资料还是最新收集到的资料，对毕业论文（设计）的完成都具有重要意义。首先，资料整理是任何研究不可或缺、重要的组成部分，对综述类文章是如此，对检验性文章也是如此。因为我们不但要站在巨人的肩膀上（已有资料），而且要"后浪推前浪"。其次，资料整理能够引导研究者始终把握主导方向。在资料整理过程中，我们可以判断收集的资料是否符合研究或对回答研究课题是否有帮助甚至不可或缺，从而避免研究偏离方向。最后，资料整理可以检验研究资料的可靠程度。在资料整理过程中，我们可以发现资料的缺失、遗漏、重复、虚假或存在疑问的情况，通过及时补充、修正资料以提高研究资料的可靠程度。此外，可以根据研究设计的要求对资料进行区分和归类，使得资料系统化、条理化以满足后续的资料分析，最终通过比较法形成最具典型性的资料。

四、资料的审核与评价

资料的审核与评价是对收集到的新旧资料进行审查，以评估其对完成毕业论文（设计）有用性与有效性，一般包括以下内容。

第一，完整性审核。完整性审核包括审核资料、数据总体的完整性，以及每份资料的完整性。数据总体的完整性指的是在一定时间和空间范围内产生的同类型资料的完整性。例如，在本科毕业论文《口哨在高中体育中的运用研究——以某某高中为例》中，数据总体的完整性应包括所有讨论高中体育中口哨使用的文献资料和调查中的高中体育教师的口哨运用的所有情况。而每份资料的完整性审核是指对每份调查问卷信息的完整性进行审核，剔除严重漏答或错答的问卷。

第二，真实性审核。真实性审核是指运用经验判断法、逻辑分析法、比较法、来源分析法等方法来判断资料所表达信息的真实程度。

第三，准确性审核。准确性审核指以资料的准确性作为标准的审核。

第四，适用性审核。适用性审核指将研究目的作为标准的审核。

第五，内容分析评价。内容分析评价指对其本身内容进行"外在的批判"和"内在的批判"。

五、资料整理的过程与方法

资料整理的过程是开始收集与研究课题相关的资料到对其进行系统化、条理化整理的整个过程。通常情况下，资料整理工作在毕业论文（设计）正式撰写之前完成。之所以要以开始收集与研究课题相关的资料作为起始时间，是因为有些资料是边收集边整理的。此外，有些访谈资料在当天访谈结束后，就需要立即整理成文字版本，可能还要补充一些特别是研究者自身心得体会方面的信息资料。以本科毕业论文《小学生校外体适能培训中断原因现象以及对策探讨》为例，作者访谈某体适能培训中心的管理者后的当天晚上，就进行了文字版的整理，总共进行了3次访谈，因此有3次当天晚上的整理内容。资料整理过程的时间，对于本科毕业论文（设计）而言，最长不超过一年，一般在大四第一个学期确定论文选题时开始。一些毕业论文（设计）的资料整理集中在撰写之前的一段时间，一般为一两个月，也有一些毕业论文（设计）在资料整理完成后，可能还会补充资料。

资料整理的方法是根据研究课题和资料的性质，对资料进行系统化与条理化处理的方法。不同性质的资料需要采用不同的整理方法。对于已有文献资料，可以按照发表时间进行整理，也可以按照作者的流派进行整理，还可以按照不同观点进行整理，甚至可以按照国内外地区进行整理。对于最新收集到的资料，一般可采用定性资料分类方法和定量资料图表法进行整理。

六、资料整理的呈现方式

资料整理一般以图表形式来呈现作者自己观察、问卷、访谈和实验所得到的资料（当然必须配以文字和其他符号）。对于根据选题收集到的已有文献资料的整理（文献综述的"综"部分），同样可以用图表形式呈现。有一款优秀的文献计量学软件——文献可视化神器CiteSpace可以帮助呈现，它能够将文献之间的关系以科学知识图谱的方式可视化地展现在我们面前，具体功能如下：帮助我们了解被引用次数最多的文章；领域内各个话题的发展趋势和当前的研究热点；占据主流地位的主题；发文量最多的国家和机构；开山式文献和里程碑式文献。这款软件在体育学界应用广泛，《体育运动风险研究的知识图谱分析》《基于知识图谱的我国体育教育研究领域可视化分析》《基于知识图谱的我国竞技体育后备人才培养研究热点及演化》《2000~2020年我国学校体育研究热点与演进——基于Citespace知识图谱的可视化分析》等文章均应用了该软件。

其中，《体育运动风险研究的知识图谱分析》[①]中文献整理的图表

---

① 石岩，霍炫伊. 体育运动风险研究的知识图谱分析［J］. 体育科学，2017，37（2）：76-86.

（图7-4、表7-3）如下所示。

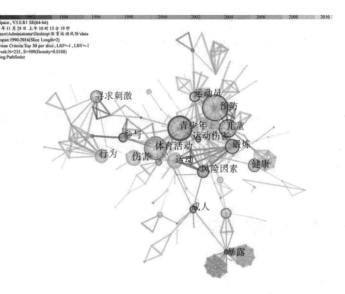

图7-4　体育运动风险研究热点图

表7-3　体育运动风险研究高频关键词及其中心度（前15位）

关键词	频次	中心度
Prevention（预防）	41	0.27
Adolescents（青少年）	37	0.44
Physical-activity（身体活动）	37	0.14
Children （儿童）	27	0.25
Sport（体育运动）	27	0.09
Injury（损伤）	27	0.06
Behavior（行为）	24	0.06
Exercise（锻炼）	21	0.22
Health（健康）	20	0.11
Sensation seeking（感觉寻求）	19	0.12
Risk factors（风险因素）	17	0.36
Epidemiology（流行病学）	16	0.10
Athlete（运动员）	14	0.27
Participation（参与）	12	0.22
Pattern（模型）	12	0.06

《我国体育思想研究的科学知识图谱分析》①中文献整理的图表（图
7-5、表7-4）如下所示。

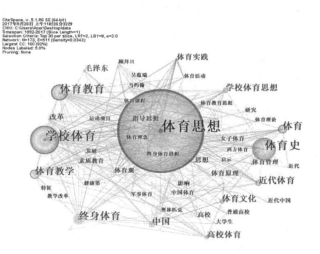

图7-5　1992～2017年我国体育思想研究核心关键词共现网络

表7-4　1992～2017年我国体育思想研究高产作者（前10）

序号	作者	发文量/篇	作者单位
1	熊斗寅	6	国家体育总局体育科学研究所
2	律海涛	6	南通大学体育科学学院
3	江文奇	6	衡水学院体育学院
4	刘欣然	5	江西师范大学体育学院
5	罗时铭	4	苏州大学体育学院
6	虞重干	4	上海体育学院
7	赵克	4	集美大学体育学院
8	何叙	3	南通大学体育科学学院
9	陈琦	3	广州体育学院
10	陈融	3	福建师范大学体育科学学院

文献可视化软件CiteSpace除了能生成散点图、网络图、三线表之外，

① 邓佶姣，王华倬，高鹏. 我国体育思想研究的科学知识图谱分析［J］. 北京体育大学
学报，2018，41（6）：13-20.

还能生成折线图、柱状图和叠加图。对于体育专业的本科生而言，这是一款非常不错的文献资料整理工具。除了使用比较科技化的CiteSpace软件进行文献资料整理的呈现外，也不要忘记传统的手工制表方法。例如，《从搏击技艺到身体教育的演变——古代与近代学校武术变迁过程的动因分析》①中以手工为主的文献资料整理呈现见表7-5、表7-6。

表7-5　宋明武学情况比较

变量	宋朝武学情况	明朝武学情况
时间	1043年创立，1072年复立	1402年创立，1441年复立
形式	中央为主，地方为辅	中央为主，地方为辅
生源	武官为主，恩荫子弟平民	武官子弟为主，中下级武职人员
规模	100人	300人
学制	三年	不详
课程	诸家兵法、历代用兵战例、前世士大夫的忠义事迹、弓马骑射	武经七书、百将传、弓马刀枪、杂技
去向	极少数做武官、边疆和地方统兵官，参加解试和省试	做武官、去总督、巡抚衙门任职，参加武举和科举

注：根据蔡宝忠《中国武术史专论》资料提炼整理而成。

表7-6　民国期间主要武术家受聘情况一览

受聘武术家	受聘单位	受聘武术家	受聘单位
刘殿琛	北洋法政学校、清华学校	梁振蒲	河北省立14中学、束鹿女子师范学校
耿继善	河北赵县中学	刘凤春	北京体育学校
靳云亭	工艺学堂、育德学校	纪德	北京高等师范学校、医学专科学校等
郝月如	南京中央大学	于振声	南京高等师范学校
李存义	南洋公学（上海交大前身）	陈子正	黑龙江第一中学、第一师范学校等
李雅轩	南京国民体育学校	李剑秋	清华学校

① 李微，王智慧. 从搏击技艺到身体教育的演变——古代与近代学校武术变迁过程的动因分析［J］. 体育与科学，2012，33（1）：44-47，64.

七、资料整理呈现的规范

资料整理呈现的规范主要指图表制作的学术规范。学位论文编写规则（GB/T 7713.1-2006）规定，图有曲线图、构造图、示意图、框图、流程图、记录图、地图、照片等。图应具有"自明性"。图的编号由"图"和从"1"开始的阿拉伯数字组成，图较多时，可分章编号。

图宜有图题，图题即图的名称，置于图的编号之后。图的编号和图题应置于图下方，如图7-6所示。照片图要求主题和主要显示部分的轮廓鲜明，便于制版。如果使用放大或缩小的复制品，必须清晰，反差适中。照片上应有表示目的物尺寸的标度。

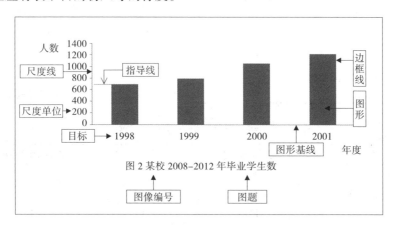

图7-6　统计图结构名称示意图

表应具有"自明性"。表有单项表、双项表和复合表3种（本科毕业论文《2014～2015赛季WCBA总决赛换人战术的统计研究》表格见表7-7～表7-9）。表应该有编号。表的编号由"表"和从"1"开始的阿拉伯数字组成，表较多时，可分章编号。表宜有表题，表题即表的名称，置于表的编号之后。表的编号和标题应置于表上方。表的编排，一般是内容和测试项目由左至右横读，数据依序竖读。表的编排建议采用国际通行的三线表。如果某个表需要转页接排，应在随后的各页上应重复表的编号，编号后跟表题（可省略）和"（续）"，置于表上方。续表均应重复表头。

表7-7　山西队换人次数统计表

场次	换人次数/次	比赛结果	分差/次
第一场	16	负	-14
第二场	21	胜	+3
第三场	18	胜	+11
第四场	12	胜	+2
总　计	67	一负三胜	+2

表7-8　2014～2015赛季WCBA总决赛换人次数统计表

场次	山西队/次	北京队/次	比赛结果
第一场	16	24	北京胜
第二场	21	23	山西胜
第三场	18	20	山西胜
第四场	12	27	山西胜
总　计	67	94	山西总冠军

表7-9　山西队换人时机统计表

场次	体力因素/次	失误因素/次	战术因素/次
第一场	6	2	4
第二场	5	4	9
第三场	11	1	3
第四场	3	1	3
总　计	25	8	19

第二节　毕业论文（设计）资料的分析

毕业论文（设计）资料的分析是指对整理的资料条分缕析，探究其中的信息与研究课题之间的关系。当我们收集和整理了回答研究课题的资料后，就要从中有所发现、有所证明、有所推断，得到一些新的认识、结论、推测或新的方法、设计、产品。这就是解决问题，完成研究课题。如果资料包含了回答研究课题所需的已有文献信息，我们需要总结、归纳这些解决研究课题的文献信息。如果是通过实验、访谈、观察获得的回答研究课题的原始资料信息，我们则需要探究和分析这些新的资料信息的内容、规律、特征、包含的因素以及蕴含的趋势等。因此，经过对整理资料的分析，一方面，可能会有重大发现、重大产品、重大突破，给研究者带来巨大的惊喜；另一方面，也可能完全相反，没有新的发现、新的产品、新的突破，使研究者黯然神伤。

体育专业本科生对已整理资料的分析通常基于其是否符合所学的基础理论知识、专门知识和技能，是否能解决体育教育教学、运动训练竞赛与体育经营管理中的问题。这些分析可以分为定性分析和定量分析两个方面。

一、整理资料的定性分析

（一）定性分析的理论基础

整理资料的理论基础可以被视为方法论层面的要求，具有哲学宏观与整体全面性，起到方向性作用，具有价值观含义。其理论基础一般包括以下几个方面。

（1）认为存在着一些多元的、无形的并只能从整体上加以研究的现实。

（2）认为研究者和研究对象相互作用、相互影响。

（3）认为研究的目的在于形成一种受社会文化背景制约的独特假设或知识。

（4）认为可以把行动解释为多种因素、事件和过程的相互影响。

（5）主张任何研究总是受价值标准制约。

（二）定性分析的特征

（1）注重整体性。

（2）以描述性资料为主。

（3）不仅关注结果，更关注过程。

（4）易受背景、主观因素和价值取向的影响。

（5）过程灵活、方法倾向于归纳分析。

（三）定性分析的过程

定性分析的过程包括：①确定资料；②阅读资料；③筛选资料；④归类分析；⑤结果评价。前四步实际上可以叫作资料整理归类，最后一步才是真正的分析，最终能得出新事实、新观点、新材料、新产品、新设计等。

（四）定性分析的方法

1.比较、分类和类比

（1）比较：通过对照各个对象，揭示它们的共同点和差异点的一种逻辑方法。

（2）分类：按属性异同将事物区分为不同种类的思维方法，即按照种类、等级或性质分别归类。

（3）类比：根据两个或两类不同对象的部分相似属性，推导出这两个或两类对象的其他属性也可能相似的一种推理方法。

2.归纳与演绎

（1）归纳法：对个别事实、直接经验加以概括，推演出有关事物的一般属性和本质的思维方法（可以分为完全归纳法和不完全归纳法）。

（2）演绎法：从一般性的前提出发，通过推导（演绎），得出具体陈述或个别结论的过程（主要形式为三段论和假言推理）。

（3）归纳法与演绎法的关系：演绎必须以归纳为基础；归纳要以演绎为指导；归纳与演绎可以相互转化。

3. 分析与综合

（1）分析：将研究对象分解为不同的组成部分、方面、层次和有关因素，然后分别进行考查的研究方法。

（2）综合：将研究对象的各个组成部分、方面、层次和有关因素联系起来加以考虑，达到在整体上把握事物的本质和规律的一种思维方法。

（3）两者的辩证关系：分析与综合相互依存、互为前提；分析与综合互为补充；分析与综合互相转化。

4. 类属分析和情境分析（质的研究中主流的资料分析方式）

（1）类属分析：在资料中寻找反复出现的现象以及可以用来解释这些现象的重要概念的过程。

（2）情境分析：将资料放置于研究现象所处的自然情境中，按照事物发生的时序，对有关事件和人物进行描述性分析

二、整理资料的定量分析

（一）定量分析的理论基础

（1）认为存在着一个单一的、有形的、可分割成独立变量和过程的现实。

（2）认为在科学研究中，研究者要在自己和研究对象之间保持一段距离，即做到相互独立，只有这样才能确保研究的客观性。

（3）认为研究的目的在于提出或形成一种超越背景的普遍性规律。

（4）认为每个行动都能被解释为一个具体原因或几个原因的结果。

（5）主张研究不应受价值标准约束。

（二）定量分析的特征

（1）对试验情境下现象的分析。

（2）以数量化资料为主。

（3）关注事前与事后的测量。

（4）主要运用统计分析。

（三）定量分析的过程

（1）对前提条件进行考查。

（2）制定统计分析方案。

（3）选择统计分析方法的依据。

（4）解释统计分析结果。

（四）定量分析的方法

（1）描述统计：常用统计量数有集中量数、差异量数、相关分析等。

（2）推断统计：主要包括参数估计和假设检验，其中假设检验分为参数检验（如Z检验、T检验）和非参数检验（如X^2检验）。

三、定性分析与定量分析的结合

大多数资料的分析往往是定性分析与定量分析的结合。需要注意以下几点：第一，把握定性分析与定量分析的范围和条件；第二，主动进行定性分析与定量分析的结合；第三，根据资料特征合理地结合定性分析与定量分析。

四、整理资料的分析的要求

对整理资料的分析，目的是解决论文中提出的问题，要有新材料、新发现、新理论、新观点。整理资料的分析一般运用分析与综合、归纳与演绎、类比与比较、证明与证伪等方法，基本要求包括以下几点。

（一）论点正确、可靠、新颖

论点是作者从资料中提炼出来的观点和见解，是论文的核心内容。正确、可靠是指从客观事实出发，判断推理合乎逻辑，避免片面和前后矛盾；新颖是指论点有新意、独立见解、深刻性，是作者首先提出或与前人研究相比有所突破。

（二）论据真实、充分、典型

论据是用来论证论点的理由和根据，即论文中引用的客观事实和数据。真实是指引用的客观事实数据来源于实际研究；充分是指根据研究课题，客观事实或数据能够充分说明问题；典型是指客观事实或数据具有代表性，避免造成所有材料的堆积。

（三）论证合乎逻辑，有说服力

论证是作者运用论据来证明论点、验证假说、形成科学理论的过程，论点和论据必须高度统一。论证要主体明确，重点突出，分析要深刻透彻，避免模棱两可。论证问题的排列要合理，层次分明。

五、体育专业本科毕业论文（设计）资料的分析

体育专业本科毕业论文（设计）资料的分析有使用定性分析方法的，

也有使用定量分析方法的，还有使用定性分析与定量分析相结合的方法的，通过发现、验证、推测得到新认识、新发现、新观点、新材料、新产品等。以本科毕业论文《王船山体育思想研究》为例，该论文以定性分析为主，全文回答了两个问题，即王船山体育思想是什么以及王船山体育思想对现代的指导意义。第一部分"1 王船山的体育思想"中包含"王船山的体育思想大多属于体育养生类，主要表现在以下4个方面：从对人本质的认识来阐述人的寿命与命运应由自己掌握，人们应该在遵从自然规律的前提下达到'相天造命'；人要想长寿、健康，就要珍惜自己的生命、爱惜自己的身体，树立'健''动'的人生观；使自己修养成为具有君子那样有良好行为习惯、身心健康的理想人格；在平时的生活处事之中以'七然'面对各种处境"等分析。这些内容是作者收集整理王船山的相关资料后，通过归纳总结得出的新发现——王船山的体育思想属于养生类，包含4个方面。这一发现在当时的体育界是新颖的。正因为这一发现，该文章后来被发表在核心期刊《体育文化导刊》上。

本科毕业论文《2015年亚冠1/4赛到冠军赛的红黄牌统计与分析》中对不同位置球员被出示黄牌情况的整理资料的分析既包含定性分析，也包含定量分析，具体如下所示。

表7-10显示，门将被出示黄牌4张，占黄牌总数的6.1%；后卫被出示黄牌18张，占黄牌总数的36.8%；中场球员黄牌数最多，共有20张，占40.8%；前锋共有8张黄牌，占16.3%。以上统计结果表明，中场球员被出示黄牌的数量明显高于其他位置的球员，中场球员为了有效地控制中场、展开激烈拼抢，不合理的动作增加，犯规数也相应增加；后卫被判罚的黄牌数仅次于中场球员，表明后卫队员为破坏对方在罚球区前的传球和射门，不惜采取犯规来进行预防阻击，保护球门不失；前锋队员被罚黄牌数量位居第3；守门员被罚黄牌数最少，在规则允许的范围内，守门员在球门区内控制球，对方队员便不能触及守门员，否则便被判为"冲撞守门员"，所以守门员被判罚黄牌的概率相对较小。

表7-10　不同位置球员被出示黄牌的特征统计表

罚牌类别	守门员	后卫	中场	前锋	合计
黄牌数/张	3	18	20	8	49
百分比/%	6.1	36.8	40.8	16.3	100

本章小结

　　毕业论文（设计）资料整理是指对毕业论文（设计）相关资料进行系统化、条理化的归类，为解决研究课题提供参考。毕业论文（设计）资料整理根据资料的新旧程度，可以分为已有文献资料整理和最新资料的整理；根据资料的质与量的属性，可以分为定性资料整理与定量资料整理；按照所整理资料的内容信息形式，可以分为文字资料的整理、图像资料的整理、声音资料的整理、符号资料的整理等。

　　无论是经典资料还是最新收集到的资料，对毕业论文（设计）的完成都具有重要的意义。资料要进行完整性、真实性、准确性、适用性和内容分析的审核与评价。资料整理的呈现一般采用图表形式，可以运用知识图谱软件等工具呈现。

　　资料分析包括定性分析和定量分析两大类；资料分析要体现论点正确、可靠、新颖，论据真实、充分、典型，论证合乎逻辑，有说服力。

章节练习

一、思考与探索

　　1.资料整理在论文选题前就已开始了吗？

2.资料整理的过程有阅读与分析吗？

3.原始资料、一手资料、二手资料有什么联系与区别？

4.定性资料、定量资料有什么联系与区别？

5.资料分析的目的是什么？

6.资料分析有哪些方法？

7.资料分析纯粹是客观性的吗？

二、讨论与作业

回顾本章所学的资料整理方法，学习使用CiteSpace软件进行资料整理呈现。

第八章 体育专业本科毕业论文（设计）各部分的主要写法

本章导读

本章概述了毕业论文结构的定义、作用；依据最新的《学术论文编写规则》，详细介绍了毕业论文各部分的特点和标准；结合具体案例，解释了毕业论文各部分的写作要求。

学习目标

1.了解毕业论文结构及其意义。

2.了解毕业论文结构各部分的内容。

3.理解毕业论文结构各部分的特点。

4.了解毕业论文结构各部分的写作要求。

第一节　毕业论文结构的概念

　　毕业论文的结构是指毕业论文中呈现作者发现（提出）问题、分析问题和解决问题过程中的重要部分及其细分的组合。一定的论文结构是为了让读者读懂、读明白，并能够与作者进行沟通交流，即有利于论文的收集、储存、处理、加工、检索、利用、交流、传播。显然，毕业论文的结构具有内在的逻辑性、条理性、清晰性和规范性。由于论文的学科门类、选定课题、研究工作方法、工作进行阶段、观测和调查等方面存在差异，不同论文的具体结构有不同规定。毕业论文整体结构上层次标号必须统一，国际惯例是阿拉伯数字编号分级，层次清晰，引用简便。根据最新的《学术论文编写规则》[①]（GB/T 7713.2—2022，2023年7月1日实施），毕业论文（学位论文）的基本结构包括前置部分、正文部分和附录部分，如图8-1所示。毕业论文的前置部分主要包括题名、作者信息、摘要、关键词和其他项目。正文部分主要包括引言、研究对象与研究方法、主体、致谢、参考文献。附录部分是对正文部分的补充说明，主要包括附录编号、访谈提纲、调查问卷、实验装置、实验实施细则、索引后记、摄影照片、域名对照等。

[①]　GB/T 7713.2—2022，学术论文编写规则［S］. 北京：中国标准出版社，2022.

图8-1　学位论文基本结构

第 二 节　　前 置 部 分

一、题名

　　题名是整个毕业论文主要内容的高度浓缩，是读者窥视全文的窗口和检索文件的标识，也是编制目录、索引等二次文献的重要内容。题名撰写的基本要求是准确、简洁和清楚。论文题名一般要体现研究对象范围、研究内容、研究方法或研究程度等基本要素，即题名应根据选题，准确地表达研究什么、怎样研究、研究方法或程度等问题，然后提炼句子的主要成分，缩写成题名。题名一般不用完整句子，多用名词、名词词组或动名词，应避免出现非公知公用的符号，避免使用不常见的省略词、首字母缩写词、字符和公式等，以便读者检索和引用。有时可以加一个副标题。中文题名一般不宜超过25个字，英文题名一般不宜超过10个实词。英文题名的第一个字母大写，专有名词除外，其余都小写。有人把毕业论文题目比喻成"篮球架"，这个比喻很形象贴切，因为题目要难度适中，既不能太简单也不能太难，使得在经过一定努力后，能够达成目标。

　　题名一般出现两次，一次是在封面（图8-2），另一次是在论文题名页。毕业论文封面应包括题名页的主要信息，如论文题名、论文作者等。其他信息可由学位授予机构自行规定。

ＸＸＸＸ大学

毕　业　论　文　（设　计）

题　　　目：＿＿＿＿＿＿＿＿

所在学院：＿＿＿＿＿＿＿＿

专　　　业：＿＿＿＿＿＿＿＿

学　　　号：＿＿＿＿＿＿＿＿

作者姓名：＿＿＿＿＿＿＿＿

指导教师：＿＿＿＿＿＿＿＿

年　　月　　日

图8-2　毕业论文封面

二、作者的信息

　　毕业论文作者信息包括作者姓名、所在学院、专业、学号、指导教师等，在封面和题名页的题名之后（图8-3）。学术论文作者的信息具有拥有著作权的声明、文责自负的承诺、联系作者的渠道的作用。毕业论文作者信息是作者及指导教师辛勤劳动的体现和应该获得的荣誉，同时也承担相应的责任。例如，毕业证书上的姓名与专业必须与毕业论文上的信息完全一致；若该毕业论文获评优秀毕业论文，那么优秀毕业论文证书上的信息同样要与毕业论文上的信息完全一致；同样，若指导教师获评优秀指导老师，也应如此。反过来，假如该毕业论文在毕业后经教育部抽检发现不合格，即被称为问题论文，那么该论文作者及指导教师也将承担相应的责任。

体育教育实习的课堂教学组织调查研究
——以××××附属中学实习队为例

体育科学学院　　　体育教育专业
学号：××××　姓名：××　指导老师：××

图8-3　作者信息

三、摘要

（一）摘要的定义与分类

摘要也称为提要，顾名思义，是以浓缩性、概括性、要点性语言将毕业论文内容摘录、提取出来，是以第三人称提供毕业论文内容梗概为目的，不加评论和补充解释，简明扼要描述毕业论文内容的短文。摘要的内容应包括与论文同等量的信息。摘要一般包括研究目的、对象、方法、结果、结论等内容，能够体现和反映研究的创新之处。

摘要根据其自身的性质，可以分为指示性摘要和报道性摘要；根据论文性质，可以分为自然科学论文摘要和人文社会学论文摘要；根据所使用的语言，可以分为中文摘要、英文摘要、德文摘要、韩文摘要等。

（二）摘要的特点与作用

摘要的特点是独立性和自含性。独立性即独立成篇，因为摘要的核心要求是与论文有同等信息含量，因此，发表在中国知网上的会议论文基本上都是摘要。自含性要求摘要应包含原论文的基本信息，它是对报告或论文内容不加注释和评论的简要的陈述。

摘要的作用要体现在以下几个方面：第一，摘要是审定论文价值的最初依据，可以了解论文的重要内容，以弥补文题的不足；第二，摘要可以提高论文的可读性，承担吸引读者的兴趣的任务；第三，摘要便于体育科技情报的检索和储存。

（三）摘要的内容和要素

摘要的内容一般包括研究目的、方法、结果、结论4个要素。

在目的上，简要说明研究目的、提出问题的缘由，表明研究范围及其重要性；或对研究背景、基础、任务、局限性，以及研究的起源、发展和现状等进行概要描述。

在方法上，简要说明分析和解决研究问题的基本设计、使用的材料和方法，例如分组方式、对照研究范围及精确程度、数据获取方式、经过何种统计学处理，以及各类材料、仪器、资料和数据采用何种计量标准等。

在结果上，简要列出研究的主要结果和数据，强调新发现，说明研究价值及局限。研究结果的叙述要具体明确，需提供结果的可信值、统计学显著性检验的确切值。

在结论上，简要说明取得的正确观点、理论价值和应用价值以及是否可以推广或推荐，突出对结果的分析、研究、比较和评价，提出研究的新见解和研究成果的独到之处、创新之处。结论应准确描述该研究的主要结论，并提出是否还有有待进一步研究的与研究主题相关的其他问题，如对未来研究的启示、建议和预测等。

（四）摘要写作的基本要求

摘要的内容应具有独立性、自含性和完整性，具体要求有以下几点。

第一，尽可能反映全文的信息量，避免使用含糊不清的词语。不需引证前人的见解、不叙述研究过程、不举例和论证、不使用图表和公式、不分段落、不应出现正文中没有的内容和结论、不加注释和评价，更不应进行自我评价。

第二，应说明研究或调查的目的、基本步骤、主要发现和重要结论。字数一般300～500为宜。

第三，应重点突出研究或观察中所发现的新事实、问题和重要情况。注意使用规范化的名词术语，对教科书已有的知识应避免重新描述和论证。

第四，应概括研究目的、方法、结果、结论等主要内容。不要简单重复题名中已有的信息，切勿罗列各章节的标题。同时，避免过于笼统、空洞无物的一般论述和结论，也不要使用过于简单或过于复杂的表述。

第五，应多用简单句型，慎用长句；多用陈述句和判断句，慎用疑问句和感叹句。一般不应使用"本文""本人""作者""我们"等词作为摘要陈述的主语。常用"结果表明……""结果显示……"之类的表达方式。

四、关键词

关键词是论文的文献检索标志，是表达文献主题、内容、信息、款目的自然语言词汇，其重要功能是帮助读者通过关键词检索到该篇文章，影响该文献被检索的频率和利用率。这些词汇是论文中出现频率最高的核心词汇，能够代表论文的主题内容。一般情况下，关键词来自论文题目中的核心词。关键词要合乎规范，通用性强，为同行所熟知，适用于情报检索系统。

关键词数目一般要求是3~8个，每个关键词之间一般用分号隔开，最末不用任何符号。关键词一般按词条的外延层次进行排列（外延大的关键词排在前面）。关键词的选词要符合规范，应从《汉语主题表》中选取。若《汉语主题表》中尚无合适的词可供使用，则可用目前通用的词代替。中英文关键词要一一对应。

第三节　正文部分

一、引言

引言，又称导言、前言、序言和绪言，用于说明论文写作的背景、理由、主要研究成果以及与前人研究工作的关系等，其目的是引导读者进入论文工作的主题。引言有总揽论文全局的重要作用，也是论文中较难的一个部分。

（一）引言的内容

引言内容的安排有较大的伸缩性，但基本内容应包括研究背景、存在的问题和研究目的3个方面。介绍研究背景的目的是说明论文主题与较为宽泛的研究领域之间的关系，同时提供足够的背景资料。通过对背景的介绍，阐明已解决的问题和尚未解决的问题。对前人研究成果要进行客观评价。对于实践需要的程度和可能性，要具体明确地提出要研究的问题和研究范围，表明研究目的，概述本课题的重要性和必要性，说明其理论意义和现实意义，强调研究的价值和理由，切忌使用评价式用语，如"首次提出""达到先进水平"等。

（二）引言的写作要求

科学研究以问题为逻辑基点，因此，任何一篇毕业论文都应该先点题，其目的是阐明问题。为此，常使用"问题的提出""选题依据"或"前言"等标题来介绍毕业论文选题。在实证性研究中，一般常用"问题的提出"这个标题来介绍毕业论文的选题。毕业论文所提出的科学问题主要表现于理论自身的矛盾、不同理论之间的矛盾以及理论和经验事实之间的矛盾。因此，引言应从提出存在的问题和解决这些问题的必要性、重要性和迫切性入手，基于此来提出毕业论文所要研究的课题。在基础理论研究中，大多数研究从综述前人的研究成果中指出该课题有关领域的前人工作和知识空白，以及前人尚未解决的问题，从而提出毕业论文所要研究和解决的问题。评述前人研究成果不必列篇目，也不要引述原文，只需用自己的语言进行概括说明，但要加注序号，并在"参考文献"中注明出处，以示言之有据。

引言的篇幅没有统一的标准，应根据论文篇幅的大小和主要内容来确定。切忌过于详尽，不必陈述同行熟知的基本理论和基本方法。总之，引言要切题，要简要地概述该研究的背景、目的、范围以及重要的研究结果和结论，起到提纲挈领的作用。

二、研究对象与研究方法

研究对象与研究方法的选择是评审论文质量的重要依据，也是衡量论文科学性的一个重要方面。研究对象的选择是否合理、采用的研究方法是否恰当直接影响到研究结果的可靠性。这部分的段落标题一般写为"研究对象与方法""资料与方法"或"材料与方法"等。

（一）研究对象

研究对象是对论文中所提问题的分析、讨论和解决内容的表达，一般指调查、访谈、实验的事物或现象的规律、特征、趋势等。研究对象具有非常明确的目的，旨在分析、讨论和解决某些问题。研究对象与论文的题目紧密相关，有的研究对象甚至可以用论文题目来表示。例如，体育专业本科毕业论文《体育教育专业实习中实习生对指导老师的评价研究——以南岳学院2019级为例》的研究对象可以表述为"衡阳师范学院南岳学院2019级体育教育专业实习中实习生对指导老师的评价"。同样地，论文《湘西校园苗鼓文化开展现状及优化研究——以边城高级中学为例》的研究对象可以表述为"边城高级中学苗鼓舞文化发展现状及优化"。

研究对象与调查对象既有联系也有区别。调查对象主要指研究的范围，通常指要研究的人、群体或组织。而研究对象则是对调查对象的某些属性、特征、规律的分析、探讨。例如，论文《湘西校园苗鼓文化开展现状及优化研究——以边城高级中学为例》的调查对象是边城高级中学，而研究对象则是边城高级中学苗鼓舞文化发展现状与优化。对于该调查对象，还可以研究其他问题，例如该学校的体育教学场地器材问题。基于此，形成一个新的论文题目"边城高级中学体育教学场地器材的调查研究"。同样地，毕业论文《体育教育实习的课堂教学组织调查研究——以衡阳师范学院祁东附属中学实习队为例》的调查对象是衡阳师范学院祁东附属中学2019级实习生，研究对象则可以表述为体育教育实习的课堂教学组织。

研究对象与实验对象也是既有联系又有区别。实验对象类似于调查对象，而研究对象则是施加在实验对象身上的因素（自变量）导致实验对象某些属性、特征发生的变化（因变量）。实验对象可以是单个个体、组织，也可以是某种动物。实验对象是要进行比较严格的选择。例如，《静力牵拉减缓肌肉酸痛的实验研究》中，实验对象是从运动后肌肉酸痛的80位同学中选择40位作为实验组，而其余40位则作为对照组。而研究对象则是静力牵拉与肌肉酸痛之间的关系——是否能够减缓酸痛。

（二）研究方法

研究方法对应研究问题，是为了发现、分析、解决研究问题而采取的方式、方法和手段。只有先明确研究问题，才能寻找相应的分析和解决方案，以认识研究问题的本质并找到解决方案。不同类型的研究问题需要采用不同类型的研究方法。有些研究问题需要综合运用多种方法进行分析和解决。每一篇本科毕业论文都有一个必不可少的研究方法——文献资料法。常用的研究方法还有观察法、问卷法、访谈法和实验法。

1. 文献资料法

文献资料法是对论文理论依据、数据资料等的内容、来源、数量以及整理方法进行恰当描述的方法。文献内容要紧密围绕论文题目中的核心词。文献来源一般是中国知网、某些著名网站、专业书籍等。其中，中国知网收录了大量的期刊论文、学位论文、会议论文和报纸论文以及专利等资料。

体育专业本科生在论文中介绍文献资料法的来源时，需要特别关注与自身专业相关的专业教材。例如，在毕业论文《体育教育专业实习的课堂教学目标调查研究——以南岳学院2019级为例》中，对文献资料法的介绍为："根据本文研究内容、目的和意义的需要，详细地查阅有关'体育教学目标'方面的书籍，包括《体育教学论》和《中学体育教学设计》等，对其进行有效的分析和利用，并且在中国知网上也进行相关资料的查询与收集，对收集的资料进行深入研究以及归纳和分析，为研究的目的和意义提供有效的依据。"再如，毕业论文《体育教育实习的课堂教学组织调查研究——以衡阳师范学院祁东附属中学实习队为例》对文献资料法的介绍为"围绕本论文的主题，通过互联网、中国知网、万方数字资源库和衡阳师范学院图书馆等渠道，查阅有关体育教育实习、体育课堂教学组织、体育教学组织能力的相关文件和理论的文献资料，对所获得的信息进行整理和归纳，并对具有代表性的文献进行学习和研究，从中提炼出相关内容作为本研究的理论依据。"此外，还可以描述文献资料的数量和权威性。

2. 观察法

观察法是对观察目的、观察指标、记录表格等内容进行描述的方法。观察目的的描述应与论文所分析和解决的问题密切相关。观察指标的介绍是说明观察的要点，即所要观察的内容，这非常重要。观察指标可以视为论文题目核心词的进一步细分，细分后形成了具体的观察指标。

例如，毕业论文《2015年亚冠1/4赛到冠军赛的红黄牌统计与分析》中的观察法可以描述为："通过录像，对2015年亚冠比赛中的14场比赛进行观察，主要观察犯规队员的犯规位置、原因、犯规时所在的位置等方面的情况。"再如，《2016年里约奥运会女排决赛发球失误统计研究》的观察法可以描述为："在12月15日～1月15日期间，通过观看第31届奥运会女排决赛中国队与塞尔维亚队比赛视频，对两方发球失误进行统计研究，从而了解对手的发球实力，发现中国女排发球方面的优势与不足。观察内容包括记录中国和塞尔维亚两支球队发球失误的基本情况、发球失误分布情况、发球失误技术比较、发球失误时间。"

3. 问卷法

问卷法主要介绍问卷设计的内容、问卷的信度与效度、问卷发放与回收的基本情况等。问卷的内容是在论文题目核心词的前面或后面加修饰词而形成的问题与答案。问卷的信度与效度主要介绍问卷信度与效度的检验情况，旨在确保问卷所得数据的有效性和真实性。问卷发放与回收主要介绍发放方式、数量以及回收问卷的数量和有效问卷的数量。本科毕业论文对于问卷法并未明确规定一定要进行问卷的信度与效度检验。然而，这并不意味着问卷的信度与效度不重要；相反，问卷的信度与效度是问卷法的关键。

例如，毕业论文《老年人太极健身调查与分析——以衡阳师范学院为例》中对问卷法的介绍是："在衡阳师范学院老年人太极健身人群中，共发放了25份调查问卷，回收了25份，回收率100%。通过此问卷来了解老年人的基本活动情况，包括健身项目、健身时间、健身场地等，旨在了解练习者的基本情况并为进一步研究提供基本依据。"再如，毕业论文《体育教育专业学生自主实习调查研究——以衡阳师范学院为例》中对问卷法的介绍是："根据本文研究需要设计'衡阳师范学院体育教育专业2013级学生自主实习的意向调查问卷'以及'衡阳师范学院体育教育专业学生自主实习同学调查问卷'，向衡阳师范学院体育教育专业2013级、2012级学生发放调查问卷。其中，'衡阳师范学院体育教育专业2013级学生自主实习的意向调查问卷'共发放100份，回收94份，回收率94%。经过整理，剔除填写答案不全或因答案过分集中导致填写内容缺乏可信度的问卷后，有效问卷为80份，有效率为85.1%；'衡阳师范学院体育教育专业学生自主实习同学调查问卷'共发放30份，回收27份，回收率90%。经过整理，剔除填写答案不全或因答案过分集中导致填写内容缺乏可信度的问卷后，有效问卷为20份，有效率为74.1%。"

4. 访谈法

访谈法主要介绍访谈对象、方式、重点问题以及访谈资料的处理。访谈的方式一般有电话访谈和面对面访谈。访谈对象有时可以直接确定，有时需要进行选择才能最终确定。

例如，毕业论文《衡阳市自行车俱乐部组织特征研究》中对访谈法的描述为："通过当面访谈和电话采访的形式，对衡阳市自行车俱乐部组织的管理者、自行车俱乐部的会员，以及自行车俱乐部内的有关专家学者进行深入咨询和调研，着重了解衡阳市自行车俱乐部组织的各方面特征。"再如，毕业论文《2014～2015赛季WCBA总决赛换人战术的统计研究》中对访谈法的描述为："根据研究任务，对担任衡阳师范学院女子篮球队主教练的李红军老师进行访谈，归纳总结出篮球比赛中合理的最佳换人时机、次数和位置，为本论文寻求依据。"又如，毕业论文《中学体育教师书本阅读的调查研究——以湖南省衡阳市常宁市8所中学为例》中对访谈法的描述为："通过对常宁市8所中学体育教师的实地访谈，了解中学体育教师书本阅读的现状。在12月21日～1月12日期间，分别对常宁市8所中学进行实地访谈，首先从常宁市尚宇高级中学开始，与其学校的林××、张××、陈××、朱××等老师一对一交谈，了解他们的书本阅读情况。在12月22日，开始对常宁市第六中学进行访谈，随后还对常宁市第一中学、衡阳市湘南实验中学、常宁市职业中等专业学校、常宁市第八中学、常宁市第二中学和常宁市第九中学的体育教师进行了访谈。直到1月12日，我们才完成了所有8所学校的访谈。访谈内容主要涉及以下方面：书本阅读的目的；书本阅读的内容；书本阅读的方式；书本阅读发展趋势。"

5. 实验法

实验法是对包括实验对象、自变量、因变量、实验过程等方面在内进行描述的方法。例如，毕业论文《"课课练"在衡阳师范学院的实验研究》中对实验法的描述如下所示。

毕业论文《"课课练"在衡阳师范学院的实验研究》中对实验法的描述

4.1 实验的准备部分

4.1.1 实验对象

实验对象为衡阳师范学院资旅系2012级1班和2班的女生。研究重点是探究"课课练"对学生的身体素质是否有影响。在确定两个班级学生的测试指标无显著性差异后，随机分成试验班级和对照班级，其中实验班级有45人，对照班级有44人。

4.1.2 试验方法

实验主要采用对照实验法和本班实验前后自身对照法。对于实验班级，进行了"课课练"教学；对于对照班级，则按照正常的教学计划进行上课。试验后，通过测试数据的对比分析，研究两个班级学生身体素质的变化情况，得出结论。

4.1.3 试验时间

2014年2～6月，共16周课程。

4.1.4 实验测试指标

800米跑、立定跳远、仰卧起坐。

4.2 实验的实施

实验练习的设计包括力量类练习、速度类练习。根据实验的练习特点和测试的要求，实验分为4个阶段：第一阶段是前期测试阶段。这一阶段的目的是收集数据，检查实验班和对照班的测试数据是否存在显著的差异。第二阶段是进行一些负荷较小、简单的练习。这一阶段主要是让学生掌握一些练习动作并增强体力。此阶段的动作难度较小，运动负荷较小。第三阶段是进行一些负荷稍大、较复杂的练习。这一阶段主要是全面锻炼学生的身体素质。第四阶段是后期测试阶段。这一阶段的目的是测试和收集实验后的数据。

4.2.1 实验的第一阶段

在实验开始前，对实验班和对照班进行800米跑、仰卧起坐、立定跳远测试，并将收集到的数据进行分析。（注意事项：所收集的数据必须真实准确；在进行统计分析时必须认真细致，尽量减小误差。）

4.2.2 实验的第二阶段

这一阶段主要侧重于一些动作较简单、运动负荷较小的练习，包括力量练习、速度练习和反应练习，目的是让学生掌握一些练习方法并增强体力。（注意事项：根据学生的实际情况确定练习内容；在组织过程中必须保持良好的秩序；必须注意安全。）

4.2.2.1 力量类练习

通过结合力量素质和速度素质，利用一系列简单有趣的动作练习来发展学生的快速力量，提高学生的爆发力。同时，这些练习还可以协调肌肉，提高肌肉协调能力。此外，借助长距离、多次数或时间长的较小负荷的练习，通过比赛或游戏的方式，发展学生的力量和耐力。力量类练习表见表8-1。

表8-1　力量类练习表

练习内容	练习的目的	练习的时间量	练习的时间段
纵跳摸脚	身体肌肉控制能力	10～15分钟	课前
双人拉手蹲跳	爆发力和身体控制能力	10～15分钟	课前
仰卧起坐	腰腹力量	10～15分钟	课后
俯卧撑	上肢的力量、耐力	10～15分钟	课前
深蹲	下肢腿部力量	10～15分钟	课后
看谁撑得久	肩部力量、耐力	10～15分钟	课后
定时定距离跑	速度和耐力练习	10～15分钟	课中
800米跑	耐力练习	10～15分钟	课前
快速两头起	腰腹力量	10～15分钟	课后
收腹跳	下肢和腰腹力量	10～15分钟	课前

4.2.2.2 速度类练习

速度素质在体育运动中具有重要作用，是身体素质的核心组成部分。在速度类练习中，通过简单的活动性游戏和各种跳跃性练习等手段，提高学生快速完成动作的能力。速度类练习表见表8-2。

表8-2　速度类练习表

练习内容	练习的目的	练习的时间量	练习的时间段
听口令做动作	判断反应能力	10～15分钟	课前
听左向右跑	判断反应能力	10～15分钟	课前
长江黄河练习	反应速度	10～15分钟	课前
转身起跑	转身速度	10～15分钟	课前
原地快速高抬腿	快速抬腿速度	10～15分钟	课前
15米到30米快速跑	快速奔跑的能力	10～15分钟	课前
10米往返跑	身体的灵活性	10～15分钟	课前

4.2.3 实验的第三阶段

本阶段采用较复杂、运动负荷较大的组合练习。这一阶段的目的是发展学生整体的身体素质，使各项素质得到更全面、更深入的练习，从而使学生的运动能力得到全面提高。组合练习表见表8-3。（注意事项：尽量选择学生能够完成的组合练习，尽量让每一个学生都能完成练习，达到练习的效果；在练习过程中，始终要将安全放在第一位。）

表8-3　组合练习表

练习内容	练习的时间量	练习的时间段
原地高抬腿+S形跑+单腿跳10米+30米冲刺	10~15分钟	课前
原地小步跑+蛙跳10次+原地俯卧撑10个+30米冲刺	10~15分钟	课前
深蹲15个+双腿并跳10米+原地收腹跳10个+直走5米	10~15分钟	课前

三、主体

主体是毕业论文的核心部分，是作者学术理论水平和创造性工作的综合体现，也是作者运用掌握的材料和方法进行论证并得出结论的部分。该部分通常也称为"结果与讨论"或"结果与分析"。其任务是分析和解决问题，力求从客观事实和逻辑分析中验证、补充、修正和完善研究假说，揭示事物的本质与规律，形成科学理论。主体应结构合理、层次清晰、重点突出、文字简练且通顺。

体育专业本科毕业论文的主体部分一般是应用本科期间所学的相关体育理论来分析和解决体育领域某些方面的问题。理学和工学的毕业论文主体部分应包括研究内容的总体方案设计及论证、可行性分析、理论分析、实验结果及数据处理分析等。管理学和人文社会学科的毕业论文主体部分应包括研究问题的论述和系统分析、比较研究、模型或方案设计、案例论证或实证分析，以及模型运行的结果分析或建议、改进措施等。

根据课题性质和研究方法的不同，论文的主体格式和写法也不尽相同，但它们有一些共同的要求：第一，主题明确。全文围绕主题展开讨论，不偏离主题。第二，论证充分。有观念、有思路、有材料、有说服力。第三，结论清楚。得出的结论明确易懂。第四，逻辑严密。文字精练流畅、条理清晰。

（一）结果与分析

1. 结果

研究结果是指研究中获得的数据和观察到的现象，它是结论的依据，也是形成观点与主题的基础。研究结果的表述要指标明确、数据准确、层次分明，通常以文字、表格、统计图和照片等形式来体现。

在叙述研究结果时，要求实事求是，以最能反映事物本质的数据或现象作为结果。结果的中心内容是经过甄别与统计处理的数据，而不是原始数据，更不是原始记录。在甄别与统计处理数据的过程中，既不能根据个人实验前的观点假设来选择数字和现象，更不能伪造数据和现象。因为，全文的一切讨论由此引出，一切推论由此推出，一切结论也由此得到。因此，在经过甄别与统计处理的数据基础上，选取最能反映问题本质的内容，有目的地制作便于分析讨论的表格和统计图。"有目的"是指在叙述数字和现象时，要考虑其逻辑顺序，充分选取数据，以满足"分析"部分的需要。

呈现"结果与分析"可以采取两种方式。一种是先呈现文字后呈现表格和统计图，要善于将研究数据系列化，以图表的精准性、简明性、规律性特征弥补文字表达的不足，但要尽量避免图表在内容上的重复。另一种是先展示图表，然后再进行分析。一般情况下，这两种方式可以相结合，以呈现"结果与分析"。

研究结果的指标明确主要体现在主体各部分的主题词（核心词）上，即开题报告的论文提纲中主体各部分的二级提纲中的主题词。研究结果的层次分明主要体现在主体各部分的主题词（核心词）的再次细分上。指标是由论文题目中的主题词分解而来，层次是由主题词的再次细分而来。例如，毕业论文《膝关节前交叉韧带（ACL）损伤的原因、恢复措施以及心理状态——一项自我研究》，论文主体部分的指标来自题目中的"ACL损伤的原因、恢复措施以及心理状态"。其研究结果的指标明确和层次分明可以从提纲的主体部分直观展示出来，具体如下所示。

3 研究结果与分析

3.1 原因分析

3.1.1 运动技术因素

3.1.2 生理特点因素

3.1.3 外部环境分析

3.2 恢复措施分析

3.2.1 保守治疗方法

3.2.1.1 疼痛控制

3.2.1.2 康复锻炼

3.2.1.3 具体伤情处理

3.2.2 手术治疗方法

3.2.2.1 选择手术时机

3.2.2.2 手术类型和程序

3.2.2.3 术后康复指导

3.3 心理状态分析

3.3.1 损伤产生的心理反应

3.3.1.1 焦虑和恐惧

3.3.1.2 增加的压力和挫折感

3.3.2 心理干预措施

3.3.2.1 心理咨询与支持

3.3.2.2 心理训练和调节技巧

2. 分析

分析是相对于研究结果而言的，它是对研究结果的解释、推断和评价，是研究过程的理论升华，是更深刻、更完整、更具有实践指导意义的部分。

根据研究结果中资料的来源，分析可以分为已有文献资料整理结果的分析和通过观察、问卷、访谈、实验获得的新资料整理结果的分析；根据研究的目的，分析可以分为研究结果的理论阐述、研究结果的意义、能否证实有关假说、结果中的内在联系和规律、与其他作者的研究结果及理论阐述的比较、对相矛盾的资料提出自己的见解等。

对已有文献资料整理结果的分析可以理解为前文所提到的文献综述部分的"述"。文献综述的评述部分是对所收集的分析、解决某问题的已有回答进行评述，包括作者使用的分析和解决问题的研究方法，作者分析和解决问题的观点、手段、办法等的理论性、科学性、实用性，尤其是目前存在的不足之处以及改进的空间和方向等。对新资料整理结果的分析一般是从新资料中发现的新现象或规律，获得的新观点，即证明或证伪——论文要分析和解决的问题。分析方法可以采用分析、综合、归纳、演绎、比较、类比、证明、反驳等一系列逻辑方法，运用与课题有关的科学理论，对研究结果进行客观解释、全面分析、正确推理判断和充分论证。

因为研究结果具有层次，所以在撰写论文时应将其分为几个有逻辑层次的部分。当分析部分结束时，我们要进行这部分的总结，即小结。

（二）结论与建议

结论是用简明扼要的语言对研究结果和论点的高度概括，一般采用条目的形式将结论逐一呈现。结论是全篇论文的精髓所在，是研究结果和理论分析逻辑发展的必然结果，也是研究结果的高度概括和总结。结论通常包括得出了哪些新观点、新理论、新方法，解决了哪些实际问题，揭示了哪些规律、特征与法则，验证了什么原理与方法，发现了什么新问题等。需要特别注意的是，结论并非研究结果的简单罗列，也不是正文各部分的简单概括，而是在研究结果和理论分析基础上的理论升华，是由感性认识上升到理性认识。

建议又称对策建议、启示或启发，是对研究问题的实践性回答，凸显作者在实践上对某问题回答的有用性。启示或启发一般在文科类的历史学、哲学等毕业论文中使用较多。对策、建议一般在实践性较强的学科毕业论文中使用较多。需要特别注意的是，建议不是凭空提出的，不能想提出什么建议就随便提出，而是要根据毕业论文得出的结论提出对某问题进行分析和解决的看法，即结论与建议应相对应，有多少个结论就应有多少个建议。这样的论文才有可能得到更多的阅读、关注、引用和推广。可见，结论与建议之间存在着非常紧密的逻辑关系。

四、致谢

致谢是作者对为该文章的形成做出贡献的组织或个人表示感谢的文字记载，语言要诚恳恰当且简短。致谢不仅仅是一个简单的感谢清单，而且具有展示功能，能向世人展示作者谦虚、诚实和感恩的品质。这样的展示有助于提高作者在学术和品德方面的可信度，建立良好的人际关系，并营造和睦友好的学术氛围。

国家标准明确将"致谢"列为科学技术报告、学位论文和学术论文的主体部分，并规定了可以在正文后对以下方面表示感谢：一是国家科学基金、资助研究工作的奖学金基金、合同单位、资助或支持的企业、组织或个人；二是协助完成研究工作和提供便利条件的组织或个人；三是在研究工作中提出建议和提供帮助的人；四是给予转载和引用的资料、图片、文献、研究思想和设想的所有者；五是其他应感激的组织或个人。

在学术论文的撰写中，对致谢部分的写作有以下基本要求：一是必须实事求是，并应征得被感谢者的同意；二是致谢通常置于正文与参考文献之间或单独成段，有时放在论文的最后一页，但亦可作为文首的脚注；三是致谢也可以列出标题，并冠以序号。

致谢的措辞常用"谨致谢忱""深表谢意""谨此致谢"等，书写方式常为"致谢：本人曾得到某某某的帮助、审阅、指导"或"本文承蒙某某某的帮助、审阅、指导，谨此致谢"。对于被感谢者，不要直书其姓名，为了礼貌起见，应冠以尊称，加写字衔，如"某教授""某博士""某老师"等。尤其需要注意的是，不要把他们的工作单位和姓名写错。

总而言之，致谢要实事求是且真诚。

五、参考文献

参考文献是指为撰写毕业论文而引用的有关文献信息资源。毕业论文中引用他人的文章、数据、论点、材料，都应列出参考关系的出处。这不仅表明研究者对被引用学者的劳动表示尊重，还说明论文所引用的资料有可靠的依据。更重要的是为读者深入探讨研究主题提供了寻找有关文献的线索。因此，参考文献既是一篇完整学说的重要组成部分，也是评判论文质量高低的重要指标。参考文献必须是作者直接阅读过的与引用过的，必须有准确、完整的出处，以便读者查找。对于文后参考文献的著录格式，我国国家标准对此有明确规定，包括顺序编码制和著者–出版年制两种著录体系。前者指引文采用序号标注，参考文献按引文的序号排序。后者指引文采用著者–出版年制标注，参考文献按著者字序和出版年排序。参考文献著录格式具体内容见表8–4。

表8-4　参考文献著录格式

序号	文献类型	格式及示例
1	学术著作	［序号］作者. 书名［M］. 版次（初版免注）. 翻译者. 出版地：出版社，出版年：起止页码.
		［1］蒋德龙. 神话·武术［M］. 汕头：汕头大学出版社，2019：1-6.
2	学术期刊	［序号］作者. 文献题名［J］. 刊名，出版年份，卷号（期号）：起止页码.
		［2］乔凤杰. 中国传统养生运动漫谈［J］. 人民论坛，2023（14）：107-109.
3	学位论文	［序号］作者. 题名［D］. 授予单位所在地：授予单位，授予年.
		［3］饶平. 中国民族传统体育文化生态研究［D］. 长沙：湖南师范大学，2016.
4	电子文献	［序号］作者. 电子文献题名［文献类型/载体类型］. 出版地：出版者.（出版年更新或修改日期）［引用日期］、获取和访问路径.
		［4］胡小明，等. 中华民族传统体育现代化的研究［EB/OL］. 体育界——中国体育学术网［2004-03-09］. http：//www.tiyujie.cn.
5	会议论文	［序号］作者. 文献题名［C］//出版地：出版者，出版年.
		［5］蒋德龙，蒋愿望，刘丽萍. 搏与搏：中国武术本质特征——从《搏者张松溪传》之搏的考证切入［C］//成都体育学院体育学研究室. "守正·创新：回归体育基本理论"首届体育基本理论国际会议论文集（口头报告），2022：1.
6	报纸文章	［序号］作者. 题名［N］. 报纸名，出版日期（版次）.
		［6］卢元镇. 为农民健身做点实事［N］. 中国体育报，2006-4-5（5）.
7	专利文献	［序号］专利所有者. 专利题名［P］. 专利国别：专利号，发布日期.
		［7］陈天石. 体育多用测试仪［P］. 中国：89221914.9，1989.
8	技术标准	［序号］标准代号，标准名称［S］. 出版地：出版者，出版年.
		［8］GB7713.2—2022，学术论文编写规则［S］. 北京：中国标准出版社，2022.
9	有ISBN号的论文集	［序号］作者. 题名［C］. 主编. 论文集名. 出版地：出版社，出版年：起止页码.
		［9］黄辅周，冯炜权，卢鼎厚，等. 现代排球科研动态及多学科研究成果应用［C］. 全国排球运动高级研讨班研讨成果专辑——排球运动科学探蹊. 北京：北京体育大学出版社，1996：89-96.

上述9种参考文献著录格式的完成，传统做法是手动输入每一项，比较耗时费力。目前，凡是中国知网收录的文献，其著录格式都可以直接下载和复制。

以学术期刊论文《中国传统养生运动漫谈》为例。首先，在中国知网搜索题名"中国传统养生运动漫谈"，找到原文，在原文左侧的方框内点击选中，如图8-4所示。

图8-4　勾选文章

其次，点击按钮"导出文献"，将会弹出一个方框，如图8-5所示。

图8-5　弹出方框详情

再次，点击"导出/参考文献"，出现结果，如图8-6所示。

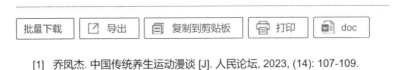

图8-6　导出结果页

最后，点击"复制到粘贴板"即可完成引用。

第四节　附录部分

附录作为主体部分的补充，并不是必需的。以下内容可以作为附录编于论文后。

（1）为了整篇论文材料的完整，但编入正文又有损于编排的条理性和逻辑性，这一材料包括比正文更为详尽的信息、研究方法和技术更深入的叙述，对了解正文内容有用的补充信息等。

（2）由于篇幅过大或取材于复制品而不便于编入正文的材料。

（3）不便于编入正文的罕见珍贵资料。

（4）对一般读者并非必需，但对本专业同行有参考价值的资料。

（5）正文中未被引用但被阅读或具有补充信息的文献。

（6）某些重要的原始数据、数学推导、结构图、统计表、计算机打印输出件等。

本章小结

毕业论文的结构是指毕业论文呈现作者发现（提出）问题、分析问题和解决问题过程中的重要部分及细分的组合构成。一定的论文结构是为了让读者读懂、理解，并能够与作者沟通交流，即有利于论文的收集、储存、处理、加工、检索、利用、交流、传播。

毕业论文的基本结构包括前置部分、正文部分和附录部分。题名是整个毕业论文主要内容的高度浓缩，是读者窥视全文的窗口和检索文件的标识，要求准确、简洁和清楚。摘要是以浓缩性、概括性、要点性语言将毕业论文内容摘录、提取出来，是以第三人称提供论文内容梗概为目的，不加评论和补充解释，简明扼要描述论文内容的短文，要具有独立性、自含性、完整性，一般包括研究目的、方法、结论、结果4个要素。关键词是论文的文献检索标志，是表达文献主题、内容、信息、款目的自然语言词汇，其重要功能是帮助读者通过关键词检索该篇文章，关系到该文献被检索的频率和利用率，一般要求是3～8个。引言用于说明论文写作的背景、理由、主要研究成果以及与前人研究工作的关系等，包括研究背景、存在的问题和研究目的。研究对象是对论文所提出问题的分析、讨论和解决内容的表达，一般是指要调查、访谈、实验的事物或现象中的规律、特征、趋势等，要与调查对象、实验对象区分开；研究方法对应研究问题，是为了发现、分析、解决研究问题而采取的方式、方法和手段，常用的研究方法有观察法、问卷法、访谈法、实验法。论文主体是毕业论文的核心部分，是作者学术理论水平和创造性工作的综合体现，是作者运用掌握的材料与方法进行论证、得出结论的部分。致谢是作者对为该文章的形成做出贡献的组织或个人予以感谢的文字记载，语言要诚恳恰当且简短。参考文献是指为撰写或编辑论文和著作而引用的有关文献信息资源。

章节练习

一、思考与探索

1.毕业论文的摘要有固定模式吗？

2.引言写法的核心是什么？

3.研究对象、调查对象与实验对象有什么联系和区别？

4.观察法、问卷法、访谈法、实验法等研究方法撰写时如何紧扣主体问题？

二、讨论与作业

在中国知网找一篇某校体育硕士专业学位论文，并从结构和各部分的写作方法等方面谈谈你的认识和看法。

第九章 体育专业本科毕业论文（设计）的修改

本章导读

本章论述了论文修改的定义、种类、重要性与必要性，详细阐述了论文修改的主题、观点、材料、结构等内容与形式的修改，论述了论文修改的方法。

学习目标

1.理解论文修改的定义、种类、重要性与必要性。

2.掌握论文修改的思想内容与表现形式等要求。

3.掌握论文修改的主要方法。

第一节　毕业论文修改的基础知识

一、毕业论文修改的概念

本科毕业论文修改是指本科毕业生根据论文评审标准（意见）对论文进行改动完善的过程，是本科毕业论文进程中重要的一个环节。论文修改主要从论文初稿完成之后开始，很少边写边修改。一篇优秀的本科毕业论文往往要经过多次反复修改。大多数情况下，初稿是不完美的，只是一种半成品，只有在指导老师的指导下，认真修改论文，经过反复推敲、修改到定稿后，才算最后完成。因此，有人认为学生最初完成的论文初稿像一个"简陋的纸房子"，经过老师指导和自己不断修改而成为"结实的房子"，最后经过反复打磨修改成为"美丽的别墅"。

二、毕业论文修改的分类

按照修改的主体，本科毕业论文修改可以分为本科生自主修改、指导老师修改和师生共同修改。师生共同修改在本科毕业论文修改中最为普遍，且往往是指导老师提出修改意见，学生再进行具体修改，指导老师为主导地位。本科生自主独立修改的往往比较少，而由指导老师直接进行具体修改的更少。论文修改的过程不仅仅是为了完成论文，同时也是不断复习、巩固专业基础理论、基本知识和专门技能的过程，学生一定是修改的主体。

按照修改的时间节点，本科毕业论文修改可以分为答辩前修改和答辩后修改。答辩前修改占据整个修改过程的绝大部分，且主要是在指导老师和学生的共同努力下完成。在这个阶段，指导老师对整个论文框架的把握、逻辑的理顺、材料的溯源等非常重要。同时，答辩前一般还有一个盲审环节。因此，在答辩前还要根据盲审专家提出的意见来决定是否进行修改以及修改的程度。优秀的本科毕业论文往往在盲审时已经不需要大幅度修改。谦虚、好学的学生可能还会请其他指导老师对自己的毕业论文提出宝贵的修改意见，再进行修改。答辩后修改一般修改程度较小，很少有重大修改。答辩后修改有两种情况：一种是答辩通过的修改，只要经过导师同意，就可以确认为终稿，提交学校论文系统保存；另一种是答辩未通过，要经过较大程度的修改，需要再次参加答辩。答辩后修改有一个重要变化，即答辩前的修改意见主要来自指导老师，答辩后的修改意见还来自答辩专家。

三、毕业论文修改的重要性和必要性

刀不磨不快，文章不改不好。古往今来，凡有成就的作家，没有不重视文章修改的。修改是毕业论文写作中不可缺少的一道工序。修改能力是毕业论文写作能力中不可缺少的组成部分。修改是学生在用毕业论文反映事物的过程中，认识不断深化的反映，又是使表达形式不断完善的手段。缺乏这一阶段，则难以撰写出优秀的毕业论文。

（一）认识过程的艰巨性决定了修改的必然性

体育专业的毕业论文要求学生运用所学知识，理论联系实际来阐述体育教育教学、运动训练竞赛、体育经营管理中的一些规律性认识。

毕业论文反映了学生对客观事物的认识。客观事物是丰富多彩、曲折复杂的，认识它不容易，反映它更加困难。这种困难一方面是由于客观事物本身的内部矛盾有一个逐渐暴露过程，发展也是曲折复杂的；另一方面是由于人的认识会受到各种主观条件的制约，在认识过程的各个阶段中，稍有疏忽就容易出现片面性和主观性。因此，人们对研究对象的认识有一个由现象到本质、由片面到全面、由不够深刻到比较深刻的过程。而且人们对研究成果的反映也有一个由不够准确、恰当到比较准确、恰当的过程。写毕业论文本质上是一个认识过程，包括由客观事物到人的主观认识的"意化"过程和从主观认识到书面表现的"物化"过程。在意化过程中常常出现"意不符物"，即主观认识未能完全正确地认识客观事物；在物化过程中又容易出现词不达意，即写成的文章不能完整准确地反映作者的观点。因此，在写毕业论文的过程中，多一次修改意味着一次认识上的进步。多一次修改就前进一步，至少可以减少错误和弥补不足。

（二）修改是毕业论文写作中贯穿始终的重要环节

从形式上，修改是写作的最后一道工序，是文章的完善阶段。但从总体上看，修改贯穿整个写作过程。写作一般可以分为4个阶段，在每个阶段都应认真执行修改工作。

第一阶段是酝酿构思中的修改。毕业论文在动笔之前要酝酿构思，打腹稿，修改应从此处开始。例如，确定中心、选择题材、布局谋篇等，都要经过反复思考、分析、综合以及修改，这决定着整篇文章的成败。如果确定了一个严密的提纲，搭建出一个良好的结构，文章结构就不会有大的变动，因此在动笔之前一定要深思熟虑（通常在开题中已形成三级提纲），避免盲目书写再进行大幅度的修改。

第二阶段是动笔后的修改。落笔之后就进入了细致的思索过程，形象思维与逻辑思维交替使用，包括对事物的推断、形象的探索、层次的划分、段落的衔接、句式的选检、词汇的斟酌和推敲。对各方面进行反复分析、对比、抉择，在改换取舍一些词语、句式、层次、段落之后完成初稿。这就是边写边改，边改边写的阶段。

第三阶段是完成初稿后的修改。全文完成后，要逐字逐句、逐层逐段地审读，进行全面的修改。在修改中，不仅要字斟句酌，还要考虑材料取舍、层次安排、组织结构、中心的表达等方面。

第四阶段是在指导老师指导下进行修改。指导老师审阅初稿后，肯定其中的优点并指出不足之处。学生在听取指导老师的评讲后应深入研究自己文章的优缺点，研究要透，领悟要深，然后重新修改。这个阶段的修改并非一两次就能完成，修改难度大大增加。但是，如果修改得当，文章水平会显著提高。

在这4个阶段中，完成初稿后的修改尤为重要。因为在起草初稿的过程中，学生不可能对每个论点、论据都考虑得十分周密，表达则更难做到准确无误。然而，在完成草稿后，学生的主要关注点可以从局部写作转移到总体审视，高屋建瓴地检查、推敲中心论点的表达是否突出，各层次段落的安排是否合理。此外，学生的立足点可以从撰写者角度转移到读者角度，更客观和认真地思考，反复推敲，使论文趋于成熟和完美。

（三）修改是提高写作能力的重要途径

毕业论文的写作是对写作能力和综合能力的锻炼与训练，要提高写作能力，既要多写，更要多改。古人说"善作不如善改"，文章是通过修改而不断完善的。[①]

许多大学生思维敏捷，写作速度也较快，但由于忽视了修改与推敲，导致所写文章结构松散，语句啰唆、重复，错别字也较多，因此写作水平提高得较慢。学生应该将修改视为写作过程中的重要阶段。学习修改文章是写作的一种训练方式，且是最有效的训练方式。鲁迅把领悟"不应该那

① 陈巧. 如何撰写本科毕业论文［J］. 福建教育学院学报，2005（5）：103-107.

么写"——即修改初稿的方法称为"极为有效的学习方法"①。从某种意义上来说，一个人是否会写文章可以通过他是否善于修改来衡量。只有掌握了写作和修改的双重技能，才能说具备一定的写作水平和能力。正如契诃夫所说："写得好的本领，就是删掉写得不好的地方的本领。"②通过修改毕业论文，学生可以进一步提高遣词造句、构建文章的结构、进行逻辑推理的能力。同时，修改毕业论文也是培养严谨的治学态度和良好学风的需要。写作是为了让他人阅读，会对社会产生一定的影响。因此，学生必须抱着对读者、对社会高度负责的精神，认真修改毕业论文。认真修改毕业论文、严格把关是一种严谨的科学和治学态度。

四、毕业论文修改与降重

毕业论文重复率是指毕业论文引用他人作品的部分占全文的比例。毕业论文重复率越高说明毕业论文的创新性越低。重复率与毕业论文的创新程度成反比。因此，绝大部分高校在进行毕业论文答辩前的一个重要的工作就是查重，即对提交的毕业论文的重复率进行检测。论文重复率检测是指通过统一的学术不端文献检测系统对学术研究成果进行重复率查询，并借此确定学术成果复制比的过程。重复率检测在很大程度上可以防止抄袭等学术不端行为，确保论文的创新性。

正因为引用了他人研究成果中的数据、观点等，所以绝大部分论文都会存在不同程度的重复率。尤其是文科类论文的重复率可能比理科类论文的重复率更高。绝大部分高校在重复率上都设有一个标准的界限。例如，某大学体育专业学士学位论文重复率的界限是25%，硕士学位论文重复率的界限是10%，博士学位论文重复率的界限是8%，也就是说，若论文的

---

① 欧阳健. 《中国小说史略》论断平议［J］. 内江师范学院学报，2007（5）：10-15.
② 梁荻. 公文的语言风格［J］. 云南社会科学，2001（S1）：289-292.

重复率超过学校规定的界限，就要对论文进行修改，从而降低论文的重复率。

目前，论文重复率的检测通常使用各种软件执行，如万方检测、知网检测、paperpass、paperyy、ChatGPT等数十种相似论文查重与降重平台（截至2023年，累计注册成立近200家）。这种检测与降重往往比较呆板固定，并没有产生新的研究内容，只是对语言表达进行了修改。这种论文降重也被称为"洗稿降重"，往往被认为是对传统学术秩序的一种挑战和破坏，一定程度上构成学术不端。

所以教育部发布的《关于进一步严格规范学位与研究生教育质量管理的若干意见》（2020年）第14条明确指出："论文重复率检测等仅作为检查学术不端行为的辅助手段，不得以重复率检测结果代替导师、学位论文答辩委员会、学位评定分委员会对学术水平和学术规范性的把关。"[①]这意味着论文修改和论文降重（检测）是论文初稿完成后进行的两个性质不同的程序。论文降重对提升论文质量并没有实际性帮助，反而存在学术不端的嫌疑。而论文修改是为了提高论文的结构、层次、内容和形式上的质量。

第二节　毕业论文修改的内容

毕业论文修改的内容主要围绕第八章论文各部分写作要求（标准）展开，主要包括思想内容和形式表现两个方面。思想内容方面的修改主要是对主题、观点、材料进一步斟酌、变动、增删。形式方面的修改是指结构的调整、语言的润饰和表达方式的修改。

---

① 中华人民共和国教育部. 关于进一步严格规范学位与研究生教育质量管理的若干意见, 学位〔2020〕19号〔A/OL〕. （2020-09-28）http://www.moe.gov.cn/srcsite/A22/moe_826/202009/t20200928_492182.html.

一、主题的改动

（一）基本概念界定与改动

在修改毕业论文前，必须先审查主题的提炼是否正确，是否达到了应有的思想高度，即学理基础是否牢固。思想高度是指对基本概念的界定，即对基础理论的理解、掌握与应用，对专门知识的了解、应用，以及对基本技能的掌握，它构成了论文的理论基础和研究工具的核心——运用什么理论来调查、分析和解决体育领域中的某个问题。基本概念界定也即论文题目中的中心词。例如，体育专业本科毕业论文《初中体育教学中惩戒的调查研究》中的基本概念是"惩戒""教育惩戒""体育教学中的惩戒"，重点在于对"体育教学中的惩戒"的内涵和外延的界定，包括体育教学中的惩戒的内容、方式以及作用等。整篇论文的展开都是围绕"体育教学中的惩戒"进行调查、资料整理、资料分析、撰写论文的。

体育专业本科生在毕业论文中容易忽视基本概念（理论基础）：有些本科生在毕业论文中根本没有界定、引用或提出基本概念（理论基础）；有些本科生只是简单给出了概念的基本定义，却没有对概念的外延进行详细阐述；还有一些本科生在论文中提出的基本概念（理论基础）多且杂乱。通常情况下，这些基本概念属于本专业中经典且权威的概念（理论基础）。基本概念（理论基础）一般位于毕业论文的引言（绪论）部分，在提出问题后，论述引用（运用）了哪位权威专家、哪本权威教材对该概念（理论基础）的界定。正如我们在第一章所论述的那样，这些基本概念（理论基础）并不一定是体育学科领域的经验结晶，也可以是其他学科如工程学、经济学、旅游学、新闻传播学、历史学、哲学等领域的基本概念（理论基础）。但是运用这些学科的基本概念（理论基础）所要调查、分析和解决的问题必须是本体育专业领域的问题（课题）。

基本概念（理论工具）的修改往往是整个修改的基础，需要首先进行检查与修改。基本概念（理论工具）应该是经典、权威、成熟且得到学科内广泛认可的。同时，基本概念（理论工具）需要区分类似或同义词的基本概念，并进行相应的说明。

（二）主要结论的得出与改动

运用某一基本概念（理论基础）来调查、分析、解决本体育专业领域的问题（课题），就会得到相应的结论（认识）。对于本科毕业论文中的主要结论，有的本科生的结论与所调查、分析的主题要求的实事求是的结论存在偏差；有的本科生得出了错误的结论；有的本科生言之过甚；有的本科生言之不足；甚至有的本科生是凭空臆造结论。刚开始写毕业论文的本科生可能难以区分调查、分析和总结所得到的结论与以往学者得出的结论之间的区别，以至于有些本科生为得出的结论冠冕堂皇地加上标注表示引用某篇文章的观点内容。

在修改过程中，相较于基本概念（理论工具），结论方面的修改时间较晚。结论修改要用较为精炼的话语，一般与论文中的二级标题相对应。

二、观点的改动

观点是论文提出问题的分析、解决内容的描述，在论文中属于落脚点、旨归点，体现作者对所提出问题的认识、看法和解决办法。观点和结论有所不同，结论具有客观事实属性，而观点则具有主观应用属性。例如，调查结果和实验数据可以作为结论，而对调查结果和实验数据发表的评论性看法则是观点。因此，一般情况下，论文观点属于毕业论文的建议部分。在综述文章中，观点显然是"评述"部分。

（一）建议的改动

体育专业本科毕业论文的建议是指学生根据调查、观察、访谈，或对某一体育领域的某一问题进行分析后得出的结果（结论），提出自己的看法、解决办法以供参考。体育专业本科毕业论文的建议部分往往存在以下3个方面的不足：第一是"多"，即所提建议不是基于调查研究结果，而是凭空想象而来的观点，缺乏事实依据（证据），属于主观臆断，说"多"了，说"过"了。第二是"少"，即应根据调查结果提出相应的建议，但是学生遗漏了一些可以提出的建议。当然，有些体育专业本科毕业论文可以不提任何建议。第三是"误"，即提出的建议与结果对应的恰当性要求不符。

（二）评述的改动

综述性论文中的"综"相当于调查、实验、访谈类论文中的"结果"，而"述"则相当于对"结果"的"分析"和"建议"。因此，综述性论文的评述一方面要避免"述"的观点与"综"的观点混淆，即要分清引用的观点与学生本人的评述观点，要加以注释，说明文献来源；另一方面，评述时注意不要一棍子打死，认为自己的分析、观点最准确，不尊重前辈研究的成果。要知道，任何研究应该是在前人研究基础上的再进一步。前人的研究受到当时诸多条件的限制，不可能完美无缺。就像后辈看待我们的研究一样，我们一定也有不足之处。同时，也不要过度崇拜某位前辈学者，而应合理吸收、传承其研究方法、研究精神和研究视角等优秀学术资源。

三、材料的改动

材料是文章的"血肉"，是证明观点的论据，也是论点成立的依托。

修改材料主要是指对毕业论文引用的材料进行增加、删减或调换。修改材料还指对自己调研、调查、实验等的第一手材料进行增加、删减或调换。

（一）材料改动的步骤

材料改动一般分为两步进行。

第一步，查核校正，即先不考虑观点、结构、语言，只核查材料本身是否真实、可信、准确，包括对初稿中的定律、论断、数据、典型材料、引文出处等进行核对，发现疑点和前后矛盾之处，一定要核查清楚。如果引用了经典作家的话，如有条件，最好核对原文，将一切事物、事实和存在偏差的材料进行修改，保证论文建立在坚实可靠的基础上。

第二步，根据中心论点和各分论点的要求，对材料进行增加、删减或调换。对于不足以说明论点或数量过少的材料，需要增加具有代表性和典型性的新材料，以使论据更加充实，使论证变得更充分有力。对于杂乱、重复或与观点不一致的材料，需要进行删减，突出观点。不能以材料数量来取胜，应追求适度。对于陈旧、平淡或一般化的材料，也需要进行调整，替换为更合适的材料。

（二）材料改动的内容

1.引用材料的改动

就引用材料进行增加、删减来说，增加材料主要针对文章中观点空洞、不具体、缺乏说服力的情况。删减材料方面，有人认为引用的材料越多，内容就越充实，不忍删除苦心得来的材料。其实，毕业论文中引用的材料过多会淹没观点，冲淡主题。因此，对于无关或不必要的材料，必须毫不犹豫地予以删除。例如，对于同类型的材料，使用一两个作者的材料即可。

调换材料是指在修改论文时发现引用的材料存在以下问题之一时，需要进行调换：第一，材料不真实，失去了论证的力量，甚至可能使人对论证的正确性产生怀疑；第二，材料不具有典型性，不能确切地证明论点；第三，作者对材料的理解存在错误，强行引用。

毕业论文中引用的材料称为论据，它是论点成立的依据，是论文的重要组成部分。因此，引用的材料需要符合以下要求：一是必要，即引用的材料必须能够说明观点；二是准确，即准确引用，不能歪曲原意；三是合适，即材料引用要恰当，既不多也不少，确保适度。

2. 现实第一手调查材料的改动

现实第一手调查材料的增加是指通过问卷、观察、访谈或实验所得调查（实验）对象的材料数量少或过于简单，需要通过增加问卷数量、扩大观察范围、增加访谈人数等，来增加材料。例如，马社香的专著《韶山档案》在《今古传奇》和南方诸省大报连载的基础上，作者又七次深入韶山，以新的调查材料为依据进行增补修改而成的。再如，某本科毕业论文《小学生校外体适能培训中断原因现象以及对策探讨》初稿中发现对家长的访谈材料过少，而家长包括父亲、母亲、爷爷、奶奶等，不同家长对孩子培训中断的原因有不同的看法，需要进一步访谈更多的家长来补充材料。

现实第一手调查材料的删减是指对无关紧要、带有经验性的材料进行删减。例如，某论文运用的是定性内容分析法，对调查的经验材料不断进行删减。再如，论文《关于东莞方言的调查和建档工作》在传统方言调查中通常会对材料进行筛选，删减暂时不需要的材料。[①]

现实第一手调查材料的调换是指论文中调查所得的资料无法客观反映真实情况，或者调查对象由于隐私不愿意透露信息，或者由于信息保密，需要通过一定的方法进行材料调换。

---

① 姚琼姿，庄初升. 关于东莞方言的调查和建档工作［J］. 文化遗产，2016（2）：126-132，158.

但是，必须明确的是，我们不能使用经过擅自修改、挑选、删减或增加的原始调查记录、实验数据等，这属于学术不端行为。

四、结构的改动

结构主要指毕业论文的逻辑结构，是毕业论文表现形式的重要因素，是毕业论文内容的组织安排。结构的好坏直接影响毕业论文内容的表达效果。结构的调整和校正影响全文的布局和安排。调整结构要求理顺思路，检查毕业论文的中心思想是否突出，层次是否清晰，段落划分是否合适，开头、结尾和过渡是否相互照应，以及全文是否构成一个完整、严密的整体。调整的原则和要求是要有利于突出中心论点。

修改结构应注重以下3个方面：第一，层次是否清晰，思路是否通畅。一般可以先从大标题与小标题之间的关系来观察文章的思路和层次。如果毕业论文没有小标题，则需要通过内容进行判断。第二，结构是否完整。毕业论文要有一个完整的结构。一篇毕业论文应该包括绪论、正文和结论3个部分（不同院校和专业的要求可能有所不同），既要有引人入胜的开头、充分的材料、深入的分析和论证，以及鲜明正确的观点和深刻有力的结尾；同时，还要审视各部分的主次详略是否得当。第三，结构是否严密。毕业论文的论点与论据、大论点与小论点之间必须有严密的逻辑。如果毕业论文结构松散，要加以紧缩，删除多余的材料以及与主题不相关的句子和段落。为了使结构严谨和谐，对全文各部分的过渡和照应、结构的衔接、语气的连贯等方面也要认真考虑和修改。结构的修改主要体现在整篇论文的目录上，特别是核心部分的提纲的各级层次。

五、语言的改动

语言（文字）是一切事实和思想的外衣。语言的改动一般在确定不需要对内容进行修改后进行。对于毕业论文而言，不要求妙语连珠，但需要确保语言通顺，不啰唆。

（一）语言修改的内容

语言修改的内容主要包括以下3个方面。

第一，改正用词不当，包括生造词语、词类误用、不辨词义、用词不合逻辑和乱加形容词等，应确保用词准确，使文字通顺，句子明晰。

第二，改正句法错误，包括改正结构残缺、混乱的句子，以正确表达原意。

第三，尽量删减不必要的字、词、句子和段落，尽可能以最少的文字表达丰富的思想，使文章言简意赅。

（二）语言修改的方法

首先，通过电脑反复阅读，理顺句子，调整词语，改正错别字。在几乎无法发现新问题之后，可以进行下一步操作。

其次，将文章打印出来，阅读纸质论文。当然，这可能是作者个人的习惯，因为过去都是在纸本上进行修改。一些在电脑上难以察觉的问题，阅读纸质论文时往往能够发现。自从平板电脑出现后，在平板上修改的感觉和过去在纸本上修改的感觉是一样的，因此现在这一步也能通过平板完成。

最后，大声朗读，一定要读出声。有些错别字和文句不通的问题，仅仅通过阅读可能无法察觉，但是一旦朗读出来，就比较容易发现。

第三节 毕业设计修改的内容

对于体育专业毕业设计的修改，因为其作品基本已经完成定型，往往修改主要集中在作品的报告、说明书等方面，也就是说，毕业设计的修改主要分为两类：一类是对毕业作品本身的修改；另一类是对毕业设计作品说明、阐述的文字性的修改。

由于毕业设计作品本身难以修改，如体育舞蹈专业的作品是一次性的毕业汇报表演，因此，在毕业设计说明的文字阐述中，一个重要且主要的内容是对作品本身不足之处的阐述。对于专家评委提出的关于作品本身不足之处的意见，只能在阐述性文字中进行修改。这种修改对毕业生今后职业生涯至关重要。

毕业设计阐述性文字（报告、说明书、设计等）的修改与前文提到的毕业论文的修改在主题、材料、观点、语言、结构等方面有相同的要求。但是，需要引起重视的一点是不能对自己的作品进行夸大甚至虚假阐述，必须实事求是，特别是要重视对作品本身不足之处的阐述。

第四节 毕业论文修改的方法

在完成毕业论文初稿后，需要对初稿进行反复推敲和修改，有时需要修改十几遍才能得到终稿。修改完的定稿和初稿相比，可能会有较大的差异。毕业论文修改的正确方法大致包括以下几个方面。

一、纵观全文，着眼全篇

修改毕业论文要从整体考虑论文各部分的内容及其表达方式。修改的标准为是否有助于更准确、更有效地呈现毕业论文的中心论点（提出问题、分析问题、解决问题）。因此，在修改过程中要反复研究和深入探讨每个具体论点、论据和论证。要多次询问"为什么"，思考所写内容是否合理。同时，还要设身处地站在读者的角度上，多加辩驳，务求不留疑点，确信自己的观点能够令人信服，并具有一定的理论深度。

二、读文推敲，顺畅自然

毕业论文是将心中所想用文字表达出来。汉语的字词都有其音韵和声调，好的语言总是音节和谐，朗朗上口。采用朗读推敲的方法，常常能发现论文的不足之处。正如鲁迅先生所说："自己觉得拗口的，就增删几字，一定让它读得顺口。"[①]许多人喜欢通过朗读来审查毕业论文内容，从而发现问题，将毕业论文修改得更完美。

三、搁置琢磨，冷静处理

毕业论文初稿写成后，暂时搁置几天。等思绪平静下来、思想跳出初稿框架的限制后，再仔细琢磨修改。因为搁置一段时间能使学生从原来的思路和感情中解脱出来。冷静后再仔细琢磨原稿，更容易发现其中的缺陷和不足。多一份客观，多一份冷静，往往能够修改出好的文章。正如鲁迅先生所主张的："等到陈后，搁它几天，然后再来复看。"[②]

---

① 朱晓进. 鲁迅的文体意识及其文体选择［J］. 文艺研究，1996（6）：35-41.
② 刘益之. 六法论与中国绘画［J］. 艺术探索，1989（2）：55-116.

四、广求意见，相互切磋

毕业论文写完后，要虚心听取他人的意见，与教师、同学相互切磋也是修改论文的好方法。因为毕业论文是个人研究成果、思想见解、学识水平、信息能力和逻辑表达、文字功底的体现。因此，独自修改毕业论文时，对于自己认为有问题的地方，往往难以准确认知。对于一些新鲜词句和章节，我们总是不忍心删除。虚心征求各方意见，接受批评建议，与他人互相切磋，展开深入的讨论，并借鉴不同人的智慧，吸取有价值的意见，从而克服上述问题，将毕业论文修改得更好。历史学家王笛指出："做学术研究的人可能都有体会，做一个课题，经常是几年甚至十几年乃至数十年的过程，由于对这个课题太熟悉，往往对内容的敏感性降低，不容易看出文章中的问题来。"①请同学、老师、朋友审阅，是一个发现问题的好方法。

本 章 小 结

本科毕业论文修改是指本科毕业生根据论文评审标准（意见）对论文进行改动完善的过程，是本科毕业论文进程中的重要环节。按照修改的主体，本科毕业论文修改可以分为本科生自主修改、指导老师修改和师生共同修改。修改是论文写作中贯穿始终的重要环节，是提高写作能力的重要途径，认识过程的艰巨性决定了修改的必然性。毕业论文修改的内容概括地说主要包括论文的思想内容和形式表现两个方面，其中思想内容包括主题、观点、材料，形式则包括结构和语言。修改的方法主要有"纵观全文，着眼全篇""读文推敲，顺畅自然""搁置琢磨，冷静处理""广求

---

① 王笛. 文字表达与学术写作［J］. 抗日战争研究，2020（2）：36–43.

意见，相互切磋"。

章节练习

一、思考与探索

1.体育专业毕业论文修改的重要性与必要性是什么？

2.体育专业毕业论文修改的程序是什么？

3.体育专业毕业论文与毕业设计修改有何区别与联系？

二、讨论与作业

讨论论文修改与论文降重之间的联系和区别。

第十章　体育专业本科毕业论文（设计）的答辩与评审

本章导读

本章论述了答辩的作用、程序，毕业论文（设计）评审的内容、种类、步骤；介绍了不同级别优秀本科毕业论文的要求，以及本科毕业论文抽检。

学习目标

1.了解体育专业本科毕业论文（设计）答辩的程序、要求和注意事项。

2.了解体育专业本科毕业论文（设计）评审的依据。

3.了解体育科学研究论文评审内容和评价方法。

4.明确毕业论文（设计）答辩的程序和注意事项。

第一节　毕业论文（设计）的答辩

毕业论文（设计）答辩是考查学生知识与能力综合水平的主要环节，反映了学生的语言表达和交流沟通能力。同时，它也是学生全面回顾总结学习成绩的机会，是培养学生创新能力的重要手段和途径，更是学生进一步将所学知识应用于实践的新起点。答辩主体涉及毕业生、指导老师、学术指导委员会。他们就毕业论文（设计）进行报告、沟通和辩论。这个过程展示了毕业生在指导老师的指导下所做的调研、资料整理与分析、研究的目的意义与价值等文献材料。

一、答辩的一般程序

毕业论文（设计）答辩是以专业或学科成立的答辩委员会对学生毕业论文（设计）的集体审查。答辩委员会由3~7人组成，如果是本科毕业论文答辩，也可以设置若干个答辩小组。有些高校还要求校外行业和企业的部分专家作为答辩组成员，参与本科毕业论文答辩工作。毕业论文（设计）答辩的一般程序如下。

（1）答辩委员会主席介绍答辩委员，并宣布注意事项。

（2）学生自述，做论文报告。

（3）答辩委员会提出问题。

（4）学生回答问题。

（5）答辩委员会主席或小组长做小结。

二、答辩前的准备

毕业论文（设计）答辩主要面向该领域的专家。他们将通过听取学生对研究工作的报告，对学生的研究能力和学术水平进行评价。因此，学生要熟悉自己所写毕业论文的全文内容，特别是要更加熟悉毕业论文主体部分和结论部分的内容，明确毕业论文的基本观点和主要论点的基本依据，以及毕业论文中所使用的主要概念的确切含义。对毕业论文中所运用的基本原理和主要内容，学生还需要进一步推敲。

当前，答辩委员会集体评审的标准体现在教育部最新颁布的本科毕业论文抽检办法中的"选题意义、写作安排、逻辑结构、专业水平与学术规范"等方面。学生在答辩前的准备工作具体包括以下几个方面。

（一）撰写报告提纲和答辩稿

一篇优秀的广播稿并不一定适合在报刊上发表，同样，一篇优秀的毕业论文，即使逐字逐句地读出来也无法达到理想的效果。照本宣科会难以传达毕业论文的要点。因此，学生在报告前需要根据毕业论文整理出一个报告提纲，并按照逻辑顺序列出为何要进行该课题的研究（选题意义）、研究是怎样进行的（写作安排、逻辑结构、学术规范），以及通过研究获得的结果（专业水平）。然后，根据以上3点，从论文中提取相关内容，撰写一篇答辩稿。

（二）制作PPT等演示文件

对于毕业论文（设计）答辩，在需要展示插图或表格时，应采取措施加以放大，以确保每个人都能清晰地看到，通常使用PPT等工具来辅助答辩（一般不做明文规定）。答辩时使用的图表宜少不宜多，宜精不宜粗，要选择可视性强、能充分表达报告意图的图表，表格项目也要尽量简化，以突出多媒体的视听效果，强化论文报告的时效性，给听众留下深刻印象。生动形象的多媒体演示可以充分展示答辩者的创造性和研究成果。

（三）模拟答辩

为了确保毕业论文答辩能产生较好的效果，掌握答辩时间，在完成讲稿和相关图表准备后，指导老师通常要求学生进行模拟答辩。模拟答辩，一方面可以进一步熟悉答辩内容，检查毕业论文是否流畅易懂，避免使用会引起误解的词句，确定哪些地方需要适当重复或提高语调以吸引听众的注意并加深其记忆；另一方面，可以掌握报告的节奏，避免节奏过快或过慢影响答辩效果，力求逐步实现脱稿。

（四）制作卡片

在答辩前，可以将毕业论文涉及的基本概念、原理，相关学科的理论，以及论文中的一些细节（如公式），写在卡片上，以便回答提问时能够参考。

三、答辩的基本要求及注意事项

第一，仪表仪态。毕业论文答辩是一个比较严肃的场合，当答辩者走上讲台时，首先应给答辩委员会和与会者留下良好的印象。答辩者应穿着整齐、庄重，精神饱满，举止大方，充满信心，以使答辩委员会从言行举止就能够判断报告者的品德修养。切忌不修边幅，无精打采。

第二，语言表达。毕业论文答辩时语言要精练，口齿要清晰，抑扬顿挫，声音大小和速度要与听众人数相适应。在阐述毕业论文的中心要点时，如有必要，可以重复强调或加重语气。这些技巧对于提高答辩质量非常有帮助。在开始讲述每一个问题时，要快速地引出要点，并运用恰当的表情语言和身体语言吸引听众，激发他们的兴趣。但过分夸张或过于拘谨只会给人以信心不足的印象。在答辩过程中，除了查看数字板书、解析图表等必须转身或低头外，应始终面向听众，注意观察他们的反应，了解哪些内容已阐述清楚，哪些还需进一步解释。

第三，时间掌握。在有限的答辩时间内讲完要表达的内容，并使观众理解，是答辩成功的关键。掌握好时间，首先要制订答辩计划。先简要介绍研究的目的和过程，然后阐述要点，围绕要点提出论据，最后在答辩接近尾声时总结主要论点，并引出结论。要注意各个部分的时间分配，根据剩余时间调整语速和叙述的详略，并结合使用板书、幻灯片、投影和多媒体等工具。

有些偏向于设计的体育专业本科毕业论文（设计）答辩需要进行现场表演或展示，考查、评审学生体育教育教学、运动训练竞赛等专业技能，如体育专业中的舞蹈专业的毕业答辩。这类专业的毕业设计从分组、选题到创编实践、节目审查、彩排联排，往往需要半年左右的时间来准备，最后集中表演。在指导老师的指导下，学生根据选定的题目进行创作。高质量的作品往往需要从音乐的选取，动作和队形的编排，服装、灯光、舞美的选择，LED背景的制作等多个环节和细节入手，经过师生齐心协力、长期排练才能完成。

除了体育舞蹈专业类的毕业生有形体、节目的要求外，某些体育专业本科生也需要展示自己的作品。例如，某高校的体育新闻传播专业的学生可以以毕业作品设计的方式代替传统的毕业论文。作品的形式可以是一份报纸、杂志、海报、DV短片等，要求作品设计的选题要体现适用性、针对性、操作性和创新性，作品也必须具有一定的质和量，要有良好的视觉效果和传播效果。

四、答辩的要求及注意事项

仔细审查论文基本观点的论证是否充分，同时还要反复推敲文章中是否存在自相矛盾、谬误或模糊不清的地方等。要掌握与自己论文相关的知识和材料，例如，所研究的课题在学术界的研究进展、存在的争议、代表性观点和著作及自己倾向的观点和倾向的理由、重要引文的出处和版本、论证材料的来源等。要明确哪些观点是继承、借鉴了他人的研究成果，哪些是自己的创新观点，并且说明新观点和新见解是如何形成的。答辩关注的重点在于研究课题的学术脉络是否厘清、研究工作是否达到学术水准、是否有新的学术贡献或推动（即创新之处）。

对于本科毕业论文来说，创新之处体现在第一次本科毕业生将所学的本科专业的基础理论、专门知识和基本技能真正地应用于实际问题的解决上，即专业能力首次体现及将其应用于体育教育教学、运动训练竞赛、体育经营管理等领域。

第二节　毕业论文（设计）的评审

一、评审的概念及作用

毕业论文（设计）评审是指评审专家对学生毕业论文的鉴定，是对学生的实际学术水平是否符合学位授予要求所进行的综合、全面、系统的审核与评定。评审的原则或前提是评审办法、指标体系和权重、评审结果是公开而透明的，评审专家能够客观公平地进行评价。毕业论文（设计）评审的作用主要体现在对毕业论文（设计）质量的保障、监督和鼓励，具体作用体现在以下3个层面：第一，学生及其指导老师可以得到来自不同角度的意见和建议，从而开阔视野、拓宽思路，不断丰富和完善论文内容；第二，作为学位管理部门，通过评审意见的反馈，可以了解毕业论文（设计）的实际水平，并对其质量进行监督，同时作为审批答辩的依据；第三，通过对不同学科的评审意见进行收集、分析和整合，可以找到影响毕

业论文（设计）质量的主要因素，从而为提高毕业论文（设计）水平提供
决策支持。

二、评审的种类

根据评审的不同属性，评审有多种分类。

按照论文形成的时间，可分为答辩前的评审、答辩现场评审和答辩后
的评审。答辩前的评审指学生本人和指导老师对毕业论文（设计）初稿或
定稿的评审，此外，还可以向同行专家做请教式的评审。这个阶段的评审
可以使毕业论文（设计）有非常大的改进。这个阶段的评审越认真扎实，
对毕业论文（设计）质量的提高越有帮助。一般情况下是指导老师建议和
推荐学生向哪些评审专家请教。答辩现场评审是由答辩委员会按照一定的
程序和评审标准进行评审。答辩后的评审是指教育部规定的本科毕业论文
抽检的评审。根据规定，在所有通过答辩的论文中，将随机抽取2%进行额
外的评审。

按照评审人身份信息是否公开，评审可以分为匿名评审和公开评审。
匿名评审也称为盲审，有单盲和双盲评审两种形式。单盲是指评审专家不
知道毕业论文作者及其指导老师身份信息。双盲是指作者和评审人互相不
知道彼此的信息。匿名评审主要是为了避免在评审过程中由于人情、关系
导致评审的不公平。本科毕业论文也会在正式答辩之前进行匿名评审，只
有通过匿名评审的毕业论文才有资格参加正式答辩。一般情况下，论文作
者和导师的相关身份信息会被隐藏，然后交给三位评审专家进行评审。如
果三位评审专家都认为该论文达到本科毕业论文水平，则同意参加答辩。
如果有一位评审专家不同意，则需要重新修改论文。一般情况下，本科毕
业论文在答辩之前的匿名评审中，会收到较多的意见，以便根据意见进行
修改。目前，许多高校都使用格子达系统来完成毕业论文的选题、批改、
盲审等流程。本科毕业论文的盲审对论文质量的把关具有十分重要的作

用。一般来说，盲审会在正式答辩前一个月左右进行。

按照评审发生的地点，评审分为校内评审和校外评审。校内评审是指评审专家都是来自本校的专家老师。校外评审是指评审专家来自校外。本科毕业论文一般属于校内评审。但是，如果毕业后论文被教育部抽检到，那么评审将由校外的评审专家进行。这就是说，同一篇本科毕业论文可能既会有校内评审，也会有校外评审。硕士和博士学位论文规定必须要有来自校外甚至国外的评审专家参加评审。

按照评审的内容，评审分为毕业论文评审和毕业设计评审。大部分体育专业本科生采用毕业论文的形式评审。由于论文的理论性要求较高，对本科生来说，尤其是应用性专业本科生来说，有一定难度。一些学生在完成毕业论文的过程中往往存在抄袭等学术不端行为，这甚至引发了关于本科生毕业是否应该写论文的争论。因此，应用性较强的专业，尤其是工科类本科专业一般采用毕业设计的形式。对于毕业设计的评审，有些高校只对毕业设计的作品进行评审，例如对体育舞蹈专业的节目展示等舞蹈表演展示进行评审。有些高校则要求除毕业设计作品外，还需要提供配套的毕业作品的分析（解释）说明。

三、毕业论文评审的过程

毕业论文评审的过程通常包括4个步骤。

第一步是建立评审标准。建立评审标准是毕业论文评审的准备工作，也是至关重要的一环，通常由学位管理部门完成。评审标准的建立旨在确保基础评审专家都围绕评审标准进行评审。毕业论文的评审标准一般要体现客观性、科学性、简洁性和灵活性等特点。这些标准要围绕论文的选题、研究方法、逻辑结构、专业水平和写作规范等方面，并设置一定的权重，以便评定等级。表10-1和表10-2是某高校体育专业本科毕业论文评审标准，包括选题、开题报告、文献查阅、创新能力、论证能力、学习态度、文本质量和论文质量等内容。

表10-1　××学院毕业论文成绩评定表（一）

毕业论文题目				
姓名			学号	
专业			班级	
初次论文查重相似率（%）		最终论文查重相似率（%）		
指导教师评价意见				
评价指标	评价标准			评价等级
选题	选题思想明确，选题新颖，具有理论意义或实用价值			
开题报告	按期完成报告撰写，开题设计思路清晰，内容翔实			
文献查阅	熟练运用文献查阅方法，阅读广泛，掌握国内外动态			
创新能力	理论上有新的见解或技术上有一定的创新			
学习态度	态度认真，作风严谨，按时完成任务			
文本质量	条理清晰，文笔流畅，表述准确，中英文摘要、关键词准确，图表格式规范，参考文献引用方式正确；文稿按规范打印并装订			
论证能力	能综合运用所学专业知识和相关学科知识分析问题，主题突出、概念准确，论证严密；有一定理论深度，理论分析与计算正确，相关文献资料、数据引用准确			
论文质量	研究方法科学、整体思路清晰、结构合理、层次分明、语言表达流畅、结论明确			
指导教师对论文综合评价				
指导教师评语：				

指导教师签名：

年　月　日

表10-2　××学院毕业论文成绩评定表（二）

姓名		学号	
专业		班级	
答辩时间		地点	
答辩会记录摘要： 主要修改意见： 			
答辩小组评语： 建议成绩： 答辩小组成员： 　　　　　　　　　　　　　　　　　　组长签名： 　　　　　　　　　　　　　　　　　　　　　　年　月　日			
学院答辩委员会意见： 			
评定成绩		学院负责人签名： 　　　　　　　　　　　　　　　　年　月　日	

　　第二步是选聘评审专家。评审专家是毕业论文评审的主体之一，他们的评价和意见对毕业论文具有指导性作用，同时也决定了该毕业论文的作者是否达到论文答辩的水平。因此，聘请合适的专家才能达到对毕业论文的正确评价。本科毕业论文评审专家一般都来自校内且是同一专业内的3～5位专家老师。

　　第三步是专家评审。专家评审可以是答辩前的评审，也可以是答辩现场的评审，还可以是答辩后的评审。答辩前的评审主要是提供给学生提升毕业论文质量的建设性意见。答辩现场评审主要是评定毕业论文是否达到要求，一般也会提出一定的修改建议以完善、补充和提升论文质量。答辩后的评审属于抽检，评定论文是否是"问题论文"。

第四步是评审处理。评审处理是评审专家对毕业论文在选题、研究方法、专业水平、逻辑结构、写作规范等方面给出评价，并将评价反馈给论文作者、指导老师和学位管理部门。评审处理意见一般是修改、修改通过和不通过。通过是指答辩现场或抽检中评审专家评定该毕业论文达到了学士学位论文要求，表明学生掌握了本门学科或专业领域的基础理论、专门知识和基本技能，具备初步从事科学研究工作或承担专业工作的能力。

四、毕业设计的评审

毕业设计的评审包括两个方面：一个是对毕业设计的作品的评审；另一个是对毕业设计阐述性文字的评审。后者等同于前文所述的毕业论文评审。

舞蹈表演类毕业设计作品展示的评审应涵盖主题立意、形象塑造、结构框架、音乐选择、造型设计、创编技巧、作品创新点等方面。[①] 在毕业设计阐述性文字的评价体系中，应关注阐述性文字与作品研究方向的一致性，作品的完整性以及阐述性文字的规范性、严谨性和创新性等方面。此外，在价值标准上有以下要点：首先，作品的主题立意应清晰明确，具有一定的文化内涵与底蕴。学生应选择扎根人民群众、反映时代精神、展现民族传统优秀文化的题材进行创作。其次，作品应具备形象风格准确、结构完整流畅、动作语汇个性化的特性。最后，作品应体现学生扎实的专业技术能力，充分展现学生支配肢体语言的能力。

五、优秀毕业论文

优秀本科毕业论文是指选题科学，能反映本专业基础理论知识和技

---

① 姜丽娜. 导师制视角下舞蹈表演专业本科生毕业设计质量实践探索——以红色主题原创舞蹈作品《影》为例［J］. 艺海，2022（8）：66-68.

能，具备一定学术水平、独特见解和实际应用能力的本科毕业论文。优秀毕业论文旨在加强高层次创造性人才的培养工作，鼓励创新精神，提高学位教育质量。根据级别的不同，优秀本科毕业论文可分为校级、省级和国家级优秀本科毕业论文。校级优秀本科毕业论文是高校在每一届毕业论文中按照一定比例（一般为3%），由学生申请（表10-3），指导老师推荐，学校依照评价标准审核、择优确定的毕业论文。一般会颁发优秀毕业论文证书和奖金，有些高校还会将优秀本科毕业论文收录到学校图书馆或结集出版，作为范例以供后来者参考学习。例如，某高校医学专业优秀本科毕业论文评价标准如下：选题（占评价总分数的10%）来自科学研究、工程实践、医疗卫生实践、社会实践等第一线，具有较大的理论意义和现实意义，难度较大。调研论证（占评价总分数的10%）方面，能独立查阅文献以及进行其他形式的调研，能较好地理解课题任务并提出技术路线、合理的实施方案，具备分析整理各类信息并从中获取新知识的能力。方法、内容和结果（占评价总分数的70%）方面，方法新颖、独创、合理、科学；分析、论证设计正确，实验方案合理；对所述问题有独到见解，角度新颖；对专业技术问题和社会发展问题有重大改进和政策建议；具备较大的实用价值。论文撰写质量（占评价总分数的10%）方面，结构严谨、语言通顺、用语规范；设计图纸规范、无错误；译文必须与课题紧密相关，准确流畅。

表10-3　本科生优秀毕业论文（设计）申请表

论文题目			
院（系）		专业	
姓名		学号	
申请理由			
指导教师推荐意见		签字　　　　年　月　日	

续表

院（系）意见 （排名）	
	签字　　　　年　月　日（盖章）
教务处 审核意见	
	签字　　　　年　月　日（盖章）

省级优秀本科毕业论文是指在全省范围内评定的优秀本科毕业论文。省级优秀本科毕业论文的评定一般由不同专业教育指导委员会或联盟组织（对省学位委员会办公室负责）组织。例如，2022年湖北本科毕业论文（设计）评审联盟组织（多校互评、评审评选系统）经各校择优推荐、文字复制比检测，依托联合评审评选平台，由7所省内本科高校同行312名专家对申报的674篇优秀学位论文实行全外校小同行专家匿名评审评选，按照公开、公平、公正的原则，兼顾评分的专业排名和大类排名，最终评选出482篇优秀本科毕业论文。省级优秀本科毕业论文参评标准主要围绕选题、方法、专业水平和写作能力等。例如，山东省优秀本科毕业论文的评选标准如下：选题具有一定的理论意义或现实意义；在理论或方法上有创新；论文体现作者具有从事科学研究工作或担负专门技术工作的初步能力；材料翔实，文字表达准确。

国家级优秀本科毕业论文是指在全国范围内评定的优秀本科毕业论文。国家级优秀本科毕业论文的评定一般由教育部不同专业教育指导委员会或联盟组织。例如，2021年，教育部高等学校力学类专业教学指导委员会组织了第二届"全国高等学校力学类专业优秀本科毕业设计（论文）评审"；教育部高等学校护理学专业教学指导委员会在上海交通大学举办了第二届全国护理本科优秀毕业论文线上论坛。

六、毕业论文抽检

本科毕业论文抽检是为了落实本科毕业论文要求，加强本科人才培养质量监督。教育部规定每年从上一学年度授予学士学位学生的论文中抽取论文进行检查，抽取数量不低于2%，来考查本科生的基本学术规范和学术素养。本科毕业论文抽检重点包括对选题意义、写作安排、逻辑构建、专业能力以及学术规范等进行"合格性"考查。[①]确定抽检名单的方式是随机抽取，由省级教育行政部门统筹组织和监督，有关高校配合落实，抽检论文要覆盖本地区所有本科层次普通高校及其全部本科专业。利用抽检信息平台对抽检论文进行学术不端行为检测，检测结果供专家评审参考。采取随机匹配方式组织同行专家对抽检论文进行评议并提出评议意见。抽检分为初检和复检两个阶段。初检阶段每篇论文送给3位同行专家评议，3位专家中有2位以上（含2位）专家评议意见为"不合格"的毕业论文，将认定为"存在问题毕业论文"。3位专家中有1位专家评议意见为"不合格"，将该毕业论文再送给2位同行专家进行复评。复评阶段，2位复评专家中有1位以上（含1位）专家评议意见为"不合格"，将认定该毕业论文为"存在问题毕业论文"。连续2年问题突出的高校和连续3年问题突出的本科专业，视问题情形采取质量约谈、责令限期整改、减少招生计划、停止招生和撤销学位授权点等措施。对涉嫌存在抄袭、剽窃、伪造、篡改、买卖、代写等学术不端行为的毕业论文，高校应按照相关程序进行调查核实。抽检结果将作为本科教育教学评估、一流本科专业建设、本科专业认证以及专业建设经费投入等教育资源配置的重要参考依据。

不同省份有不同的抽检标准。某省抽检论文的评议标准见表10-4。

---

① 胡宝华.高校本科毕业设计"内卷化"：表现形式、成因与矫治策略［J］.四川轻化工大学学报（社会科学版），2022，37（1）：84-100.

表10-4　某省本科毕业论文（设计）抽检一般性评议要素（试行）

一级指标	二级指标	评议要素	权重
否决性指标	政治方向	有违背党和国家相关政策方针、法律法规，或违背社会主义核心价值观、立德树人要求，或其他违背社会公序良俗的内容	存在其中任何一条，直接认定为"存在问题毕业论文（设计）"
	学术诚信	出现抄袭、剽窃、伪造、篡改、买卖、代写等学术不端行为	
选题意义	选题目的	符合专业培养目标，体现综合训练基本要求	10%
	研究意义	面向所在专业领域（专业相关领域或专业交叉领域）学术问题或行业社会实际问题，有一定的理论或实用价值	10%
逻辑构建	层次体系	体系完整，层次分明，重点突出	10%
	逻辑结构	论点鲜明，论据确凿，论证充分，达到所在专业领域要求	10%
专业水平	综合应用知识能力	将相关领域的基础理论、专业知识合理应用到研究过程，能体现所在专业领域的能力和素养	10%
	分析解决问题能力	研究方法合理，论证分析严谨，数据记录规范，能体现一定的分析解决本专业领域问题的能力和素养	20%
	创新能力	发现了新问题，阐明了新观点，或将经典理论创新性应用，或阐释了对实践的指导意义	10%
学术规范	行文规范	文字表达、书写格式、图表（图纸）、公式符号、缩略词等方面符合通行学术规范	10%
	引用规范	在资料引证、参考文献等方面符合通行学术规范和知识产权相关规定	10%

有些省份将评价标准细分为理工类和文科类论文的评价标准，见表10-5。其中，理工类包括理科、工科、农科、医科及交叉类专业，文科类包括哲学、经济学、法学、教育学、文学、历史学、管理学、艺术大类。采取百分制评分，根据总分分为"优秀（90≤优秀<100）""良好（75≤良好<90）""一般（60≤一般<75）""不合格（不合格<60）"4个档次。

表10-5　某省本科毕业论文评价标准

一级指标	分值	二级指标	评价标准
选题意义	20	选题	符合习近平新时代中国特色社会主义思想，符合专业培养目标，体现专业特点，具有一定理论价值和现实意义；把握学术前沿
		过程管理	论文工作量饱满，时间进度安排合理
写作安排	15	写作形式	写作形式符合要求和规范 理工农医类及交叉类可采取毕业设计、学术论文、作品（原型）、知识产权、毕业实习报告 文科类可采取学术论文、案例分析、调查报告、研究报告、实践报告、设计策划方案、创作作品等多种形式
逻辑构建	20	逻辑结构	内容体系完整、结构合理、逻辑严谨、层次分明、重点突出
		论文表达	文笔流畅、用语规范、表达准确
专业能力	25	调研分析及解决问题能力	理工农医类及交叉类能根据题目要求提出切实可行的调查研究方法，具有独立开展社会调查研究、文献查阅及综述、收集信息和归纳分析的能力 文科类则具备查阅、分析综述和专业文献的能力，能拟定正确的技术路线并实施，能对结果进行分析论证
		创新性	具有一定的创新性
学术规范	20	学术诚信	无抄袭、剽窃、伪造、篡改、买卖、代写等学术不端行为
		格式规范	在引用概念、公式、摘要等方面符合通行的学术规范和知识产权规定

还有些省份将本科毕业论文（设计）抽检评议要素细分为合格和不合格两类，见表10-6。

表10-6　某省本科毕业论文（设计）抽检评议要素（试行）

一级指标	二级指标	类别	评议要素
选题意义（15分）	与本专业培养目标和毕业要求的契合程度	合格	选题属于本学科专业研究方向，符合本专业培养目标要求，与本专业毕业要求紧密相关
		不合格	选题脱离本学科专业方向，不符合本专业培养目标要求，与本专业毕业要求基本不相关
	理论意义或实践应用价值	合格	选题能够对本专业的某一问题进行理论分析，并有一定拓展和深化；选题关注实际问题，具有一定的应用参考价值
		不合格	选题不涉及本专业的具体理论问题；选题脱离专业实践，无助于解决本领域相关实践问题
	创新意识和难易程度	合格	选题体现作者的独立思考或学科研究特征，有一定特色或新意；选题难度适度，能达到本专业培养方案中对知识、能力、素质的要求
		不合格	选题为低水平重复性研究，无任何特色或新意；研究内容过于简单，未达到本专业的培养目标要求
逻辑构建（20分）	结构体例	合格	论文核心模块完备，各篇章结构完整合理、有逻辑性、层次分明、详略得当、重点突出；论文体例与选题相匹配
		不合格	论文核心模块缺失，结构不完整、逻辑及层次混乱、详略失当、重点不明；论文体例与选题不匹配
	内容组织	合格	对论文的主题及相关素材有系统的分析，能形成合适的方案；研究路径合理、方案可行、论证充分、结论可信
		不合格	研究方案不合理，研究路径设计不科学，分析不深入，不能形成结论；论证不充分、结论不可信
	文字表达	合格	论点表述明确，文字表达与文体协调，概念准确，理论运用恰当，论述语言严谨，条理清晰
		不合格	论点表述不明确，文字表达与文体不协调，语言表达逻辑混乱

续表

一级指标	二级指标	类别	评议要素
专业能力 （40分）	文献检索及 梳理能力	合格	基本掌握文献检索方法，具有一定的查阅、整理、分析中外文献资料的能力；文献资料比较充分，能按照一定逻辑梳理阐述文献
		不合格	文献检索掌握不力，查阅、整理、分析中外文献资料能力不足；文献资料陈旧单一，文献梳理混乱
	对本专业及 相关领域研 究现状的了 解与评析	合格	基本了解本领域学术进展及最新研究动态；对现有研究理论与方法能够进行一定的评价，并从中发现研究的不足；能基于以上分析，提出解决方案
		不合格	不了解本领域学术进展及最新研究动态；不能很好地对现有研究理论与方法进行准确评价，没有从中发现研究的不足，不能提炼出本研究问题
	对基础理论 和专门知识 的掌握与运 用	合格	专业知识扎实，核心概念明确，有一定的理论基础，有问题意识，体现出一定的思辨能力和初步的创新能力；达到本专业培养目标与毕业要求
		不合格	专业知识薄弱，核心概念不明确，缺乏基本的理论基础，无问题意识，缺乏思辨能力和初步的创新能力；未达到所在专业培养目标与毕业要求
	分析和解决 问题的能力	合格	能够综合运用本专业知识，采取恰当的研究方法或路径进行理论研究；善于发现问题、分析问题，具备解决实际问题的能力和水平
		不合格	不能综合运用本专业知识开展研究，对论文中的问题辨识不清，分析问题能力不足，未得出有效结论；对于本专业的研究方法、手段和工具较生疏，解决实际问题的能力和水平欠缺
学术规范 （25分）	价值取向	合格	坚持正确方向，体现出追求真理、努力创新的使命担当意识；不损害选题研究相关者的利益或公共利益
		不合格	不能坚持正确方向，缺乏必要的追求真理和责任担当意识；损害了选题研究相关者的利益或公共利益
	学术诚信	合格	严格遵守科研诚信规则，公正客观，承认和尊重他人科研成果；写作过程和结果无违背学术规范现象
		不合格	存在抄袭、剽窃、买卖、代写等学术不端行为；存在伪造或篡改研究过程、数据、图表、结论等弄虚作假现象
	写作规范	合格	论文格式符合要求，中外文用词准确、语法规范、语言通顺；论文写作过程合乎规范，相关过程材料完整；论文字数符合相关规定的要求
		不合格	论文格式不符合要求，中外文用词不准确、语法不规范、语言不通顺；论文写作过程不合乎规范，相关过程材料不完整；论文字数未达到规定要求

从上述不同省份的本科毕业论文抽检细则来看，这些细则是对教育部规定的要求的进一步细化，其核心内容围绕着5个一级指标：选题意义、写作安排、逻辑构建、专业能力以及学术规范。权重最高的是"专业能力"，占25%～40%；对于抄袭、买卖论文等学术不端行为持零容忍态度。通过抽检标准，我们可以倒推出整个毕业论文选题、开题、资料收集整理、论文逻辑架构和撰写等方面应该如何进行。

本章小结

毕业答辩是考查学生知识与能力综合水平的主要环节，反映了学生的语言表达和交流沟通能力，同时，它也是学生全面回顾总结学习成绩的机会，是培养学生创新能力的重要手段和途径，更是学生进一步将所学知识应用于实践的新起点。毕业论文答辩一般的程序包括以下几个步骤：答辩委员会主席介绍答辩委员，并宣布注意事项；学生自述并进行论文报告；答辩委员会提出问题；学生回答问题；答辩委员会主席或小组长做小结；

论文（设计）评审是指评审专家对学生毕业论文的鉴定，是对学生的实际学术水平是否符合学位授予要求所进行的综合、全面、系统的审核与评定。按照论文形成的时间，评审可以分为答辩前的评审、答辩现场评审和答辩后的评审；按照评审人身份信息是否公开，评审可以分为匿名评审和公开评审。评审的过程一般包括建立评审标准、选聘评审专家、专家评审和评审处理4个步骤。毕业设计的评审包括两个方面：一个是对毕业设计的作品的评审，另一个是对毕业设计阐述性文字的评审。

优秀本科毕业论文是指选题科学，能反映本专业基础理论知识和技能，具备一定学术水平、独特见解和实际应用能力的本科毕业论文。

本科毕业论文抽检是为了落实本科毕业论文要求，加强本科人才培养质量监督，教育部规定每年从上一学年度授予学士学位学生的论文中抽取论文进行检查，抽取数量不低于2%，来考查本科生的基本学术规范和学术素养。

章节练习

一、思考与探索

1.本科毕业论文答辩如何与评委展开申辩？

2.本科毕业论文盲审通过的条件有哪些？

3.优秀本科毕业论文有何标准？

4本科毕业论文抽检的必要性是什么？

二、讨论与作业

根据本校的本科毕业论文答辩流程，进行分组模拟答辩。

案例篇

王船山体育思想研究

体育系　体育教育专业

07850309　边应　指导老师：蒋德龙

摘　要： 王船山是我国伟大的思想家、哲学家，研究他的体育思想对完善王船山思想体系，以及相关的体育史研究具有一定的参考价值。本文采用文献资料法等方法，分析王船山的著作和相关研究文献资料，总结归纳出王船山"珍生务义""君子之道"" '七然'养生"等方面的体育思想，从中探寻出"相天造命的人寿可变观""珍生务义的爱生健体观""君子之道的理性人格观"" '七然'养生的生活处世观"。这四种观念对现代体育与生活具有一定的指导意义。

关键词： 体育史；体育思想；王船山

王船山（1619～1692），本名夫之，字而农，号姜斋，是我国伟大的思想家、哲学家。他以"六经责我开生面"为治学抱负，集大哲学家与大文论家于一身，所处"坐集千古之志"的时代机遇。其思想深邃，著作宏富，是明清之际对我国哲学理论贡献最大的人，他对先秦以来的历史哲学思想进行了总结，达到了中国古代哲学的最高峰。王船山因晚年居住的"湘西草堂"附近的石船山而自名船山，借独立不移的石船山来表达自己高远坚贞的志向和生命不息、战斗不止的气概。清朝初年，朝廷禁止百姓习武，这使群众性的习武活动受到了一定的限制。然而，在那个时期，养生与导引的发展达到了前所未有的高度。受此背景的影响，王船山的体育思想大多属于体育养生类。

1　王船山的体育思想

王船山的体育思想大多属于体育养生类，主要表现在以下4个方面：从对人本质的认识来阐述人的寿命与命运应由自己掌握，人们应该在遵从自然规律的前提下达到"相天造命"；人要想长寿、健康，就要珍惜自己的生命、爱惜自己的身体，树立"健""动"的人生观；使自己修养成为具有君子那样有良好行为习惯、身心健康的理想人格；在平时的生活处事之中以"七然"面对各种处境。

1.1　相天造命

在对天的认识上，王船山认为："天无为，无为而缺，则终缺矣；人有为，有为而求盈，盈而与天相争胜。"①这告诉我们，天是被动无为的，人则是主动有为的，天不可能具有意志和感知觉，并不存在一个超自然的神秘力量在统领、控制着万物与人类，天不可能授予人的本质。在对天的认识基础上，王船山提出了"相天造命"的观点。"相天"即认识和利用自然；"造命"即人的能动性与有为性可以改变人自身，也可以在认识和把握天命的必然性、法则性的基础上利用和改造自然和社会，使人寿可变。王船山指出不仅君相可以造命，而且"一介之士，莫不有造焉"②，普通老百姓也可以掌握自己的命运，做自己命运的主人，他认为天命是不存在的，人的寿夭生死、国家的治乱存亡都有其道理，而不是由天命决定，天不可能具有使一部分人长寿而使另一部分人早夭的好恶和意愿，人的命运取决于他自身。人们只要尊重自然法则，慎重地对待自然界的发展变化，把客观规律性与主观能动性结合起来，就可以掌握或改造自己的命运。

---

① 王夫之. 尚书引义 [M]. 北京：中华书局，1976.
② 王夫之. 读通鉴论：下册 [M]. 北京：中华书局，1975.

1.2　珍生务义

身体是生命的载体，珍惜身体和珍爱生命是我们每个人都应该做到的。没有健康的体魄和健全的身体，人寿的长久与人生理想的实现会受到很大的制约甚至难以实现。王船山在对"相天造命"的论断中告诉我们，人寿由人自己掌握，而"珍生"是"造命"的具体方法。他提出"圣人者人之徒，人者生之徒。既已有是人矣，则不得不珍其生"。"将贵其生，生非不可贵也"①。这些观点体现了王船山对"珍生"的看法，并提出珍视生命就必须体现"健"与"动"，树立"健""动"的人生观。"健""动"的观念是王船山针对"珍生"所提的具体方法。"健"即刚健有为、自强不息，人体天恤道，当以效天之健行不息，不舍昼夜；"动"即主动进取、敢于行动，生命的本质在于运动，运动一旦停止，生命也就走向终结。"天地之气，恒生于动，而不生于静。"在王船山看来，运动为生命造化之权舆，如果人们欲了解天地化育和生命的奥秘，"则只在动处体会"②。既然生命的本质是运动，那么人们只需求之于动，勇于实践、大胆开拓。王船山认为，"健"是生的本性，"动"是生的机能，在生活中，应保持健的本性，顺应动的机能。而"动"又是道德行为的枢纽，如果不"动"，也就无从体现道德了，人应该保持刚健的态度而活动不息。王船山提倡人们将"珍生"与"务义"紧密结合起来，"务义"是人生价值与理想、志向的表现。他认为人活着就应当生命不息，战斗不止，为人民和祖国建功立业，鞠躬尽瘁，死而后已。生命是珍贵的，但还有比生命更加珍贵的，那就是道德与理想，即所谓的"义"。王船山指出："生以载义，生可贵；义以立生，生可舍。""立人之道曰义，生人之用曰利。出义入利，人道不立；出利入害，人用不生……智莫

---

① 王夫之. 船山全书：第1册 周易内传·周易大象解·周易稗疏·周易外传［M］. 长沙：岳麓书社，2011.

② 王夫之. 读四书大全说［M］. 北京：中华书局，1975.

有大焉，务义以远害而已矣。"这体现了道德理想的生活是可贵的，因此必须"务义"，为了实现道德理想，甚至可以牺牲自己的生命。

1.3 君子之道

对于王船山来说，"君子之道"是他倡导与追求的一种理想人格和为人处世的优秀标准。他主要从君子的身体、饮食、着装、心理、交往和修养等方面来论述"君子之道"。

王船山认为，君子是高大完美的成人，他身体健康、心理精良，无愧于天地、尘世与人生。君子是身成与性成的有机统一。

所谓身成，即以道体身，充分扩展和弘扬天赋予人的"二气之精，五行之粹"，使自己的耳、目、口、鼻、体、心均能得到健康、和谐的发展，使人的潜能得到充分发挥。王船山认为健全的身体建立于形体的各个部分合于当然之则的基础上，起居饮食均应以有益于身体的健康和心理的平衡为准。在饮食方面，王船山肯定了食物的重要性，提倡健康饮食，君子不挑食，荤素精粗皆宜，当然食品要卫生、新鲜，不能对身体造成伤害。君子不会吃糜烂变质、腐坏生臭的食物，因为这些食物对健康有害。君子饮食有一定的考究或注意，即以适度为宜，不应过量。君子对饮食持慎重的态度，注重适中与合宜，"唯其慎也，故动作而有语有言，君子之出身而加乎物也，食以养性，寝以息神，君子之熙生而善乎已也。"[①]在服饰方面，君子"亦非求异于人也，尽人之所当服，情与事相称，而埋出其中矣。衣之者缘，以致饰也，采素各有其宜"。君子在着装方面的总体要求是宜文则文，宜简则简。"暑则葛寒则裘，以顺时而适体也。""尽其质文以养气体者。"同时，要洗净烫洁，使"衣无不洁也"。总之，为了身体健康，君子必须使耳目口体之欲合于当然之则，使衣服、饮食、居处不失其度、不违于时，培养整洁、卫生、文明的生活方式和生活习惯，

---

① 王夫之. 船山全书：第7册 四书训义［M］. 长沙：岳麓书社，2011.

使气无不畅、体无不康。

所谓性成，即以身体道，充实和丰富自己的内心世界，培养优良的道德情感和道德品质，形成坚强的道德信念和道德意志，造就自己的道德人格。在王船山看来，君子不仅能够以道体身而成身成己，而且能够以身体道而成性成人。君子不仅能知性养性，而且能尽性成性，成为高大完美的成人。在王船山看来，以道体身的身成和以身体道的性成相互渗透、互为功用，健康的心理寓于健康的身体之中，而健康的身体又必须以健康的心理作指导和予以调节。性成源于身成，身成包含了性成的因素。一个人只有在饮食起居、见闻言动中使声色口嗅味之欲皆顺其道，使耳目心思都能得到和谐的、全面的发展，才有成性之善，成为像汤武、周公那样的圣人。人的身体是生命的物质载体，也是人之灵魂、精神、道德得以寄居和发展的寓所和基础。同时，维系身体的物质欲求、满足身体的各种需要本身就与伦理、道德、人性的发展相辅相成。

在个体与群体方面，王船山认为人是名副其实的社会性动物。人们不仅能意识到自己，更能意识到他人，能够把他人当作同自己一样的理性动物来看待，讲求礼仪道德。人道是人与人相互关系的产物，体现了个人"与人类相为一体"的本质及其要求，"与人类相为一体"即应当融小我于大我之中，"以我之大全"。"极乎人气质之所可受，而使各致其知能"，尽人之性，而与天同参。

1.4 "七然"养生法

"七然"养生法是王船山处世、面事、得意、失意等方面的人生态度，在修身养性方面值得中老年人借鉴。①

第一，处世荡然：律己要严，待人要宽，待人以和为贵，和谐相处。

第二，处事断然：要善抓机遇，办事当断则断，遇到问题敢于承担。

---

① 杨吉生. 王船山的"七然"养生法［J］. 党政论坛（干部文摘），2008（12）：35.

第三，处人蔼然：与人相处，诚恳谦和，襟怀宽广，坦然为人，给人有亲近之感，既能听正言，又能听逆语。

第四，自处超然：一人独处要有宁静致远与淡泊明志的境界。在昼闲人寂时，听数声鸟语悠扬，耳根清净；夜静天高日，看一片云光舒卷，顿令眼界开阔。

第五，得意淡然："淡兮其若海"，志得意满时，骄傲尤不可，仍需心谦身平，不狂妄，不忘乎所以，大喜也会伤心身，容易乐极生悲，做人如此，养生保健也是如此。

第六，失意泰然：人生一世，往往失多于得，失意逆境时，切忌自暴自弃、自我作践、自我绝望，这样会对身心健康产生危害。失意之时，可想不如自己之人，想能怨尤自消之事，最好是无得失烦心，有自乐之恬愉，心境通明，坦坦荡荡，正确对待失意。

第七，无事悠悠：当你无事可干之时，可有"采菊东篱下，悠然见南山"之闲雅心情，如此神情自旷，襟怀宽广，乐观开朗；淡泊宁静，知足常乐，坦然为人，助人为乐，随遇而安，不愁不怒，身处逆境，忘却荣辱；劳逸适度，饮食有节，起居有常，身心健康。

2 王船山体育思想对现代体育与生活的指导意义

王船山体育思想对现代体育与生活具有重要意义。"相天造命"的思想使人对人的本质与寿命有了认识；"珍生务义"则使人明白生命的重要与身体的可贵，树立"健""动"的人生观；"君子之道"讲述人们应追求的理想人格品质；"'七然'养生法"则是为人处世格物之道。

2.1 相天造命的人寿可变观

健康长寿的思想是人们一直以来所追求的，早在我国夏、商、周时期所形成的"体育养生"思想中就多有体现，周朝和春秋时期民间诗歌也反映了古人对长寿和健康的希冀和追求，而这一思想在现代表现得更加突出。无论是白天还是夜晚，无论是公园小巷、健身房还是自家宅院，每天锻炼身体的老年人、中年人和儿童随处可见，而且锻炼方法科学、形式多样。这些表现无一不是人们对健康与长寿的一种追求。

王船山在论述人的本质时揭示了人与生命的本质，使人不再害怕死亡，认识到人的生命由自己掌握，自强不息的人生态度与精神是使人生生不息的内在动力。面对人生坎坷与严峻的生活考验时要不惧艰辛、不畏险阻、持之以恒，这正是我们现代体育思想所追求的，也是每一个有追求、有作为的人都需要做到的，是一种无限生命力的体现。

2.2　珍生务义的爱生健体观

身体是生命的载体，因此应该珍惜生命，爱惜身体。健康完好的身体是生命不断延续的基础，而要使人生命长久、身体健壮，就要树立"健""动"的人生观。生命的特性是"健"，生命的潜能是"动"，而"动"是使自己拥有好身体，好身体则是"健"的表现，"健"则是生命力旺盛的体现。

然而，在王船山看来，比生命更重要的是"义"。一个人的生命只有与道义相结合，才能体现出可贵。在"生"与"义"面前，为"义"方可舍"生"。王船山不仅对待生命主张"动"的思想，在对待"义"上也强调"动"的重要性，反对宋儒所讲的"主静"，认为"动"是德行的基础。"圣贤以体天知化，居德行仁，只在一个动字上，故恻隐、羞恶、辞让、是非之不相一而疑相碍者，合之于动，则四德同功矣。"道德是动的，不是静的，唯有动，才能体现道德。

2.3　君子之道的理想人格观

君子的人格在王船山看来是一种理想的人格。君子是身体健康、心理精良、讲修养、有道德、理想崇高、志向远大、具有较强的社会适应能力的人。其对君子是身成与性成的合一中所论述的饮食、服饰等多个方面正是现代《营养学》与《保健学》中所研究的一个重要问题。身体与心理的结合、个体与群体的和谐相处是健康的体现，更是一种理想的人格。

在现代生活中，人们生活水平不断提高，物质生活逐渐富裕，许多人可能不自觉地养成了不良的生活习惯。然而，经常锻炼身体，注重身体健康，饮食合理、营养搭配，作息规律，服饰得体、大方、整洁是现代人应该关注和培养的生活方式，对身体健康有着重要的意义。世界卫生组织提出，健康包括身体健康、心理健康和具备良好的社会适应能力。王船山提出君子的理想人格是身体健康与心理健康的合一、个体与群体的合一，这不仅是现代健康观的体现，而且还强调了做人应该具备的奋斗精神、道德修养和崇高品质。把以上所有的标准全部做好，这才是一个真正的成人君子。

2.4 "七然"养生的生活处世观

王船山"七然"养生法主要体现了生活、处世、格物的态度与方式，对于人们修身养性具有一定的价值。在社会迅速发展、生活节奏加快、竞争日益激烈的背景下，很多人承受着巨大的生活压力，亚健康群体也越来越多。王船山的"七然"养生法对于生活处世、心态的调和与格物的态度有一定的指导意义。

3 结束语

王船山体育思想揭示了人之本质，论述了人寿可变的思想。我们都应当珍其生，爱其体，树立"健""动"的人生观；修君子之人格，树自强不息之人生态度；为人处世以"七然"为宜。在科学技术蓬勃发展、经济水平日益增长的现代，王船山的体育思想仍然具有重要意义，不容忽视。

"相天造命"的人寿可变观不仅论述了生命生生不息，更蕴含了一种做人的精神所在。"珍生务义"则论述了"生以载义，生可贵；义以立生，生可舍"的大义凛然与行健不息。"君子之道"注重身心合一，修身立志。"七然"养生则真切、朴实。王船山教导人应有远大理想，要有以天下为己任的责任感。"抱刘越石之孤愤，而命无从致；希张横渠之正学，而力不能企。"王船山心存谦卑之心，身险不忘家国、位卑仍思高堂、亡国孤身不顾、著学忘乎山林，这也提醒我们应当心存谦恭、志存高远、持之以恒，珍身而务义，具备修身而不忘家国之忧的优秀品质与人生追求。

（该文后发表于《体育文化导刊》2012年第12期）

参考文献

［1］王夫之. 尚书引义［M］. 北京：中华书局，1976.

［2］王夫之. 读通鉴论：下册［M］. 北京：中华书局，1975.

［3］王夫之. 船山全书：第1册 周易内传·周易大象解·周易稗疏·周易外传［M］. 长沙：岳麓书社，2011.

［4］王夫之. 读四书大全说［M］. 北京：中华书局，1975.

［5］王夫之. 船山全书：第7册 四书训义［M］. 长沙：岳麓书社，2011.

［6］杨吉生. 王船山的"七然"养生法［J］. 党政论坛（干部文摘），2008（12）：35.

"课课练"在衡阳师范学院的实验研究

体育系　体育教育专业

09250306　何阳寒　指导老师：蒋德龙

摘　要：本文采用文献资料法、实验法和数据统计法，以衡阳师范学院资旅系大二女生为调查对象，研究"课课练"对学生的身体素质的影响，并针对"课课练"实施后存在的问题提出相应建议。研究表明：①实验班级学生的仰卧起坐、立定跳远和800米跑成绩明显提高，身体整体素质优于对照班级，因此，实验班的"课课练"教学效果优于对照班级的常规体育教学效果；②在体育课教学中，坚持进行"课课练"对提高学生的身体素质和达标率有显著效果；③"课课练"有助于提高身体素质，促进学生运动技巧的掌握和提高，增强体育教学效果，达到增强体质的目的；④"课课练"不受场地和器材的限制，简单易行，是提高体育教学和增强体质的有效方法，应作为普通体育课的一项重要内容。

关键词：课课练；身体素质

1　前言

为贯彻《中共中央、国务院关于深化教育改革全面推进素质教育的决定》中提出的"高校教育应该以健康第一为指导思想，切实做好体育工作"的精神，提高学生积极参与体育运动的兴趣和热情，养成锻炼身体的良好习惯，全面提高大学生的身体素质，教育部、国家体育总局于2007年4月颁布了《国家学生体质健康标准》（以下简称《标准》）及实施办法。《标准》对学生的体质健康提出了新的标准和要求。自2007年、2008年实施《标准》以来的两年间，大学生体质健康测试数据表明，体质健康不及格的学生占比很高，身体素质急剧下降，体质健康状况令人担忧。如何提高大学生的身体素质成为高校体育工作亟待解决的首要问题。

高校体育工作的重点是提高大学生的身体素质，体育教学是体育工作的重要组成部分。在体育教学中选择何种教学手段是提高学生身体素质的最佳途径，是本课题所要研究的内容。本课题采用实验法对衡阳师范学院资旅系2012级两个女生班学生进行了体育"课课练"的实践与研究。通过实验对比总结发现，"课课练"为学生的健康奠定了良好的基础，为学生的终身体育提供了有力保障。

2　研究综述

2.1　概念界定

体育教学中的"课课练"一说最早出现在20世纪80年代颁布的《中小学体育教学大纲》中，当时的表述是"有些简单易行、发展身体素质的教材，要争取'课课练'"。近年来，业内对体育"课课练"的界定大致如下：吴健认为，身体素质"课课练"简称"课课练"，即在每节课中安排一定时间，让学生进行身体素质练习。毛振明提出，"课课练"是在每堂体育课中合理安排有针对性、能对学生身体产生改善作用的身体练习，并且科学合理地实施这些练习。廖申生、熊利曾对"课课练"的理解是，在体育课中经常进行素质练习，素质练习指的是教学内容。"课课练"指的是教学要求，而练习方法则指的是教学形式或一种手段。练习方法由多种因素组成，这些因素决定了练习的效果。马晓凤、武继国则认为，"课课练"是为了谋求身体全面发展而进行的有针对性的专项练习，是对基本教材的补充，是体育课素质练习的一种重要形式。吕朝远与马晓凤、武继国持相同的观点。曲宗湖教授在文章中指出"课课练"是一个体育专门词语。为了引起对体能练习的重视，贯彻扬州会议精神，他在30年前的教学实践中提出了"堂堂练，天天练"，为了更加朗朗上口，就称为"课课练"。还有人认为，"课课练"是指在体育课堂中教师根据学生的实际情况，安排提高学生身体素质的专门性练习，它包括个体的力量、速度、耐力、灵敏、柔韧性、弹跳等基础素质。

2.2 "课课练"的原则与作用

2.2.1 "课课练"的原则

（1）"课课练"的内容必须具有针对性和实效性，尽量与主教材内容相衔接。

（2）"课课练"的内容必须富有趣味性。趣味性能保证学生对学习内容的兴趣和期待。

（3）"课课练"的内容必须具有易学性。课堂中"课课练"的时间有限，一般为10～15分钟，如果所选择的内容较难，不仅浪费时间，还会使学生产生厌烦的情绪。因此，所选择的内容应该是学生未曾接触过的，能够激发学生兴趣且动作结构简单，学生能够迅速掌握。

（4）"课课练"的内容必须具有安全性。"课课练"的目的是促进学生身体健康，因此，内容要具有安全性，要努力确保每一项内容都是安全的，没有伤害隐患，才能确保活动的正常有序开展。

（5）"课课练"的内容必须具有简便性。练习内容要求不高，且对场地和器材的限制较少，便于组织和实施。

（6）"课课练"必须循序渐进。"课课练"要遵循循序渐进的原则，切不可贸然增加运动量或随意增加动作难度。

2.2.2 "课课练"的作用

（1）"课课练"是提高体育教学水平和增强体质的有效方法。

（2）"课课练"为学生的健康积累提供良好保障，对提高学生的身体素质起到积极作用。

（3）"课课练"能显著提升整体体育与健康课程的教学质量。

（4）"课课练"可以提高学生的身体素质和运动技能，培养学生团结合作、积极进取的精神。

（5）"课课练"对提高学生的身体素质和体育达标率有显著效果。

（6）"课课练"能有效增强学生的心血管功能。

（7）"课课练"能使学生养成终身锻炼的习惯。

3 研究对象与方法

3.1 研究对象

以衡阳师范学院资旅系2012级1班和2班的女生为调查对象，研究"课课练"对学生身体素质的影响。

3.2 研究方法

3.2.1 文献资料法

根据研究需要，通过中国期刊网、超星电子图书，以及衡阳师范学院图书馆查阅收集与"课课练"相关的研究资料。在此基础上，对这些资料进行系统的研究分析，为本研究提供了理论依据。

3.2.2 实验法

实验时间为2014年2月～6月，共16周课程。实验班在实施"课课练"教学前后，按照《标准》测试要求，对学生进行800米跑、立定跳远和仰卧起坐的测试。

3.2.3 数理统计法

对收集到的现实数据进行科学的统计和分析，得出科学的结论。

4 实验的准备与实施

4.1 实验的准备部分

4.1.1 实验对象

实验对象为衡阳师范学院资旅系2012级1班和2班的女生，研究"课课练"对学生的身体素质的影响。两个班级学生的测试指标无显著性差异。将其随机分成试验班级和对照班级，实验班共有45人，对照班共有44人。

4.1.2 实验方法

实验主要采用对照实验法和本班实验前后自身对照法。实验班级进行"课课练"教学，对照班级按照正常教学计划上课。实验结束后，通过测试数据的对比分析，研究两个班级学生身体素质的变化情况，得出结论。

4.1.3 实验时间

实验时间为2014年2月～6月，共16周课程。

4.1.4 实验测试指标

800米跑、立定跳远和仰卧起坐。

4.2 实验的实施

实验练习的设计包括力量类练习和速度类练习。根据实验的练习特点和测试要求分为4个阶段。

（1）实验的第一阶段：主要目的是收集数据，检查实验班和对照班测试数据是否存在显著差异。

（2）实验的第二阶段：进行一些负荷较小、较简单的练习让学生掌握一些练习动作并增强体力，这一阶段的动作难度较低，运动负荷较小。

（3）实验的第三阶段：进行一些负荷稍大、较复杂的练习，全面锻炼学生的身体素质。

（4）后期测试阶段：进行测试并收集实验后的数据。

4.2.1 实验的第一阶段

在实验开始之前，对实验班和对照班进行800米跑、仰卧起坐、立定跳远测试，收集并分析两个班级的数据。所收集的数据必须真实准确；在进行统计分析时必须认真仔细，尽量减小误差。

4.2.2 实验的第二阶段

这一阶段主要进行一些动作较简单、运动负荷较小的练习，包括力量类练习、速度类练习和反应类练习，使学生掌握一些练习方法和增强体力。需要注意的是，要根据学生的实际情况确定练习内容；在组织过程中必须保持良好的秩序；必须注意安全。

4.2.2.1 力量类练习

通过结合力量素质和速度素质，利用一系列简单有趣的动作练习来发展学生的快速力量，提高学生的爆发力。同时，利用这些练习协调肌肉，提高肌肉协调能力。通过长距离、多次数或时间长的较小负荷的练习，以比赛或游戏的方式培养学生的力量耐力。力量类练习见表1。

表1　力量类练习表

练习内容	练习的目的	练习的时间量/分钟	练习的时间段
纵跳摸脚	身体肌肉控制能力	10～15	课前
双人拉手蹲跳	爆发力和身体控制能力	10～15	课前
仰卧起坐	腰腹力量	10～15	课后
俯卧撑	上肢的力量、耐力	10～15	课前
深蹲	下肢腿部力量	10～15	课后
看谁撑得久	肩部力量、耐力	10～15	课后
定时定距离跑	速度和耐力练习	10～15	课中
800米跑	耐力练习	10～15	课前
快速两头起	腰腹力量	10～15	课后
收腹跳	下肢和腰腹力量	10～15	课前

4.2.2.2　速度类练习

速度素质在体育运动中起到重要的作用，是身体素质的核心部分。运用简单的活动性游戏和各种跳跃性练习等，提高学生快速完成动作的能力。速度类练习表见表2。

表2　速度类练习表

练习内容	练习的目的	练习的时间量/分钟	练习的时间段
听口令做动作	判断反应能力	10～15	课前
听左向右跑	判断反应能力	10～15	课前
长江黄河练习	反应速度	10～15	课前
转身起跑	转身速度	10～15	课前
原地快速高抬腿	快速抬腿速度	10～15	课前
15到30米快速跑	快速奔跑的能力	10～15	课前
10米往返跑	身体的灵活性	10～15	课前

4.2.3　实验的第三阶段

本阶段采用较复杂、运动负荷较大的组合练习。这一阶段的目的是发展学生的整体身体素质，使各个素质得到全面和深入的锻炼，从而全面提高学生的运动能力。组合练习表见表3。需要注意的是，尽量选择学生能够完成的组合练习，尽量使每一个学生都能完成练习，达到练习的效果；在练习过程中始终将安全放在第一位。

表3　组合练习表

练习内容	练习的时间量/分钟	练习的时间段
原地高抬腿+S形跑+单腿跳10米+30米冲刺	10～15	课前
原地小步跑+蛙跳10次+原地俯卧撑10个+30米冲刺	10～15	课前
深蹲15个+双腿并跳10米+原地收腹跳10个+直走5米	10～15	课前

5 实验结果与分析

5.1 仰卧起坐测试成绩的统计分析

仰卧起坐反映了学生的腰腹力量。教学实验中，通过仰卧起坐和快速两头起，发展学生的腰腹力量。"课课练"对实验班级学生腰腹力量的影响见表4。实验班仰卧起坐第一次测试的平均成绩是33.8个，第二次测试的平均成绩是36.9个，平均增长了3.1个，T检验结果显示具有显著差异。对照班仰卧起坐第一次测试的平均成绩是33.7个，第二次测试的平均成绩是33.9个，平均增长了0.2个，T检验结果显示不具有显著差异。T检验亦称Student t检验（Student's t test），主要用于样本含量较小（例如$n<45$），总体标准差σ未知的正态分布资料。T检验是用于小样本的两个平均值差异程度的检验方法。它是用T分布理论来推断差异发生的概率，从而判定两个平均数的差异是否显著。

表4 实验班级和对照班级仰卧起坐成绩的比较

单位：个

项目	X1	X2	P值	差值
实验班	33.8	36.9	<0.05	3.1
对照班	33.7	33.9	>0.05	0.2

注：X1表示第一次测试的平均成绩，X2表示第二次测试的平均成绩。

由表5可知，第一次测试时，实验班和对照班仰卧起坐的平均成绩差值为0.1个，T检验没有显著差异，而第二次测试时，两个班级的平均差值为3个，比第一次多了2.9个，T检验具有显著差异。

表5　试验班级和对照班级仰卧起坐成绩对照分析

单位：个

项目	X1	差值	P值	X2	差值	P值
试验班	33.8	0.1	>0.05	36.9	3	<0.05
对照班	33.7		>0.05	33.9		<0.05

注：X1代表第一次测试的平均成绩，X2代表第二次测试的平均成绩。

在实验中，通过仰卧起坐和快速两头起，加强了实验班的腰腹力量练习，并注重核心稳定性的训练。因此，实验班的成绩优于对照班。

5.2　立定跳远测试成绩的统计分析

立定跳远测试是为了测试学生的下肢爆发力。在教学实验中，利用深蹲、收腹跳、原地快速高抬腿和蛙跳等练习方法，锻炼学生的下肢力量。实验班的立定跳远成绩变化及与对照班的比较见表6。

表6　实验班级和对照班级立定跳远成绩

单位：米

项目	X1	X2	P值	差值
实验班	1.65	1.81	<0.05	0.16
对照班	1.68	1.7	>0.05	0.02

注：X1代表第一次测试的平均成绩，X2代表第二次测试的平均成绩。

根据表6可知，实验班第一次立定跳远的平均成绩为1.65米，第二次立定跳远的平均成绩为1.81米，平均增长了0.16米，T检验结果显示具有显著差异。对照班级第一次立定跳远的平均成绩为1.68米，第二次立定跳远的平均成绩为1.7米，平均增长0.02米，T检验结果显示不具有显著差异。

由表7可知，实验班与对照班第一次立定跳远平均成绩差值为0.03米，T检验不具有显著差异，而第二次平均成绩差值为0.11米，比第一次多了0.08米，T检验具有显著差异。

表7　试验班级和对照班级立定跳远成绩对照分析

单位：米

项目	X1	差值	P值	X2	差值	P值
实验班	1.65	0.03	>0.05	1.81	0.11	<0.05
对照班	1.68		>0.05	1.7		<0.05

注：X1代表第一次测试的平均成绩，X2代表第二次测试的平均成绩。

在实验中，通过单腿跳跃、双腿跳跃、深蹲、快跑等练习，对下肢肌肉产生了良好的刺激，使下肢的爆发力迅速提升。因此，实验班的立定跳远成绩有较大提升，而对照班在此阶段没有进行足够的下肢力量练习，因此爆发力提升不明显，成绩也没有较大改善。

5.3　800米跑测试成绩的统计分析

试验通过定时定距离跑和经常进行800米跑练习，间接发展学生的有氧和无氧能力，直接提高学生的运动耐力。验班和对照班在800米跑测试中的成绩变化及比较见表8。

表8　试验班级和对照班级800米跑成绩

单位：秒

项目	X1	X2	P值	差值
实验班	4分01秒	3分55秒	<0.05	6
对照班	4分	3分58秒	>0.05	2

注：X1代表第一次平均成绩，X2代表第二次平均成绩。

根据表8可知，实验班的第一次800米跑测试的平均成绩为4分01秒，第二次800米跑测试的平均成绩为3分55秒，成绩提高了6秒，两次成绩经T检验得知具有显著差异。对照班第一次800米跑测试的平均成绩为4分，第二次800米跑测试的平均成绩为3分58秒，成绩提高了2秒，两次成绩经T检验得知不具有显著差异。

根据表9可知，实验班和对照班第一次800米跑测试的平均成绩差值为

1秒，第二次800米跑测试的平均成绩差值为3秒。实验班的平均成绩比对照班快2秒，*T*检验结果显示具有显著差异。

表9　试验班级和对照班级800米跑成绩的对照分析

单位：秒

项目	X1	差值/秒	P值	X2	差值	P值
实验班	4分01秒	1	>0.05	3分55秒	3	<0.05
对照班	4分		>0.05	3分58秒		<0.05

注：X1代表第一次平均成绩，X2代表第二次平均成绩。

在试验中，通过定时定距离跑和经常性800米跑练习，不仅能够提高学生的耐力，而且能够提高学生的有氧和无氧呼吸能力。因此，实验班的800米跑成绩优于对照班。

6　结论与建议

6.1　结论

结果分析显示，实验班学生的仰卧起坐、立定跳远和800米跑的成绩均有显著提高，身体的整体素质优于对照班。因此，实验班的"课课练"教学效果要优于对照班的常规体育教学效果。

在体育课的教学中，坚持进行"课课练"对提高学生的身体素质和达标率具有显著效果。

实验证明，"课课练"提高学生的身体素质，能促进学生对运动技术的掌握和提高，可以增强体育教学的效果，达到增强体质的目的。

"课课练"不受场地和器材的限制，简单易行，是提高体育教学和增强体质的有效方法，应成为普通体育课的重要内容之一。

6.2　建议

体育教师应努力提高自身业务水平，加强课堂组织管理，激发学生学习兴趣，坚持实施"课课练"，保质保量地完成教学内容。

体育课堂中实施"课课练"的时间有限。课后，学生可以根据自身需求进行体育锻炼，养成参加各种体育活动的良好习惯。

"课课练"应安排在课程主题部分结束或准备活动之后，也可以根据教材内容的需要穿插进行。

应将"课课练"作为教学的一部分纳入教学计划和进度安排，以全面发展为原则，并与主教材合理搭配。

在"课课练"的教学过程中，教师应多采用鼓励教学法，从学生的内心出发，耐心细致地引导，并给予肯定和鼓励。

7　致谢

四年之前，你不认识我，我不认识你，我就这样静悄悄地来了；四年之后，我想就这样静悄悄地、无声无息离开，但无法做到。只因四年的美好回忆让我留恋，让我忘返；只因有你们出现在我的世界里，我的世界因你们的出现而丰富多彩，你们给我的人生添上了靓丽的一笔。在此表示我最真诚的感谢，感谢衡阳师范学院，感谢衡阳师范学院教育我的老师，同时也感谢论文的指导老师蒋老师，以及组织本次论文答辩的各位老师。辛苦你们了！

羽毛球男双接发球战术的研究
——以仁川亚运会为例

体育系　体育教育专业

11250502　陈阳　指导老师：蒋德龙

　　摘　要：本文以2014年仁川亚运会羽毛球比赛项目中的男子双打比赛中的接发球战术为研究对象，通过对徐晨/张楠（中国）、李龙大/柳延星（韩国）、穆罕默德·阿山/亨德拉·塞蒂亚万（印度尼西亚）的比赛录像进行观察，运用文献资料、数理统计、逻辑分析等方法对他们在比赛中所运用的技术特征进行了分析、归纳与总结，探讨了接发球技巧以及接发球落点等对双打比赛项目的影响，得出了以下结论：①在接发球方面，使用最多的技术是搓球、推球以及勾球，主要以接发前场球为主，较少使用扑球、杀球、挑球等技术。②在接发球过程中，很少会接发到后场球。③比赛中，接发球的落点靠近中前场区，且中线附近区域落点最多，其次是两腰位，较少落在后场区域。④在比赛中，接发球一般是主动占多数，被动接发球仅占很小比例。接发球时，对球的预判能力不断提升。⑤发球质量的好坏及落点对接发球有重要影响，可以直接决定接发球的质量。虽然在比赛中直接通过接发球得分的概率较低，但它对第三拍具有重要作用，为更好的攻防转换做准备。

　　关键词：羽毛球；男子双打；接发球技巧；接发球落点

1　前言

1.1　研究背景

现代羽毛球运动起源于英国，后流传到英联邦各国，大约在20世纪初传播到美洲、亚洲，最后传播到非洲。羽毛球运动是一项集速度与技术于一体的竞技性运动项目，适合各个年龄阶段的人作为终身体育锻炼的一项大众健身手段。随着羽毛球运动在世界各地的普及，越来越多的人开始喜爱羽毛球并积极参与其中。由于现代羽毛球竞技运动水平的高速发展和日益激烈的竞争环境，对运动员的综合能力提出了越来越高的要求。

羽毛球运动的5个羽毛球竞技比赛单项是男子单打、男子双打、女子单打、女子双打、男女混双比赛项目。众所周知，相对于羽毛球其他比赛项目而言，我国羽毛球男子双打一直较为薄弱，从而导致中国男子团体整体实力受到严重影响。通过分析我国近几年来的羽毛球比赛结果可知，在2008年夏季奥运会羽毛球比赛项目中，中国获得了3个单打项目的金牌，然而在双打项目中，只有女双很好地发挥了自身的优势获得冠军，在男双和混双两项比赛中，只有男双获得银牌。蔡赟/傅海峰的男双组合是世界上排名靠前的选手，在我国也是水平最高的，在2008的北京奥运会男双项目比赛中蔡赟/傅海峰痛失金牌。而后在2012年伦敦奥运会上，由于赛制的部分变化，蔡赟/傅海峰获得金牌。纵观我国的羽毛球赛史，这是我国男双迄今为止取得的最好成绩。在当今世界的羽毛球比赛中，男双项目的竞争十分激烈。目前我国男双出现了比较严重的断层局面，优秀的男双选手不多。世界男双竞争激烈的形势下，我国男双形势危急。此外，在羽毛球男子双打的相关理论方面，我国相对较为落后。因此，加强对男双理论以及实际战术的研究以及对男双接发球战术的研究，对提升我国羽毛球男双队员的实力至关重要。

1.2　研究目的与意义

近年来，随着欧洲羽坛整体水平的下滑，世界羽坛高手大都集中在亚洲，亚运会羽毛球比赛的水平也堪称世界顶级水准。在仁川亚运会羽毛球单项比赛中，国羽军团有收获，也有遗憾。女双经过艰难角逐，却无缘决赛。而在男团决赛中表现出色的风云组合也在争八强的时候败给了印尼队，就此结束了他们最后一届亚运会之旅。为此，本文通过阅读研究大量文献资料，以及观看比赛录像，对羽毛球男子双打接发球战术进行探讨，对比赛中双打技战术中的接发球战术进行客观分析，旨在提出提高羽毛球双打接发球战术的可行性理论基础，为未来的羽毛球训练提供参考，进一步发展羽毛球双打运动项目及提高运动训练效果。

1.3　概念界定

为了更清晰地判定接发球技术的使用情况和效果，对有关概念界定如下。

平抽球：使用平抽快挡技术在中场对球进行处理，一般采取迎球击打的策略。

吊球：在后场用劈、切、滑板球等技术进行放网前球的处理。

推球：一种中场的平抽快挡技术，将对方来球平推至对方场区。

勾球：在网前对球进行变线处理，使来球改变原有飞行轨迹，将球处理至对方另外一个半区前场的动作。

搓球：在网前对球球位较高时，对球进行平搓处理，使球可以翻网而过。

挑球：把对方的网前球、吊球挑高回击到对方后场去。

扑球：在对方回网前球球位置较高时，上网，迅速压拍，使球在高位直接到达对方场区，是一种极具进攻性的打法。

接发球主动：接发球时使用扑球、杀球或搓放网前球以及上手勾球。

接发球一般：接发球时使用平推、平抽或挡网前球。

接发球被动：接发球时使用挑球、击高远球或放网前球时被对方封网以及下手勾球。

某种技术的使用百分数=某种技术的使用总数/所有技术的使用总数×100%。

2 文献综述

2.1 羽毛球运动的概述

2.1.1 羽毛球运动的定义

羽毛球运动是一项双方在中间隔着横网的球场上用球拍将羽毛球往返对击的球类运动。

2.1.2 羽毛球运动的构成

羽毛球比赛分为团体赛（男子团体、女子团体）和单项赛（男单、女单、男双、女双、混双）。

2.2 世界羽毛球男双发展现状

近年来，世界羽毛球运动水平突飞猛进，我国羽毛球的国际地位也不断提升。双打项目是羽毛球比赛中球速最快的一个项目，当今世界优秀男子双打的发展趋势仍然是"全面、快速、进攻、多变"，并以争夺前半场为主。"以我为主、以快为主、以攻为主"是羽毛球比赛战术的基本原则。比赛中无论我们运用何种战术，都不能脱离这个原则。羽毛球的双打技术风格是"快、狠、准、活"。在过去几十年里，无论羽毛球产生了什么样的新技术、有了什么样的新战术，中国运动员都坚持以快为主的战术思想，因此才形成了现在中国运动员鲜明的战术风格和精湛的技术。

2.3 关于羽毛球男子双打项目击球技巧的研究动态

羽毛球双打相对于单打，具有更多的战术组合，因而战术对比赛胜负的影响也更大。关于双打项目的战术组合、实战效能等问题的认识差异性较大。此外，现有的羽毛球教材重点强调单打，对双打项目的介绍相对较少，针对性的战术内容也较少。

通过期刊文献检索、网络搜索等方式查阅了大量的文献资料，并对其进行了整理。通过筛选其中有关羽毛球双打比赛中接发球得失分特征、接发球手法技巧运用、接发球落点、接发球的主被动等方面的文献，发现学者们从不同角度进行了大量研究，指出了必须解决的问题，并提供了一些有价值的结论和建议。

黄慧[①]以2008年北京奥运会羽毛球混双比赛的运动员为研究对象，对他们在比赛中的得失分特征进行了研究。研究表明，在比赛中失分比例大于得分。发球阶段和发球后的攻守阶段失分率高，而接发球、接发球后的攻守得分率高。

丘玉芳[②]对十三、十四届汤姆斯杯赛等进行了技术统计，结果显示接发球有其规律性，找到接发球的规律可以为第三拍打下良好的基础。

佘曦[③]等指出，发球接发球阶段是中国运动员创造进攻的薄弱环节，主要与所运用技术的局限性有关。在发球接发球阶段，中国运动员创造进攻的技术主要依赖"放网"和"挡网"技术，而"拨""抹"技术的使用明显少于其他国家。因为创造进攻的技术变化少，所以更容易被对手限制而无法创造更多的进攻机会。

林建成[④]在《关于如何提高我国混合双打水平的几点看法》一文中提到：在手法问题上，我国队员的手法变化不大，欧洲队员的手法细致有变化，特别是在反手区更占优势。由于我国队员在击球时间和手法上与欧洲队员存在一定的差距，这导致我国队员不敢提前判断并进行果断的移动，

① 黄慧. 当今羽毛球混合双打比赛得失分特征研究 ［J］. 长春教育学院报，2010，26（1）：89-90.

② 丘玉芳. 对羽毛球男子双打比赛第三拍的探讨 ［J］. 中国体育科技，1998，34（10）：33-35.

③ 佘曦，陈滔，许永德. 羽毛球男双技战术特征分析 ［J］. 体育学刊，2013，20（2）：87-90.

④ 林建成. 关于如何提高我国混合双打水平的几点看法 ［J］. 中国体育科技，1984（7）：26-32.

对方却能判断我国队员的球路，从而将其封住、封死。

陈珂[①]在《关于专业羽毛球男子双打发球和接发球技战术的探讨》中表明，接发球落点在中场的3个区域的比例位于前三位。前场的3个区域所占比例在其之后，其中2区所占比例最多，对接发球方下一拍相对有利。

傅建梅和彭卫梅[②]分析了世界优秀男子双打羽毛球运动员接发球战术，发现接发球落点以中场区域为主，其中5区所占百分比最高。

李森[③]通过对中外优秀选手接发技战术的比较研究，得出外国选手在主动接发球方面具有一定的优势，中国选手在技术上选择了以稳为主。

仲达和解祥梅[④]在《优秀羽毛球男子双打运动员第三拍技术的探讨》中对2011年的世界羽毛球公开赛选手进行了分析，发现在502个接发球中，接发球最多的是主动，共334个，占66.5%；其次是接发球一般，共135个，占26.9%；最少的是接发球被动，共33个，占6.6%。这表明当今世界级男双选手的接发球以主动的情形为主。

楚小昆[⑤]通过对1 129个接发球的统计发现，现今顶尖男双接发球被动率较低，为8.7%，接发球一般率为42.1%，接发球主动率达33.6%，而接发球的得分率高达10.5%，说明接发球方整体上占有优势。

综上所述，对相关资料进行了仔细的分析、归纳、比较和总结，并对影响羽毛球技战术的因素进行分析，力图提出对提高羽毛球接发球技战术

① 陈珂. 关于专业羽毛球男子双打发球和接发球技战术的探讨 [J]. 南昌师范学院学报，2014，35（3）：58-60.

② 傅建梅，彭卫梅. 世界优秀男子羽毛球运动员双打接发技战术分析 [J]. 青少年体育，2013（11）：46.

③ 李森. 中国羽毛球男双与国外优秀选手发接发技战术的比较研究 [J]. 武汉体育学院学报，2005，39（6）：85-86.

④ 仲达，解祥梅. 优秀羽毛球男子双打运动员第三拍技术的探讨 [J]. 首都体育学院报，2008，20（5）：123-125.

⑤ 楚小昆. 新赛制下羽毛球顶尖男双前三拍效果研究 [D]. 石家庄：河北师范大学，2010.

的建议，以供训练时参考。

3　研究对象与研究方法

3.1　研究对象

本文的研究对象是优秀的羽毛球男双选手：徐晨/张楠（中国）、李龙大/柳延星（韩国）、穆罕默德·阿山/亨德拉·塞蒂亚万（印度尼西亚）的接发球战术。比赛视频来源于2014年仁川亚运会比赛中羽毛球项目男双相关比赛录像。

3.2　研究方法

3.2.1　文献资料法

通过检索和查阅相关网站，收集和整理比赛相关的资料和数据，阅读相关研究文献，了解羽毛球男双战术的基本特征，从而为本文研究羽毛球男子双打接发球战术提供理论基础。

3.2.2　录像观察法

通过观看2014年仁川亚运会羽毛球男子双打比赛中几对选手的比赛录像，分析比赛中中外选手接发战术的运用情况，并得出结论。

3.2.3　统计分析法

使用Excel软件对观看比赛得到的相关数据进行统计分析。

3.2.4　逻辑分析法

通过对接发球所使用的技术及落点进行分析，总结中国羽毛球优秀男双运动员的接发能力和接发球特点，以得出相关结论并提出相关建议。

4 结果与分析

4.1 仁川亚运会男双比赛基本状况

印尼队与韩国队男双决赛比分见表1。从表1中可以看出，在印尼队与韩国队的决赛中，在双方各赢一局的情况下，双方顶住压力，艰难角逐，最终印尼队以2：1战胜了韩国队。

表1 穆罕默德·阿山/亨德拉·塞蒂亚万（印度尼西亚）与李龙大/柳延星（韩国）

选手	第一局	第二局	第三局	总比分
印尼队与韩国队	21：16	16：21	21：17	2：1

韩国队与中国队男双决赛比分见表2。从表2中可以看出，在中国队和韩国队的决赛中，第一局双方相差不大，但是在第二局中，中国队却因不断失误以大比分落后而输给了韩国队。

表2 李龙大/柳延星（韩国）与徐晨/张楠（中国）

选手	第一局	第二局	第三局	总比分
韩国队与中国队	23：21	21：13	—	2：0

4.2 赛中接发球战术运用情况

在羽毛球双打中，发、接发的处理至关重要。发球是比赛的开始，也是进攻的开始。发球质量的好坏将直接影响后续比赛的开展。高质量的发球可以为自己创造有利的局面，更好地创造胜利的机会，也可以造成对方的措手不及进而直接得分，还可以先发制人，牵制住对方，更好地服务于比赛。但由于一些规则的限制，靠发球直接得分的概率并不是很大，只能起到调动对方的作用。接发球也是各种进攻战术的基础。在接发球时，可以预判发球方的意图，对来球方的来球质量好坏做出判断，进而采用有效的技术，有时也有直接得分的机会，而接发球处理得当也可能成为主动一方。同时，接发球和第四拍衔接紧密，接发球技术也可以为第四拍创造主动机会。在如今双打比赛甚至男双比赛的前4拍竞争非常激烈的情况下，接发球技术与落点对对手造成的影响变得尤为重要。

因此，羽毛球双打发球可分为前场区和后场区，而前场区又可分为1号区和2号区，其中，1号区域接近于场地中线，2号区域接近于场地边线，5号区域位于1号和2号区域中间；后场区域又可分为3号区和4号区，其中，3号区域接近于场地中线，4号区域位于场地边线，6号区位于3号和4号区中间。①羽毛球双打发球和接发球区具体示意如图1和图2所示。

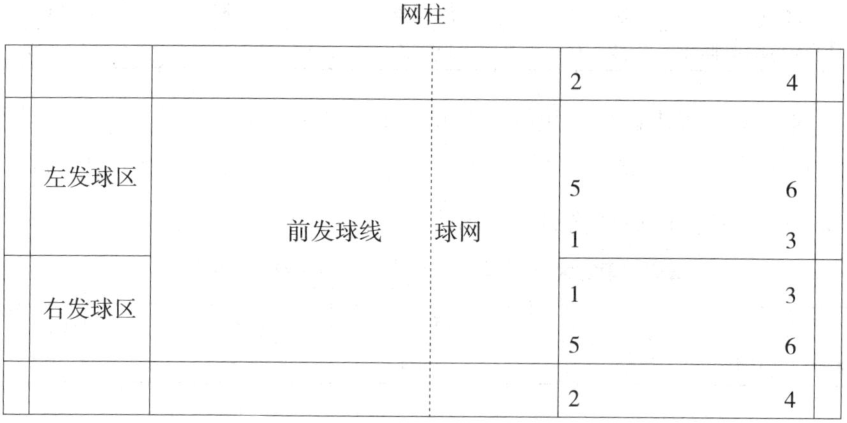

网柱

				2	4
	左发球区	前发球线	球网	5	6
				1	3
	右发球区			1	3
				5	6
				2	4

图1　羽毛球双打发球场地示意图

---

① 仲达，解祥梅. 优秀羽毛球男子双打运动员第三拍技术的探讨［J］. 首都体育学院报，2008，20（5）：123-125.

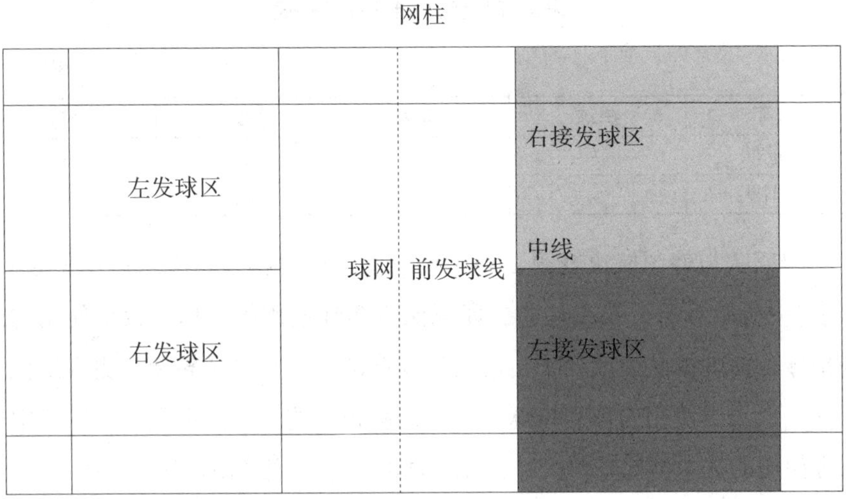

网柱

左发球区	球网　前发球线	右接发球区
		中线
右发球区		左接发球区

图2　双打接发球场区示意图（阴影部分为接发球场区）

4.2.1　接发前场球的战术运用

通过观看比赛录像发现，在比赛中以接发前场球为主，极少会接发到后场球，包括后场高球和平快球。除了偶尔出现的发球失误，发球的落点主要是以前场为主，只发过2个后场球，皆为后场平快球。这是因为前场区相对来说路线短，可以有效缩短对方的反应时间，给对方造成一定的心理和技术上的压力，也为我方的后一拍（即第四拍）创造主动进攻的机会。这凸显了比赛选手们在比赛中的发球主要是以稳为主。

印尼队与韩国队决赛第一局中接发前场球时接发球战术运用见表3。从表3中可以看出，在第一局中，印尼队使用较多的接发球战术是搓球和推球，而韩国队则更倾向于推球，两队都较少地使用了勾球。印尼队在三种接发球战术的运用上相差不大，韩国队在接发球战术的运用中变动频率较少，这表明在比赛中，相较于韩国队，印尼队在接发球的战术运用上更加多变，而韩国队则较为单一。

表3　印尼队与韩国队第一局

单位：次

选手	搓球	勾球	推球	扑球
印尼队	7	3	5	0
韩国队	5	2	12	0

印尼队与韩国队决赛第二局中接发前场球时接发球战术运用见表4。从表4中可以看出，第二局中，印尼队更多地使用了搓球，较少使用勾球和推球，而韩国队也改变了自己的接发球战术，从推球转变为更多地使用搓球，也很少使用勾球和推球，并最终赢得了这一局。但是在这一局中，双方使用的战术都比较单一，在接发球的战术上交换使用的频率很少。

表4　印尼队与韩国队第二局

单位：次

选手	搓球	勾球	推球	扑球
印尼队	13	2	4	0
韩国队	10	2	2	0

表5中的是决胜局中两队选手接发球的战术运用情况。在决胜局中，两队选手不断变化自己的接发球战术。比赛中，两队选手运用的接发球战术类似，较多地使用了搓球和推球，两队选手交换使用搓球和推球的频率相近。相对于前两局而言，在这一局中，两队选手在接发球的战术运用上相对较多。

表5　印尼队与韩国队第三局

单位：次

选手	搓球	勾球	推球	扑球
印尼队	5	1	9	0
韩国队	6	2	7	2

表6是将印尼队和韩国队决赛的三局比赛的接发前场球战术统计后得出的总体接发球战术统计表。可以看到，在比赛中，接发前场球所使用的

战术最多的是搓球，占接发球总数的46.46%；其次是推球，占接发球总数的39.39%；再是勾放网前球，占接发球总数的12.12%。在前场，较少使用扑球和其他击球战术。结合三局比赛可以看出，在比赛中，印尼队总共使用了25次搓球，而韩国队使用了21次；两队勾球都为6次；印尼队使用推球共18次，韩国队是21次。因此在接发球中，印尼队更倾向于使用搓球，而韩国队则更倾向于推球。

表6　印韩决赛总体接发球战术统计表

项目	搓球	勾球	推球	扑球
百分比/%	46.46	12.12	39.39	2.02
总数/次	46	12	39	2

韩国队与中国队在男团比赛男双项目中的两局接发球战术运用情况见表7和表8。由表7可知，在第一局中，韩国队接发球使用最多的是推球，较少使用搓球和勾球。中国队使用最多的是搓球和推球，勾球运用较少。相对来说，中国队的接发球战术变化较多，而韩国队使用的接发球技巧较为单一。通过表8可以看出，在第二局中，韩国队改变了接发球的战术运用，从较多地使用推球转变为较多地使用搓球。中国队则较多地使用推球，但由于失误较多，将球推到了界外而失分。从这一局来看，中国队选手虽然变换了接发球战术，但是在变动的过程中较为单一，容易被对方抢占先机。

表7　韩国队与中国队第一局

单位：次

选手	搓球	勾球	推球	扑球
韩国队	3	2	14	0
中国队	10	3	9	0

表8　韩国队与中国队第二局

单位：次

选手	搓球	勾球	推球	扑球
韩国队	7	1	3	0
中国队	5	0	12	0

表9是中国队与韩国队决赛中总体使用接发球战术分布统计表。从表9中可以得知，在比赛中，中国队和韩国队使用接发球战术较多的也是搓球和推球。其中，最多的是推球战术，占55.07%；其次是搓球，占36.23%，勾球较少，占8.7%。结合两局比赛的整体形势可以看出，在比赛中，韩国接发球运用中推球共17次，中国运用推球共21次，两队选手在接发球战术的使用上都比较倾向于推球战术。但是，在接发球推球的战术运用上，韩国队的稳定性更高。

表9　中韩决赛总体接发球技术统计表

项目	搓球	勾球	推球	扑球
百分比/%	36.23	8.70	55.07	0
总数/次	25	6	38	0

通过以上表格可以看出，在接发球中，很少会有接发球、直接扑球或杀球，这说明随着现代羽毛球技术的提升，球技术和发球的质量也越来越高。

4.2.2　接发后场球的战术运用

表10是印尼队与韩国队、中国队与韩国队两场比赛中接发后场球统计表。由表10可见，在比赛中，后场接发球战术运用很少，只有两拍，且运用的是杀球。在羽毛球男子双打项目中，由于发后场球距离相对较远且容易被对方拦截，进而造成被动的局面，因而较少接发后场球。发后场球一般是趁对方将注意力放在前场球区时进行的突击行为又称为偷发后场球。偷发成功有利于将对方的战术打乱，攻其不备，创造取胜机会。一般接后

场球时运用较多的是杀球或使用杀吊结合,力求造成对方打被动球,为下一次进攻做准备。

表10 后场接发球统计表

单位:次

项目	印尼队与韩国队	中国队与韩国队	总数
接发后场球数	1	1	2

4.3 羽毛球比赛中接发球落点情况

在羽毛球双打比赛中,我们将接发球落点分为前场1、2号区,中场5、6号区,后场3、4号区,如图3所示。

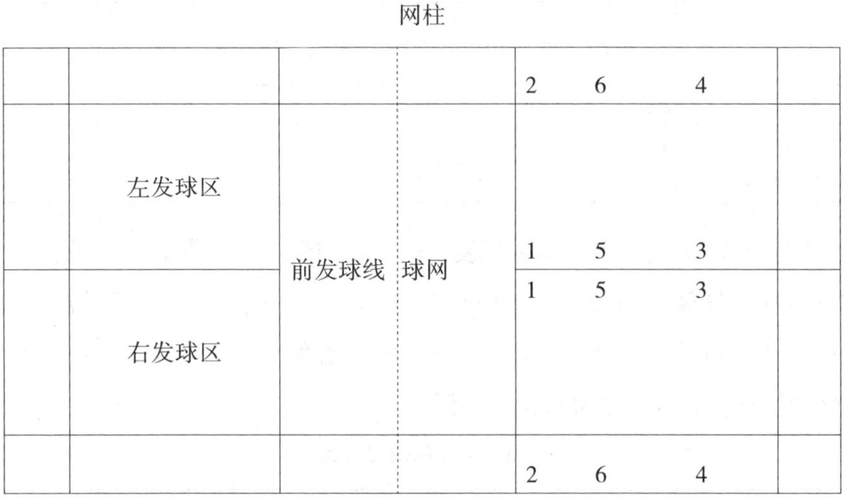

网柱

			2	6	4	
	左发球区					
		前发球线 球网	1	5	3	
			1	5	3	
	右发球区					
			2	6	4	

图3 羽毛球接发球落点示意

4.3.1 接发球落在前场区

表11和表12是男子双打项目比赛中接发球落点的统计情况。由表11可以看出,韩国队接发球落点最多在1号位,其次是在5号位,然后是4号位和2号位,最少落在6号位和3号位;印尼队的接发球落点较多的是5号位,其次是1号位和6号位,然后是2号位和4号位。6号位属于腰位,4号位是后

场边线球，这两个落点较难控制。3号位是后场球，为了避免起高球，很少将球击在这个点。在接发球落点上，印尼队比韩国队更擅长击腰位球。由表12可以看出，韩国队接发球落点较多的是1号位和5号位，中国队接发球落点最多的是在1号位，其次是4号位、6号位和5号位。在接发球落点上，韩国队接发球落点较单一，而中国队选手变换更多。由于中国队与韩国队都倾向于推球，因此，在接发球战术上，中国队选手更擅长推对方的腰位和后场边线球。

表11　韩国队与印尼队接发球落点统计表

选手	1号位	2号位	3号位	4号位	5号位	6号位
韩国队	18	4	2	6	12	2
印尼队	10	9	2	6	12	10

表12　韩国队与中国队接发球落点统计表

选手	1号位	2号位	3号位	4号位	5号位	6号位
韩国队	11	4	3	2	10	1
中国队	14	4	0	9	7	8

表13是两场比赛中总体的接发球落点分布情况。根据表13可见，接发球落点在前场区1号和2号的比例共占44.57%，是3个区域中占比最高的。其中，接发球落点落在1号位的比例最高。比赛中接发球战术都较多地使用搓放网前球，其次是推腰位和边线球。

表13　接发球落点统计表

项目	1号位	2号位	3号位	4号位	5号位	6号位
百分比%	31.92	12.65	4.22	13.86	24.70	12.65
总数	53	21	7	23	41	21

4.3.2　接发球落在中场

由表13可知，接发球落点在中场区5号和6号位的比例共占37.35%，紧随前场区之后，其中，接发球落点在5号位的比例最高。可以看出，在羽毛球男子双打比赛项目中，接发球落点都是以中前场区域为主且靠近中线区。而在双打项目中，当对方采用一左一右分边站位时，尽可能地将球攻到对方两人之间的空当区域，造成对方因为争抢回击球而发生碰撞或相互让球而出现漏接失误。当对方是前后站位时，可以将球回击到对方前后之间靠近边线位置的半场区域，造成对方失误。因此，在比赛中选手使用接发球战术较多的是攻中路战术。

4.3.3　接发球落在后场区

接发球的落点在后场区的比例较少，双方队员会将球压制在对方的前中场区域，减少自己一方起高球，利用接发球来压制对方，迫使对方起高球，从而为自己一方争取比赛主动进攻的机会。

4.4　比赛中接发球主被动情况

4.4.1　接发球主动

结合上文对接发球主被动的界定，以及表3～表9可以看出，在男双接发球中，主动的比例为50.60%。在比赛中，接发球以主动为主。当接发球主动时，可以为第四拍创造主动进攻的机会。

4.4.2　接发球被动

结合表3～表9及上文对接发球被动的界定可以得出，在男双接发球中，被动的比例为5.95%。在比赛中，接发球被动的情况较少出现。当接发球被动时，对方抢占先机，进行较好的攻守转换。

4.5　比赛中影响接发球战术运用的因素

4.5.1　发接发球战术的掌握程度的影响

在羽毛球双打项目中，发接发球战术是羽毛球比赛中一种非常重要的战术。它要求参赛运动员在比赛中具备强烈的战术意识，并具备高水平的基本功。在仁川亚运会羽毛球男团男子双打项目中国队与韩国队的比赛中，第二局李龙大便很好地掌握了发接发球战术的运用，接发球的时间点恰好与张楠发出球的时间结合，造成中国队第三拍被动，失误而失去一分。因此，在比赛中，抓住了发球接发球之间的衔接点或时间差值，就等于抓住了主动权，有利于控制整场比赛的局势，对于取得比赛胜利具有重要意义。

4.5.2 发球的质量及落点的影响

饶宝建和孔庆霞[①]在《关于羽毛球双打发球落点变化及稳定性的技术分析》中指出，发球质量与发球落点在羽毛球双打比赛中占据着相当重要的位置。根据当前比赛规则，夺得了发球权就意味着获得优先得分权。发球质量的好坏决定着一分的得失，而发球落点的变化性是高水平双打运动员发球技术好坏的重要标志。因此，在羽毛球双打比赛中，发球要求"稳"，还要求"变"。通过观看比赛录像发现，接发球落点的不同会影响接发球方接发球主被动，同时也会影响第三拍的击球技术，对比赛取胜起着至关重要的作用。

5　结论与建议

5.1　结论

在接发球方面，使用最多的技术是搓球、推球和勾球，主要以接发前场球为主，较少使用扑球、杀球和挑球等技术。随着羽毛球技术的不断发展，发球方面也得到了显著提高。通过对比分析中外选手的接发球战术运用情况发现，外国选手在接发球方面使用的技巧较为灵活多变，中国选手接发球战术的变动则较为单一。

在接发球的过程中，很少会接发到后场球。羽毛球男子双打比赛相

---

① 饶宝建，孔庆霞. 关于羽毛球双打发球落点变化及稳定性的技术分析［J］. 湖北体育科技，2005（1）：97–98.

对其他双打比赛而言速度更快，而前场区相对来说发球线路短，反应时间少。因此，双方都会减少自己一方起高球。偷发后场球也只是偶尔使用。

比赛过程中，接发球的落点靠近中前场区，且中线附近区域落点最多，其次是两腰位，较少落在后场区域。要使球落在后场区域，双方必须有一方起高球，而这又是男子双打比赛中尽量避免的。因此，为了更好地争取比赛的主动权，选手们将接发球的落点控制在前半场区。

在比赛中，接发球一般是主动占多数，被动接发球只占了少部分。在接发球时，对球的预判能力在不断增强。

发球质量的好坏及落点对接发球具有重要影响，可以直接决定接发球的质量。虽然在比赛中靠接发球直接得分的概率较低，但这对第三拍具有重要作用，为更好的攻防转换做准备。

5.2 建议

在羽毛球接发球战术运用中，我们应更加灵活地运用各种技巧，并根据对手和自身的赛况及时调整接发球战术运用。在变动时，不要太单一而应多穿插变化，让对方难以预判，打乱对方的发接发球战术的衔接。

在羽毛球男子双打接发球战术中，虽然较多接发前场球，较少接发后场球，但是被对方偷发后场球时便陷入了被动局势，因此要全面培养锻炼自己的发接环节战术，顾全大局。

羽毛球男子双打比赛中，由于发球落点较多地落在前半场区，因此在接发球过程中，要坚决贯彻"快"字当头，以"稳"为主，"狠变"结合的指导思想，积极主动地快速进攻，获取主动权。

在羽毛球男子双打比赛中，随着对发球抢攻意识的增强，接发球上较多的是主动。在预判能力变强的情况下，无论接发球是主动还是被动，都应及时调整心态，为下一拍做好准备，并在训练中练习攻守转换的能力。

在羽毛球双打比赛中，接发球质量和落地的好坏直接决定了比赛的主被动局面，因此，我们应加强对发接发球战术意识的训练，并主动出击，争取比赛的胜利。

参考文献

[1] 黄慧. 当今羽毛球混合双打比赛得失分特征研究［J］. 长春教育学院报，2010，26（1）：89-90.

[2] 丘玉芳. 对羽毛球男子双打比赛第三拍的探讨［J］. 中国体育科技，1998，34（10）：33-35.

[3] 佘曦，陈滔，许永德. 羽毛球男双技战术特征分析［J］. 体育学刊，2013，20（2）：87-90.

[4] 林建成. 关于如何提高我国混合双打水平的几点看法［J］. 中国体育科技，1984（7）：26-32.

[5] 陈珂. 关于专业羽毛球男子双打发球和接发球技战术的探讨［J］. 南昌师范学院学报，2014，35（3）：58-60.

[6] 傅建梅，彭卫梅. 世界优秀男子羽毛球运动员双打发接发技战术分析［J］. 青少年体育，2013（11）：46.

[7] 李森. 中国羽毛球男双与国外优秀选手发接发技战术的比较研究［J］. 武汉体育学院学报，2005，39（6）：85-86.

[8] 仲达，解祥梅. 优秀羽毛球男子双打运动员第三拍技术的探讨［J］. 首都体育学院报，2008，20（5）：123-125.

[9] 楚小昆. 新赛制下羽毛球顶尖男双前三拍效果研究［D］. 石家庄：河北师范大学，2010.

[10] 仲达，解祥梅. 优秀羽毛球男子双打运动员第三拍技术的探讨［J］. 首都体育学院报，2008，20（5）：123-125.

[11] 饶宝建，孔庆霞. 关于羽毛球双打发球落点变化及稳定性的技术分析［J］. 湖北体育科技，2005（1）：97-98.

［12］韩海锋，刘彦博. 羽毛球女单选手王适娴与申克胜负转换解析
　　　［J］. 濮阳职业技术学院学报，2013，26（3）：122-127.

［13］芦忠文，吴雪清，杜长亮. 中外优秀羽毛球女单运动员发球、接发
　　　球技战术特征比较分析［J］. 成都体育学院报，2013，39（4）：
　　　63-67.

［14］孔令奎. 第12届苏迪曼杯羽毛球混合团体锦标赛1／4决赛男双技
　　　术运用对比分析［J］. 体育成人教育学刊，2011，27（5）：
　　　73-76.

［15］贾成. 世界优秀羽毛球女子双打运动员技战术运用特征的分析研
　　　究——以日本和韩国为例［J］. 科技信息，2014（10）：176-
　　　177.

［16］佘曦，付强，陈滔. 中外羽毛球男双创造和限制进攻途径的对比分
　　　析［J］. 体育学刊，2013，20（4）：112-115.

2014～2015赛季WCBA总决赛换人战术的统计研究

体育系　体育教育专业

12250609　杜红萍　指导教师：蒋德龙

摘　要： 本文通过学习和借鉴多位专家的科研成果、观看2014～2015赛季WCBA总决赛录像、与篮球教练探讨，以及自身实践经验的分析，为今后进行篮球技术换人提供一些参考。通过统计数据发现，女篮换人的最主要因素是体力分配，其中中锋位置的换人较频繁。北京队的换人总次数高于山西队，山西队的前锋、后卫位置的换人次数不多，而北京队的中锋、前锋、后卫位置的换人次数相当，这是由球队战术和替补球员的实力决定的。

关键词： 频繁换人；统计数据；战术换人；换人时机

1　前言

篮球运动是一项深受广大人民群众喜爱的体育项目，它不仅可以锻炼身体、愉悦身心，而且一些高水平的篮球比赛还可以给观众带来美的享受，丰富人民的精神文明。近几年来，随着电视和媒体对篮球的普遍重视，观众可以看到WCBA总决赛北京队和山西队篮球队员的表演。篮球队员们精湛的个人表演、流畅的集体配合都具有极高的欣赏价值。但是，在篮球比赛中，由于受到场地、环境、观众、体力、战术和裁判等多方面因素的影响，在比赛中，队员在特定的时间内运用的技术可能会出现失误。现代篮球比赛是在高速度、高空优势和高超技巧等诸方面进行的激烈争夺。WCBA各强队对身体、技术、战术和心理素质等制胜因素都十分重视。然而队员之间的水平不可能绝对相等，有些队员水平较强，有些较弱，这就出现了主力与替补队员之分。在现代高水平篮球比赛中，速度之快、强度之大、对抗之激烈，已使篮球比赛水平进入一个新层次。各强队之间的比赛仅仅依靠五名队员打天下的局面显然已不符合比赛的客观实际。[①]教练员必须充分合理地使用全体队员，合理运用换人战术。

2　研究对象与方法

2.1　研究对象

2015年WCBA总决赛北京队和山西队的换人战术。

2.2　研究方法

2.2.1　文献资料法

系统检索国内体育类期刊上发表的关于篮球换人技术的科研论文，以及与本文相关的书籍资料，为本文提供理论基础。

2.2.2　统计分析法

使用Excel 2003软件对观看视频所得数据进行数理统计和分析。

2.2.3　逻辑分析法

运用逻辑学知识和方法对获得的相关资料进行归纳、分析和综合，以实现对本文观点的全面系统分析

2.2.4　访谈法

根据研究任务，对担任衡阳师范学院女子篮球队主教练的李红军老师进行

---

① 杨玉霞，杨照亮. 对篮球比赛中换人技巧的研究［J］. 周口师范高等专科学校学报，2002（2）：102-103，106.

访谈，归纳总结篮球比赛合理的换人时机、次数和位置，为本文寻求依据。

2.2.5 观察法

在四场总决赛的录像中对北京队和山西队的换人战术和换人目的有计划地系统观察和记录，然后对所做记录进行分析，发现女篮换人战术的规律，提出适合女子篮球队的换人战术建议。

3 结果与分析

3.1 WCBA 总决赛山西队换人战术

山西竹叶青队上场队员中有5名中锋、3名前锋、2名后卫。球队围绕核心23号玛雅·摩尔实施炮轰战术，防守上主要依靠联防和收缩内线的防守方式。由于北京队主力中锋42号格里娜的强势火力，山西队多采用5号位频繁换人战术进行牵制。以下是对2014～2015年赛季WCBA总决赛山西队换人战术的统计与研究。

3.1.1 山西队换人的时机

从表1可知，山西队因体力因素换人次数最多，其次是战术因素，再次是失误因素，这表明影响女篮换人时机的主要因素是队员的体力，因此多采用"车轮战"。从比赛场次来看，前两场因体力因素换人次数较少，但是第三场明显增加，这是由于比赛进行深入，队员出现体力不支和体力恢复较慢的情况所导致的。在第四场，山西队没有出现过多的换人，是因为她们掌握了赛点，想要一举拿下总冠军，因此一直使用最强阵容。从失误因素导致的换人次数来看，山西队教练很少因为球员失误而进行换人，这一方面体现了教练员对球员的充分信任，另一方面也体现了山西队替补球员实力较弱的情况。从战术因素导致的换人次数来看，山西队的战术变换是根据北京队的场上阵容决定的，大多数都是通过换人达到"双中锋"

的配置，以制约北京队的主力中锋对山西队内线造成的杀伤，特别是在第一场失利后，我们可以明显看到山西队在第二场进行的调整：全场高达9次战术换人，甚至出现了"三中锋"的阵容配置。山西队通过换人有效地抑制了北京队主力中锋的发挥，并通过保护篮板球制造二次进攻机会，从而顺利赢得第二场比赛。在最后两场比赛中，山西队很少使用战术换人，这更凸显了山西队替补球员实力不足的问题，加之后两场比赛相当重要，除了常规的位置换人外，很少出现战术换人的情况。

表1 山西队换人时机统计表

单位：次

场次	体力因素	失误因素	战术因素
第一场	6	2	4
第二场	5	4	9
第三场	11	1	3
第四场	3	1	3
总 计	25	8	19

3.1.2 山西队换人的次数

从表2可以看出，山西队的主力队员和替补队员的实力差距较大，因此换人次数较少。与第一场比赛相比，第二场的换人次数明显增加，这表明在经历了第一场失利后，山西队的主教练对人员的调配进行了调整。通过比较表1和表2，可以看出，在第二场比赛中，山西队多次利用换人来调整进攻和防守战术，这也是其在赢得第二场比赛的主要原因之一。第三场比赛的换人次数相对较多。通过表1和表2的对比，我们可以看出，第三场比赛中换人的主要原因是队员的体力问题，需要通过换人来合理分配主力队员的体力，以达到最佳的比赛效果。

表2　山西队换人次数统计表

单位：次

场次	换人次数	比赛结果	分差
第一场	16	负	-14
第二场	21	胜	+3
第三场	18	胜	+11
第四场	12	胜	+2
总　计	67	一负三胜	+2

3.1.3　山西队换人的位置

从表3可以看出，中锋位置的换人次数是前锋、后卫换人次数的5倍。从球员的位置来看，中锋通常身材高大，移动速度相对较慢，并且在内线的身体接触中体力消耗较大，因此中锋位置的换人次数较多。就山西队前三场比赛而言，中锋位置换人次数较多是因为北京队的主力中锋对山西队内线造成了重大杀伤，导致山西队的主力中锋犯规较多。因此，山西队的主教练采用了"车轮战"的方式，让三名队员轮番上场防守北京队的主力中锋。另外，由于北京队内线实力过强，山西队的主要阵容采用了"双中锋"形式，目的是加强对北京队内线的牵制以及篮板的保护。因此，山西队在换人位置上出现"一边倒"的现象也是情有可原。在第四场比赛中，山西队的换人次数非常少，主要原因是山西队已经夺得赛点，希望全力一拼夺下冠军的策略所导致。从前锋、后卫位置上的换人次数之少也可以看出，山西队的替补球员深度不够，前锋、后卫替补球员较少，应调整球员的配备。

表3　山西队换人位置统计表

单位：次

场次	中锋	前锋	后卫	比赛结果
第一场	8	1	2	负
第二场	10	2	1	胜
第三场	11	1	2	胜
第四场	3	2	1	胜
总　计	32	6	6	一负三胜

3.2　WCBA 总决赛北京队换人战术

北京首钢队主要上场队员有8人，其中，中锋3人、前锋3人、后卫2人。北京队进攻主要依靠两个重要火力点，即主力中锋42号格里娜和前锋9号邵婷。利用格里娜的内线强打与高位策应，对手山西队一旦收缩内线，那么北京队的外线中投机会就相当多。当然，北京队进攻的信心和耐心建立在稳固的防守基础上，这是北京队的立队之本，也是他们的长处。北京队主要采用人盯人的防守策略，优点是可以充分限制对手外线的发挥。但缺点是，对于山西队个人能力超强的23号玛雅·摩尔而言，一个人的防守显然是不够的，而如果有人过来协防，就意味着会有位置暴露出来，容易被山西队利用。以下是对2014~2015年赛季WCBA总决赛北京队换人战术的统计与研究。

3.2.1　北京队换人的时机

从表4可以看出，北京队进行换人的主要原因是体力。对于注重防守的北京队来说，比赛中场上球员的防守专注度非常高。尤其是面对山西队拥有绝对实力的女乔丹23号玛雅·摩尔，北京队队员既要注重进攻又要注重防守，在体力上的消耗相对较大，因此因队员体力因素换人次数较多是正常现象。从表4的数据可以看出，第三场比赛中北京队因体力因素换人次数明显减少，这是因为第三场比赛对北京队来说尤为重要，因此北京队主教练为了保持最佳阵容相对减少了换人次数。我们还可以看到，第三场比赛北京队因失误因素导致换人的次数有4次，是四场比赛中最高的一次，这说明北京队员由于紧张和客场作战因素导致失误率较高，此时主教练利用换人来帮助队员调整心态，帮助球队获得胜利。然而，北京队最终因失误过多，在客场输掉了比赛，将赛点拱手让给了山西队。从战术换人的次数来看，北京队四场比赛都比较平均，主要针对山西队23号的防守战术和进攻战术做出调整。为了保护篮板球，北京队也会通过战术换人派上"双中锋"阵容，取得了良好效果。

表4　北京队换人时机统计表

单位：次

场次	体力因素	失误因素	战术因素
第一场	14	2	5
第二场	13	1	6
第三场	9	4	4
第四场	13	2	5
总　计	49	9	20

3.2.2　北京队换人的次数

从表5可以看出，北京队平均每场比赛换人次数超过了20次，这说明北京队的主教练非常重视队员的体力分配，经常进行换人来补充主力队员的体力。另外，这也表明北京队队员之间的实力差距不大。第三场比赛的换人次数相对较少，从失分情况也可以看出，北京队换人次数越多，失分越少。因此，我们可以得出结论，在女子篮球比赛中，体力分配至关重要。

表5　北京队换人次数统计表

单位：次

场次	换人次数	比赛结果	分差
第一场	24	胜	+14
第二场	23	负	−3
第三场	20	负	−11
第四场	27	负	−2
总　计	94	一胜三负	−2

3.2.3　北京队换人的位置

从表6可以看出，北京队中锋的换人次数除第一场外，其他三场相对较少。这是因为42号主力中锋具备绝对的实力，没有其他球员可以替代。北京队的进攻主要依靠42号的内线威慑力，利用挡拆制造"大打小"以及吸引对手包夹从而制造位置漏防来得分。第一场比赛中，中锋位置换人次数多是因为比分差距较大且其他队员发挥出色，北京队主教练在确保取得胜利的前提下，出于保护重点球员的目的，进行了多次的中锋位置换人。而在后三场比赛中，中锋位置的换人次数较少是因为比分处于落后以及其他队员发挥不稳定的情况下，必须留下42号保护篮板球，保证进攻的成功率。从表6也可以看出，北京队前锋位置的换人次数相对平均。这也表明北京队的替补前锋的实力较强。大部分的前锋位置换人是为了防守山西队23号球员。由于山西队的23号前锋个人能力较强，北京队一直采用人盯人防守和对山西队23号进行协防的防守模式。这导致北京队防守山西23号的队员体力消耗太大，因此每场比赛前锋位置的换人都比较稳定。而北京队后卫的换人次数除第四场比赛外，前三场换人次数都较少，这是由于北京队的5号主力控球后卫本身防守实力较强，可以在外线协防山西队主力核心23号。在比赛中，一旦北京队更换主力控卫，那么其外线必定失守，因此，北京队需要增强外线防守能力。

表6　北京队换人位置统计表

单位：次

场次	中锋	前锋	后卫	比赛结果
第一场	12	8	4	胜
第二场	5	7	5	负
第三场	4	5	7	负
第四场	9	8	10	负
总　计	30	28	26	一胜三负

3.3　WCBA总决赛换人战术特征分析

通过观看视频和统计数据可以得知，WCBA总决赛的换人战术一般分为主动换人和被动换人两种。临场中关于战术的打法、战略方针的实施、主攻方向和主攻目标的确定，都应该从实际出发，深入调查研究，科学而合理地进行换人，减少换人的盲目性，发挥队员最大的潜力，赢取比赛的胜利。

3.3.1 换人的时机特征

从表7可以看出，北京队因队员体力因素导致换人的次数是山西队的两倍。一方面，这表明北京队多次采用"车轮战"的方式，旨在更好地限制山西队核心球员的发挥；另一方面，这也说明北京队的主力球员和替补球员的实力相当。而山西队在体力方面换人次数较少，则意味着主力球员与替补球员之间存在实力差距。同时，这也可以看出山西队的战术是围绕主力前锋23号球员制定的，以至于主教练在关键时刻不敢换人，追求稳中求胜。从双方因球员失误而进行换人的次数来看，表明主教练充分相信队员的自我调整能力。通过比赛录像可以得知，失误换人通常发生在场上球员连续失误的情况下，主教练会通过换人来安抚球员的情绪，并帮助他们调整状态，往往在下一回合就会将球员重新换上场。从战术因素导致的换人次数来看，双方的次数相当，这是因为大部分的战术换人是因对方做出了人员和战术调整，我方必须做出相对应的战术调整。例如，山西队在第一节换上第六人10号，这是因为他们的进攻不顺利，进行调整进攻战术的换人；而此时北京队也会进行战术调整，通过换人来调整防守战术，加强内线防守，以防止山西队两名前锋轮流冲击内线。再如，当北京队的主力中锋42号由于体力不支而下场休息时，山西队会派上具有身高优势的中锋16号对北京队的内线进行冲击。因此，不难看出，战术换人在比赛中非常重要，最能体现球队主教练的战术素养。善于利用战术换人往往会带来意想不到的效果。

表7 2014～2015赛季WCBA总决赛换人时机统计表

单位：次

球队	体力因素	失误因素	战术因素
山西队	25	8	19
北京队	49	9	20

3.3.2 换人的次数特征

从表8可以看出，山西队平均每场比赛换人次数为16.75次，而北京队平均每场比赛换人次数为23.5次。一方面，这显示出北京队希望通过频繁的人员调整来找到有效的进攻方式；另一方面，也说明了北京队与山西队在替补球员实力上存在差距。可以说，山西队最终获得总冠军是由于主力球员做出了巨大的贡献，特别是23号主力前锋和10号最佳第六人。因此，山西队在最后一场比赛中换人次数少之又少，旨在尽早获得总冠军。如果最后一场比赛双方总比分战平，那么在最后一场终极对决，山西队很可能因队员体力消耗过大而最终输掉比赛。

表8　2014～2015赛季WCBA总决赛换人次数统计表

单位：次

场次	山西队	北京队	比赛结果
第一场	16	24	北京胜
第二场	21	23	山西胜
第三场	18	20	山西胜
第四场	12	27	山西胜
总　计	67	94	山西总冠军

3.3.3　换人的位置特征

从表9可以看出，山西队的换人主要集中在中锋位置上。这主要是因为对手北京队拥有实力较强的中锋42号。山西队通过中锋位置上的频繁换人可以达到消耗对方中锋体力的目的，此外，也与为了防守对方中锋而造成的犯规次数较多有关；而北京队在前锋位置上频繁换人则是因为山西队个人能力较强的前锋造成的，北京队也通过频繁换人对山西队23号进行贴身防守，进而消耗她的体力，限制她的发挥。后卫位置上双方换人次数差距较大，则是因为双方替补后卫的实力差异导致的。北京队的替补后卫8号拥有快速推进的能力，在山西队进攻受阻时，经常换上8号进行防守反击，往往可以迅速拉大分差。山西队的前锋和后卫位置上，主力队员与替补队员实力悬殊，因此换人主要是为了调整主力队员的体力分配。

表9　2014～2015赛季WCBA总决赛换人位置统计表

单位：次

换人位置	山西队	北京队
中锋	32	30
前锋	6	28
后卫	6	26

4　结论与建议

4.1　结论

第一，2014～2015赛季WCBA总决赛山西队换人时机、次数、位置情况是四场比赛总换人次数达67次，其中，体力换人是其主要换人因素，从换人位置上看，中锋位置采用频繁换人，前锋、后卫位置上的换人非常少。

第二，2014～2015赛季WCBA总决赛北京队换人时机、次数、位置情况是四场比赛总换人次数达94次，其中，体力换人是其主要换人因素，从换人位置上看，中锋位置上的换人次数最多，中锋、前锋、后卫3个位置的换人次数相当。

第三，2014～2015赛季WCBA总决赛换人时机、次数、位置的特征是体力因素换人占总换人数的46%，由此可知，女篮换人的最大因素是体力分配。从换人位置上看，换人次数最多的是中锋位置，达48.5%，可以看出中锋位置对女篮比赛的重要性。

4.2　建议

根据作者对2014～2015赛季WCBA总决赛换人时机、次数、位置特征的分析，发现两个队都利用频繁换人战术对对方核心球员进行贴身防守达到牵制的目的；通过观察场上情况，发现利用后卫位置上的换人调整进攻战术可以打对方一个措手不及，迅速拉大比分；在第一节后半段换上球队第六人可以帮助球队在开局阶段建立优势。作者通过与衡阳师范学院女子篮球队主教练交流，对女子篮球队换人战术提出以下几点建议。

第一，观察对手的进攻强点，利用频繁换人对对方核心球员进行紧逼防守，消耗其体力以及利用犯规打乱对方节奏，达到牵制的目的。

第二，观察对手的防守阵形，利用不同风格的组织后卫组织进攻，破坏对方防线。例如，当对方进攻受阻时，应派上拥有快速推进能力的后卫，实施防守反击，拉大分差。

第三，在比赛中期应该轮换场上阵容，节省主力队员的体力。这期间应派防守型队员上场，以保持分差。

第四，中锋位置上应频繁换人，节省主力中锋的体力，保护关键篮板球。

第五，换下核心队员要慎重。核心队员是场上的灵魂，具有丰富的比赛经验，且是球场上的精神领袖，她们在比赛中的稳定发挥对稳定场上局面具有不可忽视的作用。一旦核心队员发挥不好，表现完全失常，严重影响比赛的胜负走向时，应立即将其换下，并立即指出其问题所在以及应当如何调整，对其不断提醒，一般在下一个回合重新派上核心球员。

第六，重视替补队员的作用。替补队员一般相对主力队员上场时间较少，对手对她的进攻手段和防守手段了解较少，比赛中对她的防守需要一定时间才能适应，出其不意的替补队员就能创造机会。而且替补队员体力充沛，对上场比赛有着强烈的渴望，上场后必将充分发挥能力，对球队做出贡献。

第七，培养球队第六人，让其作为一柄尖刀，在临场换人中可以获得意想不到的结果。

第八，女篮比赛中，大多数换人是由于体能分配。因此，强化队员的体能训练非常重要。

现代篮球比赛不断发展，篮球比赛不只是场上队员各方面之间的比赛，而且还是教练员之间的斗智斗勇比赛。教练员及时恰当的换人已成为胜利的重要因素。在现代篮球比赛中，球员之间的技术等方面已经不相上下，关键在于教练员如何掌握时机。因此，在比赛中，需要充分发挥教练员的换人艺术，并将培养有一定实力的理想替补作为一个重要的方面来考虑。

参考文献

［1］杨玉霞，杨照亮．对篮球比赛中换人技巧的研究［J］．周口师范高等专科学校学报，2002（2）：102–103，106.

［2］沈启军．谈篮球比赛中的频繁换人战术［J］．湛江师范学院学报，1998，44（2）：100–102.

［3］金显珊．篮球比赛中"频繁换人"浅谈［J］．西北师范学院学报，1998，32（8）：64–68.

［4］叶庆晖，信晓宁．对篮球比赛中换人问题的研究［J］．四川体育科学，1999，36（1）：32–34.

［5］吴建伟．篮球比赛中换人的合理运用［J］．体育科技文献通报，2010，27（2）：27.

［6］龚业哲．篮球比赛"临场换人"教学感悟［J］．新教育，2012，54（11）：46.

［7］王博武，赵巧．篮球比赛中运用频繁换人战术的作用［J］．山东体育科学学报，2008，43（1）：50–51.

［8］章晓平．篮球比赛的换人技巧［J］．铜陵职业技术学院学报，2007，23（4）：92–93.

［9］王文灼．"五上五下"换人策略［J］．体育教学与训练，1987，31

（2）：23–24.

［10］吴合斌. 论现代篮球比赛中的换人战术［J］. 体育研究与教育，2013，17（2）：97–99.

［11］范旭山. 换人是当前提高篮球队整体水平的重要手段［J］. 哈尔滨体育学院学报，2000，42（2）：101–102.

［12］张庆，何其霞. 浅谈篮球比赛的换人战术［J］. 殷都学刊，1986，34（4）：80–83.

［13］董旸，官士君，马进荣. WCBA联赛强队竞技格局与技战术特征研究［J］. 广州体育学院学报，2014，33（1）：76–80.

［14］李震中. 临场指挥中的"频繁换人"［J］. 上海师范学院，1979，29（19）：31–33.

［15］马立伟. 对篮球比赛中频繁换人的初步探讨［J］. 安徽体育科技，1985，12（4）：11–15.

致谢

本论文在蒋德龙老师的指导下完成。在此，我要首先感谢蒋德龙老师，无论是在论文选题中，还是在撰写和反复修改过程中，他都给予我无私的指导和帮助。

其次，我要感谢各位领导老师对我的论文进行精心指导，感谢他们在论文开题时提出的宝贵意见和建议，促进我顺利完成论文。

最后，我要感谢我们体育系的所有老师这四年来对我的辛勤培养和帮助。谢谢你们，你们对我的教育之恩我将永远铭记于心！

附录

访谈提纲

访谈对象：衡阳师范学院女子篮球队主教练李红军老师。

访谈时间：3月18日。

访谈目的：根据2014～2015赛季WCBA总决赛换人战术的特征分析，对女子篮球队换人战术的运用给出合理的建议。

具体问题：1.女子篮球队的特征是什么？

2.一般在什么情况下会进行换人？

3.对主力球员的体能分配是怎样的？

4.换人主要集中在前锋、中锋还是后卫位置？

5.在换人战术的实施上总结了哪些经验？

6.本次访谈接近尾声，您对访谈内容还有什么需要补充吗？

访谈总结：感谢您对我的帮助。我们将尽快整理访谈资料并发给您，再与您进行进一步的核对。再次感谢，本次访谈到此结束！

老年人太极健身调查与分析

——以衡阳师范学院为例

体育科学学院　体育教育专业

12250608　刘欣　指导老师：蒋德龙

摘　要： 本文以衡阳师范学院的老年人太极健身人群为调查对象，运用问卷、文献资料和访谈等方法，对老年人太极健身的健身人数、健身项目、健身场地、健身时间、健身时使用的器械、健身指导人员和健身组织机构等进行了现状调查。结果表明：衡阳师范学院太极健身的老年人人数较少；男女性别差异明显；没有组织机构带领老年人一起进行太极健身，主要是与朋友一起通过自学来进行太极健身；练习项目主要是太极拳和太极剑；大多数老年人选择在学校附近的运动场所或体育中心进行锻炼；锻炼时间段一般是早上和下午。建议：加大宣传力度，加强老年人太极健身的科学指导；建立健全老年人太极健身组织机构，多开展活动，加强老年人之间的交流；对太极健身加以创新，增加一些有趣和比赛性的元素，以满足老年人对身体健康的需求。

关键词： 衡阳师范学院；太极健身；老年人

1　前言

太极健身是一项具有民族特色的体育运动，包括太极拳、太极剑、太极扇、太极柔力球、太极刀、太极棍等。在这些运动项目中，太极健身以太极拳为主。太极健身运动强度较小，动作舒缓绵软，注重内外兼修，可以提高老年人的身体活力和心理健康水平，促进大脑神经细胞的功能完善和大脑的调节能力，对预防老年痴呆有良好的作用，且太极拳、太极剑对中老年群体产生的心理效应最好，能够有效调节和控制负面情绪如愤怒、抑郁等。随着社会的发展，太极健身逐渐成为老年人运动项目的选择，深受他们的喜爱。

2 选题目的

随着我国经济的飞速发展、科技水平的不断提高以及人均寿命的不断延长，老龄化也越来越严重，老年人健康成为当下的热门话题。通过对老年人参加太极健身锻炼的现状调查，发现老年人太极健身锻炼的不足，探讨老年人太极健身运动对健身项目、健身场地、健身时间、健身人数、健身组织机构、专门指导人员和健身器械的需求，从而提高老年人太极健身的效果，使老年人能够更好、更健康地进行太极健身锻炼。

3 研究对象

以衡阳师范学院老年人进行太极健身的健身项目、健身场地、健身时间、健身人数、健身器械、健身组织机构和专门指导人员为研究对象。

4 研究方法

4.1 文献资料法

本文通过大量查阅国内外相关老年人太极健身状况的文献资料、书籍和期刊等，以了解目前国内外关于老年人太极健身的现状和发展趋势。

4.2　问卷调查法

在衡阳师范学院老年人太极健身人群中，发放了共计25份调查问卷，回收了25份，回收率100%。通过问卷调查，我们了解了老年人的基本活动情况，如健身项目、健身时间、健身场地等，以便为研究提供基本依据。

4.3　访谈法

根据本文的需要，专门设计了访谈提纲。在发放问卷的同时，对一些经常参加太极健身的老年人和衡阳师范学院离退休工作处的工作人员进行实地访谈，进一步了解衡阳师范学院老年人太极健身的现状。

4.4　数理统计法

对回收的有效问卷进行了数据的处理和统计，并进行了比较和分析。

5　结果与分析

5.1　衡阳师范学院老年人太极健身的基本情况

老年人太极健身的基本情况包括性别和年龄两方面。调查后共回收25份问卷，问卷中老年人太极健身的基本情况统计结果见表1。

表1　衡阳师范学院老年人太极健身的基本情况

项目	类别	人数/人	百分比/%
性别	男	8	32
	女	17	68
年龄	55~60岁	6	24
	60~65岁	13	52
	65~70岁	5	20
	≥70	1	4

5.1.1 老年人太极健身练习者的性别比例

调查问卷的统计结果显示，衡阳师范学院老年人太极健身运动练习者的男女比例存在明显差异。从表1可见，衡阳师范学院老年人太极健身男性练习者为8人，占32%；女性练习者为17人，占68%。女性练习者人数较男性高出36个百分点。造成这种差异的主要原因如下：一是女性练习者对太极健身的喜爱程度高于男性练习者，她们愿意投入时间进行太极健身活动，既可以保持健康又能扩大社交圈子；二是大多数男性老年人认为太极音乐节奏较慢，练习时很难跟上音乐的节拍，并且太极健身对某些动作的要求较高，他们无法达到这样的水平。以上原因客观地说明衡阳师范学院老年人太极健身人数中女性要高于男性。

5.1.2 老年人太极健身练习者的年龄分布

从表1可以看出，衡阳师范学院老年人太极健身练习者的年龄主要集中在55～70岁（不含70岁），占总数的96%。其中，60～65岁（不含65岁）的人数最多，有13人，占总数的52%，这表明老年人太极健身练习者呈现年轻化的趋势。而70岁及以上的练习者只有1人，仅占4%，这可能因为70岁及以上的老年人身体不便参与体育运动。

5.2 衡阳师范学院老年人太极健身的活动情况

5.2.1 老年人太极健身练习的人数

通过表1可知，衡阳师范学院老年人太极健身的人数为25人，其中男性练习者为8人，占32%；女性练习者为17人，占68%。通过访谈了解到，目前衡阳师范学院的离退休老年人达到400多人，学校非常支持老年人进行健身锻炼，并成立了一些老年人团体协会。然而，只有少数人来参与太极健身活动，其原因有几点：一是太极健身项目的套路动作相对复杂且繁多，老年人难以记住，对动作的要求较高，因此要完全掌握存在一定的困难；二是大多数老年人更喜欢热闹一些的运动，如乒乓球、广场舞和门球等，而太极健身项目需要集中精神、屏气凝神。

5.2.2 老年人太极健身练习的项目

从图1和表2可以直观地看出衡阳师范学院老年人太极健身的练习项目选择情况：主要集中在太极拳、太极剑和太极扇这3个项目上，其他项目的选择较少甚至无人练习。太极拳项目占据了100%的比例，太极剑占96%，而太极柔力球和其他项目仅占4%。通过调查和访谈了解到，衡阳师范学院离退休处每年都会组织离退休老年人参加太极拳比赛，以太极拳协会为主导，带领这些老年人进行太极拳活动。相比而言，太极剑、太极扇和太极柔力球等比赛尚未举行过，因为练习的人数较少且水平参差不齐，无法组织相应的比赛活动。因此，太极拳成为老年人太极健身锻炼的主要项目。

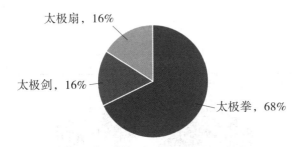

图1　衡阳师范学院老年人太极健身的练习项目

表2　衡阳师范学院老年人太极健身练习者喜欢的太极健身项目

项目	人数/人	百分比/%
太极拳	25	100
太极剑	24	96
太极扇	17	68
太极柔力球	1	4
太极刀	3	12
其他	1	4

注：问卷中本题为多选。

5.2.3　老年人太极健身练习的时间

从表3可以看出，在所有调查对象中，每周参加太极健身锻炼5次以上的老年人有10人，占调查人数的40%；每周锻炼3~4次的有7人，占28%；每周锻炼2次的有6人，占24%；而每周锻炼1次的有2人，占8%。由图2可知，锻炼的老年人中60%的人每次锻炼1小时以上，另外40%的人锻炼的时间在50~60分钟。由此可见，无论调查对象每周锻炼几次，每次锻炼的时间都不少于50分钟。此外，有40%的老年人能够坚持每周进行5次以上的太极健身锻炼，说明他们非常重视自己的健康，愿意花费大量时间来进行太极健身锻炼。太极健身锻炼已成为他们的一种生活习惯。

表3　衡阳师范学院老年人太极健身每周参加锻炼的次数

次数/次	人数/人	百分比/%
1	2	8
2	6	24
3~4	7	28
≥5	10	40

1 小时以上，60%　　50~60分钟，40%

图2　衡阳师范学院老年人太极健身每次锻炼的时间

通过调查还了解到衡阳师范学院老年人每天锻炼的时间段。在春、夏两季，老年人经常在早晨五点半至七点进行锻炼，占调查对象的84%；16%的老年人选择上午七点至九点进行太极健身锻炼。而在秋、冬两季，72%的老年人选择在上午八点至九点半进行锻炼；12%的老年人在早晨六点半至八点锻炼；12%的老年人在下午三点至四点半进行太极锻炼；4%的老年人选择在下午四点半至五点半进行太极锻炼。造成春、夏和秋、冬老年人锻炼时间段差异的主要原因是气候条件的变化。此外，离退休处的工作人员也表示不提倡老年人过早外出锻炼。

5.2.4 老年人太极健身练习的场地

合适的健身场地对老年人健身锻炼具有重要作用，但太极健身项目不同于其他运动项目，它对场地没有严格的要求，只需要一块空地就可以进行锻炼。图3显示，衡阳师范学院的老年人主要选择学校附近的活动场所、体育中心广场和过道作为他们进行太极健身锻炼的场所，占总人数的92%；还有8%的老年人选择在小区空地进行太极健身锻炼。大多数人愿意在学校附近的活动场所进行太极健身锻炼，主要原因有以下几点：一是学校的场地免费开放，实现了资源共享；二是太极健身一般会配上音乐，如果在小区内进行锻炼，音乐声会影响小区内居民的休息。

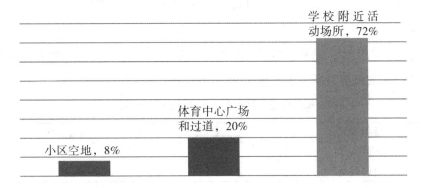

图3 衡阳师范学院老年人太极健身锻炼的场地

衡阳师范学院的老年人对现有太极健身场地的满意程度，72%的老年人表示非常满意，20%的老年人表示满意，8%的老年人则表示基本满意，如图4所示。通过访谈了解到，老年人之所以对现有的场地如此满意，是因为现有场地不仅空旷，而且能够遮风挡雨，是一个非常理想的太极健身场地。

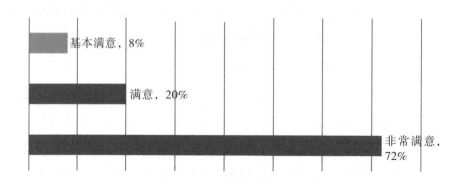

图4　衡阳师范学院老年人太极健身对场地的满意程度

5.2.5　老年人太极健身练习的器械

在太极健身项目中，除了太极拳无须使用器械外，太极剑、太极柔力球、太极刀、太极棍等项目有自己特定的器械。根据表4的数据，衡阳师范学院的老年人在太极健身中使用的器械中有23人是自行购买的，占调查对象总数的92%；由社区提供的有2人，只占8%。这说明大多数老年人愿意为购买太极健身所需的器械花费一定的资金。

表4　衡阳师范学院老年人太极健身使用的器械来源

器械来源	人数/人	百分比/%
社区提供	2	8
自己购买	23	92

5.2.6　老年人太极健身练习的组织

太极健身活动有助于增强老年人之间的交流。从表5中可以得知，衡阳师范学院的老年人认为学校有专门的组织机构组织太极健身练习的占8%，没有专门的组织机构组织太极健身练习的占92%。然而，根据本人调查和访谈了解到，衡阳师范学院的老年人通常会与朋友一起参与太极健身。衡阳师范学院虽然没有专门的太极健身组织机构，但是划分了7个支部，以支部为单位划成片区，由支部书记或片长带领老年人开展太极拳活动。自从2015年太极拳协会成立后，就以太极拳协会为主体，支部相配合，协助开展活动，让老年人自己管理自己，而每天的太极健身练习则依靠老年人的自觉。调查结果显示，衡阳师范学院60%的老年人认为学校的太极健身活动开展良好，32%的老年人认为一般，认为开展情况不好的只占8%。衡阳师范学院每年都会举行太极拳比赛，并对获得名次的参赛者给予奖励，以促进老年人对太极健身的积极性。每年有许多老年人参加比赛。可见，老年人对学校组织的太极健身活动仍然抱有期待。

表5　衡阳师范学院老年人太极健身组织及开展情况

项目	情况	人数/人	百分比/%
组织机构	有	2	8
	没有	23	92
开展情况	良好	15	60
	一般	8	32
	不好	2	8

5.2.7　老年人太极健身专门性指导练习

专业的指导老师能够帮助老年人更好、更科学地进行太极健身锻炼，提高他们的太极健身质量。从表6可以看出，衡阳师范学院太极健身的老年人中，有12%的老年人有老师指导，而88%的老年人没有老师指导。由图5可知，在没有老师指导的人中，36%的老年人通过自学掌握太极套路动作；32%的老年人是通过朋友学会后再请朋友教自己，从而掌握太极套路动作；20%的老年人与健身朋友一起交流学习，从而掌握太极套路动作。访谈了解到，衡阳师范学院曾经为老年人提供过教师专业的指导，但由于太极健身的套路繁多，参与学习的老年人有的不能坚持每天来学习，造成难以跟上课程进度的现象。因此，学校提倡老年人自学或与朋友一起交流探讨，这样老年人在学习动作时不会受到限制，还能帮助他们扩大社交圈，增加与朋友的交流。

表6 衡阳师范学院老年人太极健身的指导情况

指导情况	人数/人	百分比/%
有老师指导	3	12
没有老师指导	22	88

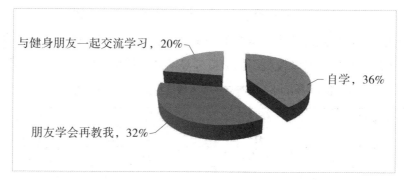

图5 衡阳师范学院老年人太极健身的学习途径

6 结论

衡阳师范学院老年人太极健身人群中，性别比例差异明显，女性比例高于男性，进行太极健身的老年人的年龄大部分在70岁以下。

老年人太极健身的项目以太极拳、太极剑、太极扇为主，其中太极拳的练习人数最多，且衡阳师范学院每年都会举行太极拳比赛。

每周进行5次以上太极健身的老年人占40%，参加太极健身运动的频率高，显示出老年人对自身健康非常重视；在太极健身的老年人中，每次锻炼1小时以上的有60%，其余40%的老年人的太极锻炼时间也一般保持在50~60分钟；根据季节的不同，老年人太极健身练习的时间段也不同，在春、夏两季，老年人在早晨五点半至七点进行太极健身的占80%以上，而在秋、冬两季，老年人在上午八点至九点半进行太极健身的占70%以上。

学校附近的活动场所和体育中心广场、过道是衡阳师范学院老年人主要进行太极健身锻炼的运动场所。绝大多数老年人对目前进行太极健身的场地非常满意。

对于太极健身项目中使用的器械，大部分是老年人自己购买的，由社区提供器械的只占很小一部分。经调查发现，大多数老年人表示愿意在太极健身方面投入一定资金。太极健身项目对动作要求较高，套路动作繁多且复杂，因此，衡阳师范学院的老年人参加太极健身的人数相对较少。学校支持老年人进行体育锻炼，并尊重他们选择自己喜欢的运动项目。

衡阳师范学院没有专门的组织机构来带领老年人每天进行太极健身练习，老年人通常是与自己的朋友一起进行太极锻炼。学校每年会组织离退休老年人举办太极拳比赛，促进老年人之间的交流。

衡阳师范学院的大部分老年人学习太极健身时没有经过专业老师的指导，与少部分经过老师指导的老年人相比，他们的动作不太规范；多数老年人是通过自学或跟朋友学习来掌握太极健身技巧。进行太极健身的老年人绝大多数都非常喜欢这个具有中华民族特色的项目，他们认为太极健身对身体有益、能强身健体，并且练习太极健身还能结交朋友。

7 建议

根据衡阳师范学院老年人参加太极健身项目的人数较少的现象，可以借鉴其他太极健身开展较好的地区的经验，吸收他们在组织老年人太极健身方面的优点。同时，根据老年人不同年龄段的特点，增加一些趣味性和比赛性较强的太极健身方式，让老年人更愿意并更享受参与太极健身活动。

针对太极健身套路繁多，老年人因各种原因无法按时参与练习，且大多数老年人的太极健身未经过专业老师指导的现象，建议学校改善指导方式，将教学与自学相结合。可以每周请老师指导一次，其余时间老年人可以与朋友探讨或自行学习，这样不仅能提高老年人太极健身的质量，还不受时间和场地的限制。

根据衡阳师范学院的老年人太极健身练习的项目主要是太极拳、太极剑的现象，可以增加一些老年人感兴趣的太极健身项目，如太极柔力球、太极健身操等，以丰富老年人的太极健身内容。

目前没有专门的太极健身组织机构带领衡阳师范学院的老年人每天进行太极项目的练习。建议进行太极健身的老年人自发组织练习，如与几个朋友或其他太极爱好者一起进行锻炼。太极是具有中华民族特色的传统体育项目，衡阳师范学院可以加强太极文化的传播，对太极健身加以创新，添加一些具有趣味性和比赛性的元素，在满足老年人对身体健康的需求的同时，还可以使老年人精神愉悦。

（本文为当年度衡阳师范学院离退处收藏）

参考文献

［1］李大虎. 我国太极拳练习者的现状分析与对策研究［J］. 甘肃教育学院学报，2002，16（1）：51-53.

［2］王红福，王国琴. 常州市区中老年人练习太极拳现状的调查研究［J］. 长江大学学报，2010，7（1）：319-321.

［3］赵华. 太极文化［J］. 中国疗养医学，2010，19（10）：912-914.

［4］王俊龙. 夕阳美太极功夫扇对老年人健身的作用［J］. 科技信息（学术研究），2006（9）：49-50.

［5］蒋鸣. 太极扇对太原市老年人健康的影响［J］. 山西煤炭管理干部学院学报，2010，23（4）：188-189.

［6］陈华才. 温州市区成年人武术锻炼情况调查与分析［J］. 长春教育学院学报，2012，28（1）：57-58.

［7］沈鹤军，景涛，王正伦. 5种传统保健体育项目对中老年人多维心理及免疫功能影响的对比研究［J］. 中国中医药信息杂志，2013，20（2）：17-20.

［8］邵振宇，蒋晓鞠. 常州市区部分老年人健身状况调查［J］. 体育人文社会学，2012，2（11）：75-77.

［9］张艳丽. 重庆市城区老年人健身现状调查与发展对策研究［D］. 重庆：重庆大学体育学院，2010.

［10］张国富. 内蒙古城镇居民太极拳健身活动现状的调查研究［D］. 北京：北京体育大学，2008.

［11］肖竹，胡锐凯. 太极全民健身活动走进千家万户［N］. 成都日报，2012-03-07.

［12］白雅丽. 石家庄市60—80岁老年人健身现状的调查［J］. 体育人文社会学，2013，3（21）：81-83.

［13］张道鑫，王岗. 老龄化社会背景下太极拳运动的当代价值［J］. 中华武术研究，2013，2（4）：63-68.

［14］Prince M，Patel V，Saxena S，et a1. No health without mental health［J］. Lancet，2007，370：859-877.

［15］卢家楣. 心理学［M］. 上海：上海人民出版社，1998.

致谢

本论文是在指导老师蒋德龙讲师的悉心指导下完成的。在每次论文遇到问题时，老师不辞辛苦地讲解才使得我的论文顺利进行。从论文的选题到资料的收集直至最后论文修改的整个过程中，蒋老师付出了大量的时间和精力，在此向老师表示衷心的感谢！指导老师严谨的治学态度、开拓进取的精神和高度的责任心都将使我受益终身！

本论文的完成也离不开众多老师和同学们的关心、支持和帮助。感谢离退休工作处何颖老师对我访谈工作的积极配合；感谢各位老师在论文开题、初稿期间提出的宝贵意见；感谢几位同学与我一起探讨问题并指出我在论文设计中的误区，使我能够及时发现问题并顺利完成论文。在此深深地致以我的谢意。

附录1

老年人太极健身开展的现状调查问卷

尊敬的老年朋友：

您好！

为了研究衡阳师范学院新校区老年人太极健身运动开展的现状，我们设计了此问卷，请您在百忙之中挤出时间回答下列问题。您的回答对我们的研究将有很大的帮助。此问卷不记名，只记录您的看法。问卷涉及的问题不存在正确与否，也无好坏之分。

衷心感谢您对本课题研究提供的帮助！

2015年9月

在以下题目中选择最符合您的答案，在其方框内"□"内中画"√"，如果选项中没有您的答案，请在"其他"的选项中填写。

1.您的性别。

男 □　　　女 □

2.您的年龄。

A.55 ~ 60 □　B.60 ~ <65 □　C.65 ~ <70 □　D.70以上 □

3.您正在进行太极健身运动项目的名称。

A.太极拳 □　B.太极剑 □　C.太极柔力球 □

D.太极健身操 □ E.太极扇 □ F.其他 □

4.您喜欢的太极健身项目。（可选3项，并排序）

A.太极剑 B.太极拳 C.太极健身操 D.太极柔力球

E.太极扇 F.太极刀 G.太极棍 H.其他

请排序：_____

5.您每周参加太极健身活动的次数。

A.1次 □ B.2～3次 □ C.3～4次 □ D.5次以上 □

6.您每次参加太极健身的时间。

A.40分钟以下 □ B.40～50分钟（不包含50分钟） □

C.50～60分钟 □ D.1小时以上 □

7.您通常会选择哪个时间段左右进行太极健身运动。

春夏：A.5:30～7:00 □ B.7:00～9:00 □ C.9:00～11:00 □

D.11:00～13:00 □ E.13:00～15:00 □ F.15:00～17:00 □

G.17:00～19:00 □ H.其他 □

秋冬：A.6:30～8:00 □ B.8:00～9:30 □ C.9:30～11:00 □

D.13:30～15:00 □ E.15:00～16:30 □ F.16:30～17:30 □

G.17:30～19:00 □ H.其他 □

8.您通常进行太极健身锻炼的地点。

A.小区空地 □ B.体育中心广场，过道 □

C.附近学校活动场所 □ D.其他 □

9.您是否满意目前太极健身的场地。

A.非常满意 □ B.满意 □ C.基本满意 □ D.一般 □ E.不满意 □

10.您参加太极健身通常所使用的器械来自哪里。

A.社区提供 □ B.自己购买 □ C.借用别人的 □ D.不使用器械 □

11.您所在的社区太极健身活动开展情况如何。

A.很好 □ B.良好 □ C.一般 □ D.不好 □

12.您都和谁一起进行太极健身运动。

A.家人 □ B.朋友 □ C.邻居 □ D.独自 □ E.其他 □

13.您所在的社区是否有专门的太极健身组织机构。

A.有 □ B.没有 □

14.您所练习的太极健身项目是否有专门老师指导。

A.有 □ B.没有 □

注：如果选B项，那您是如何学习太极健身项目。

①自学 □ ②朋友学会了然后再教我的 □ ③跟健身的人一起探索学会的 □ ④其他 □

15.您觉得参加太极健身运动是否对您的身体健康有积极影响。

A.非常有益 □ B.有益 □ C.一般 □ D.效果不明显 □ E.其他 □

16.您每年用于太极健身活动的花费是多少。

A.没有 □ B.50元以下 □ C.50～100元 □ D.100～200元 □ E.200～300元 □ F.300元以上 □

17.您对太极健身的态度。

A.非常喜欢 □ B.喜欢 □ C.一般 □ D.不喜欢 □

18.您为什么喜欢太极健身这项运动。（可多选）

A.能强身健体 □ B.能交到朋友，拓展社交圈 □ C.打发空闲时间 □ D.喜爱运动 □ E.喜欢具有中华民族特色的传统文化 □

对于您的支持，我们在此表示感谢！

附录2

访谈提纲

离退休人员管理处：

1.我查访网站了解到我们学校已经举行过太极拳比赛，关于老年人健身，有什么健身政策或措施？

2.我们学校有没有组织机构带领退休的老年人一起进行太极拳锻炼？

3.老年人一般在哪些地方进行锻炼？

4.老年人学习的太极拳有没有人教？

5.我们学校是否有计划举办太极剑、太极扇等其他太极类型项目的比赛？

6.对于获得名次的人有什么奖励？

7.我在前几天向进行太极健身的老年人发放了问卷进行调查，询问了他们学习太极健身项目的方式和是否有指导，发现有一些是有老师教导，而有些是自学的。您对此有何看法？

8.在调查中，我还发现进行太极健身锻炼的人数较少。那么其他大部分的老年人是参与其他健身项目还是没有进行健身活动呢？

9.太极是中华民族的传统文化，我们学校有没有打算以"太极"为主题，请退休的老年人一起举行一场弘扬中华民族传统特色文化的活动？

2015 年亚冠 1/4 赛到冠军赛的红黄牌统计与分析

体育科学学院　体育教育专业

12250606　欧阳琴　指导老师：蒋德龙

摘　要：本文采用文献资料法、观察法、数理统计法对2015年亚冠1/4赛到冠军赛的红黄牌进行了统计与分析。结果表明：在14场比赛中共有49张黄牌和2张红牌。两张红牌的判罚是在决赛中判罚给了迪拜阿赫利的海卡尔和哈米斯：海卡尔直接推倒了部林，并且从后面铲球；哈米斯先拉倒郑龙，然后踩在了郑龙的腰上。这种行为性质恶劣，两张红牌都是直接判罚下场。广州恒大判罚黄牌最多；黄牌判罚时间最多的是开场后76—90分钟这一时间段；黄牌判罚犯规的性质主要集中在踢、铲；客场判罚黄牌多于主场。中场附近罚牌最多；场上球员位置中，中场罚牌最多，其次是后卫。此结果可以为教练员更好地合理安排球员在场上的技战术，为运动员更好地分配体能提供参考依据。

关键词：亚冠；黄牌；红牌；判罚

1　前言

亚足联冠军联赛（AFC Champions League），俗称亚洲冠军联赛，简称"亚冠联赛"或"亚冠"，是由亚足联每年举行的亚洲俱乐部最高等级的俱乐部赛事，相当于欧洲的欧洲冠军联赛及南美洲的南美解放者杯，高于亚足联杯和亚足联主席杯，获得冠军的球队将代表亚洲出席当年12月举行的国际足联世界俱乐部杯（FIFA Club World Cup）。正式参赛队伍为32队，卫冕冠军不能直接进入淘汰赛。32支球队将分成8个小组进行比赛，其中东亚及西亚各4个小组，每组前2名晋级十六强，十六强比赛将分东亚和西亚分别进行比赛，采取主客场两回合淘汰制。当八强产生后，将重新抽签决定对阵，八强及至决赛采取主客场两回合淘汰制。

红黄牌是足球比赛的指定装备。在足球比赛的过程中，当一名运动员在比赛中出现严重犯规情节时，裁判员会举起红牌，命令该名运动员离开赛场。在被判罚红牌的情况下，该名运动员不能继续参加余下的比赛，而且该队也不能使用后备球员补上，必须在缺人的情况下完成比赛。若因判红牌而导致场上剩余七人，裁判将判罚该队弃权落败，并且视比赛犯规情节的严重程度对该球队进行禁赛（停赛）一场以上。在足球比赛的过程中，当球员犯规时，裁判会对球员出示黄牌进行警告，同时在随身携带的记事本上详细记录犯规情况。被出示黄牌的球员仍可在场上继续比赛，但同一名球员在一场比赛中两次获得黄牌会被判罚离场。按规定程序，裁判员在出示第二张黄牌后再出示红牌，即两黄变一红。被罚球员不能继续参加余下的比赛，该球队也不能使用后备球员补上，须在缺人的情况下继续比赛。

在比赛过程中，裁判使用红黄牌是引导比赛正常进行的一种教育手段。它能制止非体育道德行为、人身攻击和暴力行为，有利于促进运动员体育道德、技战术水平等方面的提高，使比赛更加精彩。[①]它还有助于裁判员更好地控制比赛场面，使比赛顺利进行。当然，红黄牌的判罚对裁判员也有更高的要求，只有果断而准确的判罚才能赢得运动员的信任。

2 研究目的

随着足球运动的广泛发展，足球被越来越多的人喜爱。足球是一项

---

① 孙志. 第19届世界杯足球赛黄牌判罚特征研究［J］. 体育成人教育学刊，2010，26（6）：59-60.

刺激且充满未知的一项体育运动，不到最后一秒，谁也无法预知最后的结局。足球运动的火热发展也对裁判员提出了更高的要求。在一场精彩绝伦的比赛中，裁判的判罚时机、判罚的尺度对比赛至关重要。掌握足球比赛中球员犯规的规律，能为教练员提供更好的训练指导，使他们能够在场上更好地安排球员的技战术，并合理利用比赛规则。

3　研究对象

本文以2015年亚冠1/4赛到冠军赛的8支队伍被判罚的49张黄牌和2张红牌为研究对象。

4　研究方法

4.1　文献资料法

本文通过查阅中国知网，收集与红黄牌相关的文献资料，访问与亚冠相关的网站，获取部分相关的比赛资料。笔者主要收集红黄牌判罚的数量、判罚的时间以及球员的姓名等方面的信息。

4.2　观察法

通过录像对2015年亚冠比赛的14场比赛进行观察。笔者主要观察犯规队员的犯规位置、原因以及犯规时的位置等方面的情况。

4.3　数理统计法

运用Microsoft Excel 2003软件对收集到的相关数据资料进行统计与分析，并进行详细处理。

5 统计结果与分析

5.1 黄牌的统计结果与分析

5.1.1 黄牌最多与最少队伍统计分析

由表1可知，广州恒大被罚了11张黄牌，场均占1.83张；迪拜阿赫利和阿尔希拉尔分别被罚了9张黄牌，场均分别为1.5张和2.25张；德黑兰石油在两场比赛中共获得7张黄牌，场均最高，达到了3.5张；可以看出，德黑兰石油在进入半决赛的比赛中过于急躁，罚牌的数量最为惊人；被罚最少的队伍是柏太阳神队，两场比赛共罚牌1张，占场均的0.5张；大阪钢巴与莱赫维亚分别被罚牌5张，场均为1.25张与2.50张；全北现代被罚了两张黄牌，场均为1张。场均黄牌数量最高的是德黑兰石油，场均达到了3.5张；其次是阿尔希拉尔和莱赫维亚，都达到了2.25张；柏太阳神只参加了两场比赛，判罚1张黄牌，场均是0.5张，是场均判罚黄牌最少的一支球队。在比赛过程中，特别是比赛进入最后的重要关头，队员的情绪会有较大变化，为了防守对方的球，不得不做出一些犯规动作而被罚牌，而进攻方由于速度、运球等方面的原因，急于突破，也会出现一些犯规动作，为了赢得比赛胜利，队员在场上不得不做出一些犯规行为来获得一定的利益。

表1 2015年亚冠1/4赛到冠军赛黄牌统计表

球队	场次	黄牌	场均	排序
广州恒大	6	11	1.83	4
迪拜阿赫利	6	9	1.50	5
阿尔希拉尔	4	9	2.25	2
德黑兰石油	2	7	3.50	1
大阪钢巴	4	5	1.25	6
莱赫维亚	2	5	2.25	2
全北现代	2	2	1.00	7
柏太阳神	2	1	0.50	8

5.1.2　黄牌判罚的时间特征分析

表2为黄牌判罚的时间特征统计表。2015亚冠1/4赛到冠军赛上半场共出示9张黄牌，占黄牌数的18.37%，下半场共出示黄牌35张，占黄牌数的71.43%，补时共出示5张黄牌，占黄牌数的10.20%。可以看出，下半场的黄牌数明显高于上半场的黄牌数。这表明运动员的体能有所下降、注意力不集中，导致防守动作不合理、犯规动作增加。为了延缓对方的进攻，运动员采取了战术犯规进而获得黄牌。将比赛时间划分6个时间段，出示黄牌数量最少的时间段是开场后16~30分钟，这说明运动员在比赛开始阶段，体能充沛，在技战术方面以试探为主，动作较为合理，犯规次数也相对较少；出示黄牌数量最多的时间段是开场后76~90分钟，共出示黄牌22张，占黄牌数的44.9%，此时，比赛快要结束，随着比赛的深入，运动员的体能下降，技术动作缓慢不合理，为了延误对方的进攻而采取战术犯规，个别运动员对对方的犯规进行报复和恶意犯规，最终被出示黄牌。

表2　2015年亚冠1/4赛到冠军赛黄牌判罚的时间特征统计表

项目	开场后 0~15 分钟	开场后 16~30 分钟	开场后 31~45 分钟	上补	开场后 46~60 分钟	开场后 61~75 分钟	开场后 76~90 分钟	下补
黄牌数/张	3	1	5	0	5	8	22	5
百分比/%	6.12	2.04	10.20	0	10.20	16.33	44.90	10.20

5.1.3　黄牌判罚的犯规性质分析

表3为黄牌判罚的犯规性质统计表。统计数据显示：因踩、踏出示的黄牌共有2张，占总数的4.08%；因勾、绊出示的黄牌共有4张，占总数的8.16%；踢、铲是被出示黄牌数最多的原因，共出示的黄牌有13张，占总数的26.53%；因冲撞出示的黄牌有1张，占2.04%；因阻挡出示的黄牌共有7张，占14.29%；因异议辱骂（主要指对裁判的判罚有异议或发生争执）出示的黄牌共有4张，占8.16%；因拖时打扰出示的黄牌共有3张，占总数的6.12%；因拉人、推人以及其他行为出示的黄牌均有5张，分别占总数

的10.20%。在比赛中，球员为了救球往往会采取一些小动作来阻止对方的进攻，有些并非故意而为之，但如果动作过大也会被判罚黄牌。踢、铲是在比赛中常见的动作，特别是背后对对方球员进行踢、铲球，可能会出现严重的危险，因此对这种动作的判罚最为严格。例如，在大阪钢巴与全北现代的比赛中，全北现代的3号后卫金享镒在比赛进行到大约40分钟时因侧后方铲球被判罚了黄牌。其次，在阻挡时也会出现阻挡犯规，会出现拉人、推人等有意识或无意识的行为。其他方面主要是一些附加动作的出现而被判罚。在比赛过程中，经常出现球员在救球时因动作过大而被罚牌，有些被罚牌是因为想打乱对方队员的节奏而故意延时，导致被罚牌。例如，在大阪钢巴与广州恒大的一场比赛中，广州恒大的门将曾诚在比赛进行到第67分钟时因故意拖延时间被判罚了一张黄牌。另外，在迪拜阿赫利与阿尔希拉尔的比赛中，阿尔希拉尔的球员阿尔斯戴里在比赛进行到86分钟即将结束时以系鞋带的方式想要拖延时间而被判罚了一张黄牌。

表3 2015年亚冠1/4赛到冠军赛黄牌判罚的犯规性质统计表

项目	踩、踏	勾、绊	踢、铲	冲撞	拉人	阻挡	推人	异议辱骂	拖时打扰	其他行为
黄牌数/张	2	4	13	1	5	7	5	4	3	5
百分比/%	4.08	8.16	26.53	2.04	10.20	14.29	10.20	8.16	6.12	10.20

5.1.4 不同位置球员被出示黄牌的特征分析

表4显示，门将被出示黄牌3张，占黄牌总数的6.1%；后卫被出示黄牌18张，占黄牌总数的36.8%；中场球员黄牌数最多，共有20张，占40.8%；前锋共有8张黄牌，占16.3%。以上统计结果表明，中场球员被出示黄牌的数量明显高于其他位置的球员。中场球员为了有效地控制中场、展开激烈的拼抢，不合理的动作增加，犯规次数也相应增加；后卫被判罚的黄牌数仅次于中场球员，表明后卫队员为破坏对方在罚球区前的传球和射门，

不惜采取犯规来进行预防阻击，以保护球门不失；前锋队员被罚黄牌数量位居第3；守门员被罚黄牌数最少，在规则允许的范围内，守门员在球门区内控制球时，对方队员便不能触及守门员，否则便被判为"冲撞守门员"，所以守门员被判罚黄牌的概率相对较小。①

表4 不同位置球员被出示黄牌的特征统计表

项目	守门员	后卫	中场	前锋	合计
黄牌数/张	3	18	20	8	49
百分比/%	6.1	36.8	40.8	16.3	100

5.1.5 判罚黄牌的区域特征分析

如表5所示，在八强比赛中，49张黄牌都是在场内被判罚。黄牌判罚最多的区域是中场，共判罚21张黄牌，占黄牌总数的42.9%；其次是后场，共判罚12张黄牌，占黄牌总数的24.5%。排名第三的是前场，共判罚10张黄牌，占黄牌数量的20.4%；最后是禁区内的判罚，共判罚6张黄牌，占总黄牌数的12.2%。

表5 2015年亚冠1/4赛到冠军赛黄牌判罚的区域特征统计表

项目	前场	中场	后场	场外	禁区	合计
黄牌数/张	10	21	12	—	6	49
百分比/%	20.4	42.9	24.5	—	12.2	100

注：前、后场是指犯规方的前、后场，中场是指中线左右45米宽度范围内。

中场是衔接前、后场的过渡区域，是各支球队进攻球员、防守球员较为集中的场区，是双方必争之地，同时也是后场防守区域前重要的一道屏障。因此，为了争夺中场控制权，双方球员在中场的拼抢往往异常激烈，很容易因为动作过大等原因被出示黄牌。例如，广州恒大的冯潇霆在中场时因铲球动作过大而被判罚了黄牌。此外，当进攻被对方断球并展开快速

---

① 刘敏，孙志. 2010年南非世界杯足球赛黄牌判罚统计分析［J］. 体育科技文献通报，2011，19（10）：27–29.

反击时，后卫和回撤的前锋通常会在中场位置进行防守，他们也大多会在中场附近被出示黄牌。例如，广州恒大的金英权作为后卫在中场附近因与对方球员发生肢体冲突、踢人而被判罚了黄牌。因此，中场这一双方必争之地出现黄牌的次数最多也在情理之中。[①]

犯规方的后场由于接近球门，易于被破门而丢分，是其极力防守的关键区域。在这个区域，攻守双方的球员相对较为密集。守方球员在对进攻队员逼抢、封堵射门时，为了减轻门将的压力、保住球门不失，常会采取一些非正常的技术动作进行防守，这也很容易被判黄牌。[②]例如，在迪拜阿赫利与阿尔希拉尔的一场比赛中，迪拜阿赫利中场位置的球员哈迈迪在第85分钟时在禁区假摔，扑倒在对方球员身上，被判罚黄牌。

5.1.6　主客场黄牌判罚情况特征分析

表6表明主场作战的球队被判罚的黄牌有22张，占总判罚数的44.49%；客场作战的球队被判罚的黄牌有27张，占总判罚数的55.10%。主客场作战之间存在明显的差异，原因主要有3个方面：一是主场观众往往对客场球员施加消极的语言评价，如嘘声、起哄、喝倒彩等，这些常常会使客场球员产生烦恼和焦虑，进而使其攻击行为增强；二是由于客场队员认为裁判可能会屈从于主场观众或主队的压力而偏袒主队，因此部分客队球员可能会采取激烈的攻击行为，以微妙地报复观众或对裁判员的判罚表示不满，从而导致客队被罚更多的黄牌[③]，通过观看录像可以发现，这类情况较少出现；三是各队的求胜欲望让球员不得不通过犯规来获得一定的优势，特别是客场进球优于主场进球的情况下，客场球队的犯规情况通常

————————————

①　倪莉. 第20届世界杯足球赛红黄牌判罚统计分析［J］. 体育研究与教育，2014，29（6）：95-98.

②　杨建华. 第十八届世界杯足球赛裁判员出示红黄牌时间、数量特征的研究［J］. 首都体育学院学报，2007，19（4）：71-73.

③　李伟. 2004～2005赛季英超联赛红黄牌判罚情况的统计分析［J］. 体育成人教育学刊，2006，22（2）：58-60.

会比主场球队更多。在比赛的最后关头，球员的心态也在发生变化，这可能导致球员动作过大而被罚牌。以德黑兰石油为例，他们在对阵迪拜阿赫利的首场比赛中以0∶1失利，这意味着在次回合中，德黑兰石油必须至少进两球才能晋级到半决赛。在这两场比赛中，德黑兰石油队共被判罚了7张黄牌，其中次回合就有5张。这5张黄牌分别在下半场的第46分钟、61分钟、64分钟、90分钟以及补时阶段的91分钟被判出，主要是因为推人、绊人、踢人等违规行为。可见，在后期球员的心态发生了很大变化。通常在比赛的关键时刻，球员的心态都会发生改变，这往往会影响球员在技战术方面的发挥，在动作尺度和语言掌握方面容易出现失误，导致罚牌。

表6　2015年亚冠1/4赛到冠军赛主客场黄牌判罚情况特征统计表

项目	主场	客场	总计
黄牌数/张	22	27	49
百分比/%	44.90	55.10	100

5.2　红牌的统计结果与分析

由表7可知，在2015年亚冠1/4赛到冠军赛中共出示了两张红牌。两场比赛都是直接判罚红牌，没有出现两黄变一红的情况。在比赛过程中，特别是在决赛中直接出示红牌的情况比较少见，这显示了球员的动作确实过于恶劣。同时，也可以看出裁判员在执裁方面具有高水平和果断准确的判罚尺度。

表7　2015亚冠1/4赛到冠军赛的红牌统计表

球队	球员	场上位置	犯规位置	犯规时间	主客场	判罚性质	判罚结果
迪拜阿赫利	海卡尔	后卫	后场	84分钟	主场	推倒部林，后面铲球	直接红牌
迪拜阿赫利	哈米斯	中场	中场	66分钟	客场	拉倒郑龙，踩在郑龙腰上	直接红牌

第一张红牌是在决赛中被判罚，是迪拜阿赫利作为主场被罚，被罚的球员是海卡尔。在比赛快接近尾声时，海卡尔在防守过程中与郜林发生了冲撞，直接推倒郜林，并从后方进行铲球，导致郜林直接倒地，因此，裁判员直接出示了红牌，将海卡尔罚下场。

第二张红牌也发生在广州恒大与迪拜阿赫利的决赛中，迪拜阿赫利作为客场获得了一张红牌，被罚下场的球员是哈米斯。在下半场的第66分钟，哈米斯与郑龙在中场位置上争夺球权时，哈米斯先是拉倒了郑龙，然后踩在了郑龙的腰上。裁判直接出示了红牌，将哈米斯罚下场。在被罚红牌之后，哈米斯表示不服，想冲上场与裁判理论，但被自己的队友阻止。

由两张红牌的判罚可知，迪拜阿赫利对这场比赛非常重视。两张红牌都是在决赛过程中被罚，并且罚在了同一支队伍中。在这场关键的比赛中，双方球员都承受着巨大的压力，在比赛的后期阶段，球员的体力下降，心理压力也越来越大，还有场外观众的呼喊声也会影响球员的情绪和心态。在比赛场上，球员不仅需要具备良好的技战术能力，还需要具备良好的抗压能力和心理承受能力。

6 结论

（1）2015年亚冠1/4赛到冠军赛共14场比赛，出示了49张黄牌和2张红牌。广州恒大判罚黄牌最多，共11张；柏太阳神最少，只有1张。

（2）出现黄牌数量最多的是开场后76～90分钟这一时间段，共判罚22张黄牌，最少的是开场后16～30分钟这一时间段，只有1张黄牌。

（3）黄牌判罚的犯规的性质主要集中在踢、铲方面，一共被判罚了13张黄牌。

（4）被出示黄牌的球员中，中场球员数量最多，共占20张黄牌；最少的是守门员，被判罚了3张黄牌。

（5）黄牌判罚的区域主要集中在中场附近，共判罚了21张黄牌，占黄牌总数的42.9%；其次是后场，判罚了12张，占黄牌总数的24.5%；再次是前场，共有10张，占黄牌数量的20.4%；最后是禁区内的判罚，共有6张，占总黄牌数的12.2%。

（6）主客场中，客场队伍被判罚的黄牌数量多于主场。客场判罚27张，主场判罚22张，分别占55.10%和44.90%。

（7）两张红牌都是迪拜阿赫利在决赛中被罚，分别是海卡尔和哈米斯。在比赛的最后阶段，在比分落后的情况下，在与对方球员进行拼抢的过程动作过大，产生犯规行为，被红牌罚下。

7　建议

（1）提高运动员的抗压能力和心理承受能力，调节比赛心态。

（2）运动员在训练过程中，要加强素质训练和体能训练，确保比赛时能够保持清晰的头脑和敏锐的判断能力。

（3）在进攻和防守方面要把握好尺度，特别是在比赛快结束的时候，要避免过激的行为和语言冲突，以减少不必要的处罚。

（4）中场球员不仅需要具备高超的技战术，还需要具备精准的判断力和敏锐的观察能力。同时，他们还需要在比赛即将结束的阶段保持良好的体能。因此，在平时的训练中，要对中场球员进行各方面的专项训练，以保证其在球场上的发挥。

（5）在比赛过程中，球员在拼抢时应注意动作不要过大。在日常训练中，合理利用比赛规则，进行犯规方面的训练。

（6）在主场时，客场队员要保持良好的心态，不过分在意场外和观众的反应，主场队员要以平和的心态面对比赛，不骄不馁。

（7）红牌的判罚意味着直接下场，无法继续参加比赛，自己的球队也会少一人参加比赛，在以少打多的情况下，球队会非常吃力。因此，在比赛中，特别是关键比赛，应避免语言和肢体上过激的行为而导致被罚。比赛过程中，要保持正确的心态，不可因小失大、得不偿失。

参考文献

［1］孙志．第19届世界杯足球赛黄牌判罚特征研究［J］．体育成人教育学刊，2010，26（6）：59-60.

［2］刘敏，孙志．2010年南非世界杯足球赛黄牌判罚统计分析［J］．体育科技文献通报，2011，19（10）：27-29.

［3］倪莉．第20届世界杯足球赛红黄牌判罚统计分析［J］．体育研究与教育，2014，29（6）：95-98.

［4］杨建华．第十八届世界杯足球赛裁判员出示红黄牌时间、数量特征的研究［J］．首都体育学院学报，2007，19（4）：71-73.

［5］李伟．2004～2005赛季英超联赛红黄牌判罚情况的统计分析［J］．体育成人教育学刊，2006，22（2）：58-60.

［6］李国辉，冯伦．2005年中国足球超级联赛红黄牌判罚统计分析［J］．安徽体育科技，2008，29（1）：25-28.

［7］李鑫．第18届世界杯足球赛大洋洲及亚洲地区球队犯规特征分析［J］．辽宁师专学报（自然科学版），2008，10（4）：63-65，93.

［8］杨建华，王子乾．第18届世界杯足球赛红黄牌特征的分析［J］．辽宁体育科技，2007（3）：64-67.

［9］赵飞．第19届世界杯足球赛红黄牌判罚犯规特征研究［J］．体育科技，2013，34（6）：59-61.

［10］成耀智．第19届世界杯男子足球赛红黄牌判罚统计情况分析［J］．韶关学院学报，2011，32（10）：42-45.

［11］杨桢．第19届世界杯足球赛判罚红黄牌数量、时间特征的分析

〔J〕. 洛阳理工学院学报（社会科学版），2010，25（5）：92-96.

〔12〕刘毅. 2009赛季中国足球超级联赛红黄牌判罚情况的统计分析〔J〕. 安徽体育科技，2010，31（3）：36-38.

〔13〕左辉. 2008年欧洲杯足球比赛决赛阶段红黄牌情况统计分析〔D〕. 石家庄：河北师范大学，2010：6-7.

〔14〕陆丽娟. 16届世界杯红黄牌的执法尺度剖析〔J〕. 福建体育科技，1998，27（1）：83-87.

〔15〕柳志生，王家力，陈芳，等. 第18届世界杯足球赛决赛阶段裁判员的特征分析〔J〕. 湖北体育科技，2007，26（1）：94-96.

附录

2015亚冠1/4赛到冠军赛的红黄牌详细资料

一、黄牌

（一）广州恒大

8月25日，柏太阳神（主场）1：3广州恒大（客场）。

（1）保利尼奥：8号，中场。上场时间：90分钟。作战场地：客场。罚牌位置：中场。罚牌时间：38分钟。原因：与裁判争执。

9月15日，广州恒大（主场）1：1柏太阳神（客场）。

（2）冯潇霆：6号，后卫。上场时间：90分钟。作战场地：主场。罚牌位置：中场。罚牌时间：58分钟。原因：铲球动作过大。

（3）张琳芃：5号，后卫。上场时间：90分钟。作战场地：主场。罚牌位置：前场。罚牌时间：61分钟。原因：铲球动作过大。

（4）金英权：28号，后卫。上场时间：90分钟。作战场地：主场。罚牌位置：中场。罚牌时间：84分钟。原因：踢人、发生肢体冲突。

9月30日，广州恒大（主场）2：1大阪钢巴（客场）。

（5）李学鹏：35号，后卫。上场时间：55分钟。作战场地：主场。

罚牌位置：中场。罚牌时间：50分钟。原因：踩踏对方队员大腿侧面。

10月21日，大阪钢巴（主场）0∶0广州恒大（客场）。

（6）曾诚：19号，门将。上场时间：90分钟。作战场地：客场。

罚牌位置：后场。罚牌时间：67分钟。原因：拖延时间。

（7）金英权：28号，后卫。上场时间：90分钟。作战场地：客场。

罚牌位置：中场。罚牌时间：83分钟。原因：阻挡犯规。

11月7日，迪拜阿赫利（主场）0∶0广州恒大（客场）。

（8）埃尔克森：9号，前锋。上场时间：90分钟。作战场地：客场。

罚牌位置：前场。罚牌时间：80分钟。原因：推人。

（9）梅方：3号，后卫。上场时间：90分钟。作战场地：客场。

罚牌位置：中场。罚牌时间：80分钟。原因：后面铲球、踢球。

11月21日，广州恒大（主场）1∶0迪拜阿赫利（客场）。

（10）邹正：25号，中场。上场时间：90分钟。作战场地：主场。

罚牌位置：中场。罚牌时间：72分钟。原因：侧面阻挡。

（11）黄博文：16号，中场。上场时间：90分钟。作战场地：主场。

罚牌位置：中场。罚牌时间：75分钟。原因：后面拉人。

（二）柏太阳神

9月15日，广州恒大（主场）1∶1柏太阳神（客场）。

（1）大津佑树：10号，前锋。上场时间：90分钟。作战场地：客场。

罚牌位置：中场。罚牌时间：84分钟。原因：发生肢体冲突、踢人。

（三）全北现代

8月26日，全北现代（主场）0∶0大阪钢巴（客场）。

（1）金享镒：3号，后卫。上场时间：90分钟。作战场地：主场。

罚牌位置：中场。罚牌时间：35分钟。原因：其他。

9月16日，大阪钢巴（主场）3∶2全北现代（客场）。

（2）金享镒：3号，后卫。上场时间：79分钟。作战场地：客场。

罚牌位置：中场。罚牌时间：40分钟。原因：侧后方铲球。

（四）大阪钢巴

8月26日，全北现代（主场）0∶0大阪钢巴（客场）。

（1）帕特里克：29号，前锋。上场时间：90分钟。作战场地：客场。

罚牌位置：中场。罚牌时间：35分钟。原因：其他。

（2）隆宇佐美：39号，前锋。上场时间：86分钟。作战地点：客场。

罚牌位置：前场。罚牌时间：78分钟。原因：推人。

（3）明神智和：17号，中场。上场时间：90分钟。作战地点：客场。

罚牌位置：中场。罚牌时间：52分钟。原因：过度抗议。

9月16日，大阪钢巴（主场）3∶2全北现代（客场）。

（4）丹羽大辉：5号，后卫。上场时间：90分钟。作战场地：主场。

罚牌位置：禁区。罚牌时间：40分钟。原因：铲球。

9月30日，广州恒大（主场）2∶1大阪钢巴（客场）。

（5）今野泰幸：15号，后卫。上场时间：90分钟。作战场地：客场。

罚牌位置：后场。罚牌时间：64分钟。原因：阻挡犯规。

（五）阿尔希拉尔

8月25日，阿尔希拉尔（主场）4∶1莱赫维亚（客场）。

（1）阿尔法拉吉：13号，中场。上场时间：90分钟。作战场地：主场。

罚牌位置：前场。罚牌时间：77分钟。原因：与裁判争执。

9月16日，莱赫维亚（主场）2∶2阿尔希拉尔（客场）。

（2）达尔维什：25号，中场。上场时间：26分钟。作战场地：客场。

罚牌位置：前场。罚牌时间：78分钟。原因：踢、铲。

（3）萨利姆：29号，中场。上场时间：90分钟。作战场地：客场。

罚牌位置：后场。罚牌时间：82分钟。原因：推人。

（4）阿尔布莱克：31号，中场。上场时间：90分钟。作战场地：客场。

罚牌位置：后场。罚牌时间：88分钟。原因：后面绊人。

9月30日，阿尔希拉尔（主场）1：1迪拜阿赫利（客场）。

（5）卡比：19号，前锋。上场时间：45分钟。作战场地：主场。

罚牌位置：中场。罚牌时间：16分钟。原因：铲倒对方队员。

（6）阿尔法拉吉：13号，中场。上场时间：90分钟。作战场地：主场。

罚牌位置：前场。罚牌时间：95分钟　原因：推人。

10月21日，迪拜阿赫利（主场）3：2阿尔希拉尔（客场）。

（7）阿尔斯戴里：28号，门将。上场时间：90分钟。作战场地：客场。

罚牌位置：禁区。罚牌时间：86分钟。原因：拖延时间。

（8）沙姆拉尼：15号，前锋。上场时间：45分钟。作战场地：客场。

罚牌位置：前场。罚牌时间：89分钟。原因：争执。

（9）埃伯德：24号，中场。上场时间：90分钟。作战场地：客场。

罚牌位置：中场。罚牌时间：92分钟。原因：侧面铲球。

（六）德黑兰石油

8月26日，德黑兰石油（主场）0：1迪拜阿赫利（客场）。

（1）汉姆扎德：13号，后卫。上场时间：90分钟。作战场地：主场。

罚牌位置：后场。罚牌时间：55分钟。原因：阻挡犯规。

（2）雷扎万德：27号，后卫。上场时间：90分钟。作战场地：主场。

罚牌位置：后场。罚牌时间：57分钟。原因：其他。

9月16日，迪拜阿赫利（主场）2：1德黑兰石油（客场）。

（3）法贝尔赞德：1号，门将。上场时间：89分钟。作战场地：客场。

罚牌位置：禁区。罚牌时间：46分钟。原因：绊倒对方队员。

（4）卡洛斯：3号，后卫。上场时间：90分钟。作战场地：客场。

罚牌位置：中场。罚牌时间：61分钟。原因：后面拉人。

（5）博阿扎：16号，中场。上场时间：64分钟。作战场地：客场。

罚牌位置：后场。罚牌时间：64分钟。原因：绊倒。

（6）侯赛尼：44号，后卫。上场时间：90分钟。作战场地：客场。

罚牌位置：禁区。罚牌时间：90分钟。原因：正面推人。

（7）萨德吉安：90号，中场。上场时间：27分钟。作战场地：客场。

罚牌位置：后场。罚牌时间：91分钟。原因：后面踢人。

（七）迪拜阿赫利

8月26日，德黑兰石油（主场）0：1迪拜阿赫利（客场）。

（1）哈米斯：2号，后卫。上场时间：90分钟。作战场地：客场。

罚牌位置：前场。罚牌时间：38分钟。原因：铲球动作过大。

9月16日，迪拜阿赫利（主场）2：1德黑兰石油（客场）。

（2）里贝罗：8号，中场。上场时间：89分钟。作战场地：主场。

罚牌位置：中场。罚牌时间：77分钟。原因：侧面铲球。

9月30日，阿尔希拉尔（主场）1：1迪拜阿赫利（客场）。

（3）利玛：9号，前锋。上场时间：90分钟。作战场地：客场。

罚牌位置：禁区。罚牌时间：77分钟。原因：其他。

（4）法尔丹：4号，中场。上场时间：90分钟。作战场地：客场。

罚牌位置：中场。罚牌时间：90分钟。原因：其他。

（5）阿巴斯：80号，中场。上场时间：22分钟。作战场地：客场。

罚牌位置：后场。罚牌时间：95分钟。原因：阻挡犯规。

10月21日，迪拜阿赫利（主场）3：2阿尔希拉尔（客场）。

（6）哈迈迪：7号，中场。上场时间：90分钟。作战场地：主场。

罚牌位置：禁区。罚牌时间：85分钟。原因：假摔扑对方队员身上。

（7）哈桑：88号，中场。上场时间：90分钟。作战场地：主场。

罚牌位置：后场。罚牌时间：85分钟。原因：争执。

11月7日，迪拜阿赫利（主场）0：0广州恒大（客场）。

（8）权景元：21号，中场。上场时间：90分钟。作战场地：主场。

罚牌位置：前场。罚牌时间：92分钟　原因：拖延时间。

11月21日，广州恒大（主场）1：0迪拜阿赫利（客场）。

（9）哈森：88号，中场。上场时间：89分钟。作战场地：客场。

罚牌位置：中场。罚牌时间：11分钟。原因：踩踏对方队员。

（八）莱赫维亚

8月25日，阿尔希拉尔（主场）4：1莱赫维亚（客场）。

（1）特雷索尔：14号，后卫。上场时间：81分钟。作战场地：客场。

罚牌位置：后场。罚牌时间：76分钟。原因：踢、铲。

（2）赛耶德：32号，主场。上场时间：66分钟。作战场地：主场。

罚牌位置：主场。罚牌时间：14分钟。原因：冲撞。

（3）亚西尔：3号，后卫。上场时间：84分钟。作战场地：主场。

罚牌位置：主场。罚牌时间：68分钟。原因：推人。

（4）齐科：4号，后场。上场时间：90分钟。作战场地：主场。

罚牌位置：后场。罚牌时间：89分钟。原因：拉人。

（5）维斯：79号，中场。上场时间：24分钟。作战场地：主场。

罚牌位置：前场。罚牌时间：82分钟。原因：推人、拉人。

二、红牌

11月7日，迪拜阿赫利（主场）0：0广州恒大（客场）。

（1）海卡尔：26号，后卫。上场时间：84分钟。作战场地：主场。

罚牌位置：后场。罚牌时间：84分钟。原因：直接推倒郜林，并从后面铲球。

11月21日，广州恒大（主场）1：0迪拜阿赫利（客场）。

（2）哈米斯：2号，中场。上场时间：66分钟。作战场地：客场。

罚牌位置：中场。罚牌时间：66分钟。原因：先拉倒郑龙，然后踩在了郑龙的腰上。

致谢

本论文是在指导老师蒋德龙讲师的悉心指导之下完成的。从论文的选题、开题到最后的定稿，从论文中的每词、每句、每段到整篇论文的主旨和结构，无不凝聚着蒋老师的心血。蒋老师渊博的专业知识和严谨的治学态度都体现了学者的本色。他精益求精的工作作风和平易近人的人格魅力深深影响着我。在此，我向我的指导老师蒋德龙讲师表示深深的谢意和美好的祝福。

本论文的完成也离不开其他老师、同学和朋友的帮助。特别感谢各位老师在论文开题、初稿预答辩期间对我提出的宝贵意见。修订完稿后，回想起开始的迷茫，我在论文撰写期间逐渐成长，让自己的内心得到了平静，学会了思考，也体会了学术上的精髓和意义。最后，再次感谢我的指导老师蒋德龙讲师对我的悉心指导。

致谢人：欧阳琴

2016年3月29日

城镇化进程中舞龙活动的理念变迁研究

——以衡阳市大学城为例

体育系　体育教育专业

13850307　刘佳洋　指导老师：蒋德龙

摘　要：衡阳市民俗舞龙活动——"耍龙灯"传承百年，历史悠久，具有鲜明的民族地域特色。随着城镇化的变迁，"耍龙灯"所承载的理念伴随着不同的时代背景表现出相应的特征和趋势。因此，本文采用文献资料、田野调查、访谈和逻辑分析等方法，对衡阳市大学城舞龙活动的理念变迁历程进行了调查，重点对不同历史时期的理念特征进行详细的分析。结论如下：在农村时期，衡阳市大学城舞龙活动的理念具有以"祭祀求神"为主，强调"风调雨顺，丰收安康"的特征，带有浓厚的宗教祭祀色彩；而在城镇化时期，舞龙活动的理念则强调"吉祥喜庆，幸福欢乐"，具有现代功利性色彩。希望通过这项研究，可以为当前城镇化进程中舞龙活动的传承与发展提供一定的参考和借鉴。

关键词：衡阳；城镇化；舞龙；理念变迁

1　前言

　　衡阳市独具特色的民俗舞龙活动——"耍龙灯"具有悠久的历史，在传统农村时期满足了人们的精神文化需求。随着时代变迁，在不同历史时期下，由于特有的自然、政治、经济、文化等方面的因素，在一定程度上对人们意识形态的形成和思想观念的改变产生了巨大影响。文化主体新的理念需求改变了依附于传统农业社会的舞龙理念，因此"耍龙灯"的理念表现出不同的特征。本文以衡阳市大学城为例，从舞龙活动理念变迁的历史分期、不同历史时期理念的特征及其原因两个方面进行详细分析，挖掘舞龙活动理念变迁的重大价值。衡阳市大学城作为城镇化进程中的一个"新城"，其舞龙理念变迁虽然是个案，但对当前城镇化进程中舞龙活动的传承与发展具有一定的代表意义，为衡阳市舞龙活动的健康发展和弘扬提供借鉴。

2 研究对象与方法

2.1 研究对象

本文以衡阳市大学城舞龙活动——"耍龙灯"的理念变迁为研究对象，主要通过对衡阳市大学城区域内的双江村、凌塘村、光明村、酃湖村、胜利村、黄堰村、衡阳市体育中心、衡阳师范学院、湖南工学院、酃湖汽车站等地，参与"耍龙灯"活动有关的社会各阶层人员进行深度访谈来获取第一手资料。调查范围涉及衡阳市体育中心的管理人员、衡阳师范学院和湖南工学院的师生、周边商铺和楼盘工作人员、酃湖乡村民委员会的工作人员、双江村村民委员会的工作人员、双江村组织舞龙活动的负责人和村民、黄堰村组织舞龙活动的负责人和村民等。

2.2 研究方法

2.2.1 田野调查法

在田野调查过程中，通过进行参与式观察，观察了衡阳市大学城双江村舞龙队伍人员的日常生活状态，并重点访谈了酃湖乡双江村马安组、酃湖村、合福村等与舞龙活动相关的人员。这样可以直接从调查对象身上获取第一手资料和相关的故事传说。利用当地重大节日举行的重要活动，对双江村、鄱湖等地进行了三次长短不一的田野调查。第一次是2016年7月20日～2016年7月23日，在这段时间中，我们拜访了鄱湖乡合福村原村党支部书记刘书记，并到双江村村党支部书记家以及另外5户家庭，根据事先准备好的访谈提纲进行了深度访谈，通过谈话与问答的方式了解当地的历史和民风民俗。第二次是2016年9月11日～2016年9月20日，我们再次深入到双江村进行考察，对组织舞龙活动的领头人和负责人颜师傅、颜老师傅进行了深度访谈，与上次采访所了解的情况进行对比，并重复调查。第三次是2017年2月9日～2017年2月12日，通过双江村村民颜师傅的引导，亲身观看并体验了双江村马安组完整的舞龙仪式和活动，并对双江村参与舞龙活动的村民和黄堰组参与舞龙活动的村民进行了访谈。

2.2.2　文献资料法

通过查阅中国知网、中国高等教育文献数据库，搜集并参考了国内民族传统体育与民俗活动、城镇化变迁、舞龙活动、理念变迁相关的文献资料和期刊等。

2.2.3　访谈法

对衡阳市大学城区域组织舞龙活动的领头人、负责人以及区域的领导、老人、长者、村民进行实地访谈。

2.2.4　逻辑分析法

随着时代的变迁，在不同的历史时期，由于特有的自然、政治、经济、文化等方面的原因，新的生活环境和文化氛围在一定程度上对人们的意识形态和思想观念产生了巨大的冲击，从而使人们"耍龙灯"的理念有所不同。为此，在田野调查的基础上，结合文献资料，从城镇化变迁入手，考虑村落与社会结构变迁相互的影响因素，来探索衡阳市大学城舞龙活动理念变迁的特征。

3 结果与分析

3.1 城镇化进程中衡阳市大学城舞龙活动概况

3.1.1 城镇化进程中的衡阳市大学城

衡阳市珠晖区酃湖乡地处湘南丘陵中心，地势东南高、中北部低，东部和南部重峦叠嶂，地理位置优越，发展空间巨大，土壤肥沃，盛产稻米；辖大众村、解放村、国庆村、向阳村、双江村、上托村、胜利村、凌塘村、光明村、合福村、东湖村11个村，2个农场，132个村民小组。乡内有中学1所，小学7所，在校学生近2 000人；卫生院1个，医疗站5个，总人口约3.52万。酃湖乡历史文化悠久，既有以2 200多年的酃湖古城为代表的名城古迹文化，又有以酃酒为代表的中国古代贡酒文化，还有以酃湖旅游风景名胜区、耒水为标志的生态旅游文化，同时还有拥有1 000多年历史的极具特色的舞龙文化，被誉为"舞龙之乡"等。[①]

在城镇化之前，酃湖乡的村民聚居在一个个自然村，房屋简陋，只有泥巴路和机耕道连接各自然村。酃湖乡的居住人口以农业人口为主，生产方式以农业生产为主且与农业息息相关，是一个典型的鱼米之乡。

随着2000年酃湖乡的城镇化建设和衡阳市城区"东拓"发展战略的启动，衡阳市大学城落户于酃湖乡。[②]在"一区三实施线三园"工程的实施下，处于城镇化进程中的酃湖乡将大量的劳动力从农业生产中解放出来，大部分村民以手工业为主，农业为辅，直接从事农业生产的人口不到21%。如今，每个村庄都建设了水泥公路（图1），人们的生活水平有了很大提高，74%的农户建造了新房，彩电、冰箱、洗衣机、摩托车等商品已进入寻常百姓家。酃湖乡的城镇化建设取得了长足的发展，农业产业结构

---

① 佚名. 酃湖乡［EB/OL］.［2009-06-16］. http://baike.baidu.com/item.

② 佚名. 衡阳大学城［EB/OL］.［2009-11-26］. http://baike.baidu.com/item.

迈向基地化、规模化的发展道路，推进了鄑湖乡城镇化建设的进程，副业开发区也进入了全新的城镇化发展时期。

图1　水泥公路

3.1.2　衡阳市大学城舞龙活动形成的文化生态

鄑湖乡拥有良好的生态环境，适宜稻米、豆类等农作物的生长。舞龙活动是一种村民们祈求丰收的祭祀性民俗活动。在民间，人们通过将龙作为神来祭祀，祈求神的庇佑、赐福、保丰收、平安。舞龙活动除了与适宜的生态环境有千丝万缕的关联外，还与该地区的社会制度有关。舞龙活动主要依靠以宗法血缘为基础的民间制度文化来维系和开展。例如，在每年春节等重大节日，全村男女老少都会参加舞龙活动，祈求祖先、神灵保佑风调雨顺、五谷丰登和答谢神灵的庇佑。这是族群思想意识一致的体现，能加强村民对宗族、地缘和血缘的认同感，强化内部力量。

3.1.3　衡阳市大学城舞龙活动概况

在当地，舞龙活动的地方术语称为"耍龙灯"。独具特色的"耍龙灯"是当地每年重大节日都要进行的传统项目。

耍龙仪式中的"领头"是负责龙的行走路线的人，舞龙队伍跟随"领头"行进；"出对"是到耍龙所到之地向主人家说吉利话的人，一般两到三人；"提篮"是接收主人馈赠物品或红包的人；"排灯"是提着蜡烛灯笼驱邪的人；"狮子"由大户人家派人扮演，比龙先行；"出戏"一般两人，"舞龙"是舞动龙动作或招式的人，他们在舞龙时追逐龙珠，使龙做出飞腾跳跃的动作（这个动作被称为"蛟龙摆尾"，如图2所示）。根据龙的长度不同，参与的人数也有所不同，龙的节数最少为九节，再加上两个舞龙珠，参与人数最少需要11人。

图2　村民"耍龙灯"

"耍龙灯"整个活动由"请龙""跑龙""接龙""祭龙"4个过程组成。"请龙"指前往祖堂去请龙，按照惯例从每年正月初七开始。"跑龙"指到村里各家各户去舞龙。舞龙的路线是顺时针方向，从低往高走，先在本村舞龙，然后再到其他村落进行。当到达某一户时，"接龙"便开始了，有很多礼仪需要注意。主人会在龙进门前在自家门前插上一些点燃的香烛。香烛越大越好，越亮越好，越红火越好。龙进堂屋要从右边进去，左边出来。在主人家里舞龙时，绝对不能搞乱或损坏任何东西。随后，主人家会向耍龙的队伍表示感谢，用新鲜水果或自家酿造的酒作为礼品，还会给舞龙队伍的"提篮"一些红包。当舞龙队伍准备离开时，主人家会放一挂鞭炮。当舞龙队伍随着领头人走完既定的路线后，由德高望重的人宣布"祭龙"仪式开始。"祭龙"有一个环节叫作跳火：点火者要烧纸钱三斤，上香三根，杀雄鸡一只，敬奉天上的诸神，告诉天上的神灵，当日要跳火，请求神灵保佑大家；由领头人烧起一堆稻草，火焰不要太高，然后带头从火上跳过去，跳完后不能回头看。祭龙仪式的最后一步是，要将龙放在水中，名曰"送龙入海"。祭龙仪式结束后，龙将被放在祖堂中，第二天，要将耍过的龙被拿到河里清洗。在清洗过程中，不可以用锤子敲打龙被，也不能用脚踩踏，必须庄重虔诚。清洗龙被的人都是自愿主动参加的，他们带着心愿来清洗龙被。可以说，鄙湖乡的舞龙活动是一个每年春节都会开展的、动员全村上下力量的集体性的公共祭祀仪式。

3.2　城镇化进程中衡阳市大学城舞龙活动的理念特征及原因

随着城镇建设，新的生活环境、新的生活方式以及新的文化氛围在一定程度上对人们的意识形态和思想观念产生了根本性的影响。文化主体对依附于传统文化的舞龙活动有了新的价值观念。舞龙活动所承载的理念在不同历史时期中自然演进的同时，也表现出了相应的历史特征与趋势。

3.2.1　农村时期舞龙活动的理念特征及原因（2000 年前）

纵观舞龙活动在农村时期的整个过程，"耍龙灯"是人们祈求丰收的祭祀性民俗体育活动。仪式赋予了舞龙活动巨大的象征意义和现实意义，主要祈求神灵保佑风调雨顺、五谷丰登和答谢神灵的庇佑，具有浓厚的宗教祭祀色彩。

第一，"祭祀求神"。例如，请龙仪式一开始就由德高望重的族长主持，点燃香火说庙语并祈祷来年风调雨顺、五谷丰登以及全族团结和睦。再如，杀雄鸡敬拜神龛上的"老爷""神仙""土地公公"。在这里"老爷"指的是龙王，人们把龙王当作神；"神仙"是各族的王，不同的宗族供奉不同的神仙，例如双江村族人供奉"青山王"和"马安王"；"土地公公"是土地掌管者，在依靠土地生存的农业社会中，人们向"土地公公"祈求土地肥沃，获得丰收。请龙仪式非常庄重，除了主持者外，任何人都不能说话，因为说话代表不尊敬神，而且外来者或外族的人是不被允许参加本族的请龙仪式的。杀雄鸡是为了唤醒龙王，让龙具有灵性，跑起来能保佑全村。在舞龙活动中，有一个由十岁左右的儿童所扮演的狮子，目的是驱赶鬼灵，为神灵开路、彰显威风，消除灾难。在接龙仪式过程中，主人会在龙进门前在自家门前插上点燃的香烛。香烛越大越好，越亮越好，越红火越好。接龙时会不断放鞭炮，当舞龙队伍离开时再放一挂鞭炮送走龙神。有位村民说："龙神来了，我们要把鬼灵赶走，家里就没有灾难，让家里红红火火的。如果放鞭炮没有接龙，那一家人都要遭殃。"到了夜晚，村民们会在家里点上蜡烛，家家灯火通明，目的是让神灵保护自己家不受"不干净"的东西的打扰。第二天，大家会争先恐后地清洗龙被，希望清洗龙被后得到圣灵的保佑和祈福。最后的祭龙仪式与请龙仪式有一个相同的"祭神"环节。在跳火前，点火者要烧纸钱三斤，上香三根，杀雄鸡一只，敬奉天上的诸神，告诉天上的神灵，当日要跳火，火里烧死的是牛鬼蛇神，让神灵将牛鬼蛇神带到西方世界，请求神灵保佑众人。

第二，"风调雨顺，丰收安康"。一位当地长者介绍说，当地耍龙起源于一个传说：古时候，农历五六月是田里的稻谷苗猛长的时期，天气炎热，病虫多发，其中毁灭性的病虫害为"稻瘟病"。在科技落后，无法防止稻谷遭受虫害侵袭的年代，农民便在田埂地头上插上用稻草做成的火把，舞草龙来驱逐稻瘟病。次日，村民们发现本村的虫害情况有所改善，田间的虫子纷纷死亡。农民们在田埂地头耍龙是为了驱赶病虫灾害，保证来年的农业大丰收。请龙仪式中敬拜神龛上的龙王，是向龙王祈求来年风调雨顺；供奉神仙是祈求族上神仙保佑全族风调雨顺、丰收安康；祈求"土地公公"是诉求土地肥沃、获得丰收。在接龙仪式中，舞龙队伍在舞龙时追逐龙珠，使龙飞腾跳跃，意为行云布雨、消灾降福。舞龙队伍将龙舞飞腾在高高的空中，意为把主人家一年来的晦气全部赶走，希望新的一年家庭一切顺利。跑龙路线从低往高跑、舞龙队伍进主人家堂屋右进左出，都有顺风顺水而为之的意味。村民认为跳火环节可以将一些晦气的东西全都烧掉，便没有了病痛，其中蕴含着家人安康的含义。村民还强调跳火所使用的燃料必须是稻草，不能是松树枝之类的。因为水稻是他们唯一的生计来源，用稻草烧掉晦气的东西，来年他们一定能获得丰收和安康。祭龙仪式的最后一步是虔诚地将龙放回水中，寄佑来年的风调雨顺。

在农村时期，"祭祀求神"贯穿舞龙活动的始终，人们通过舞龙"祭祀求神"活动祈求"丰收安康，风调雨顺"。基于一定的信仰之上，由于对自然势力的害怕、恐惧建构了神的概念，人类在原始宗教意识形态观念支配下，用身体、肢体动作模仿动物形态与神灵沟通，畏神敬神、祛灾祈福，是身体运动文化形成的最初动力。[①]这顺应了这一时期村民的心理需求，为农业生产提供了精神上的保障，在传统社会形成了自己独特的价值。

3.2.2 城镇化时期舞龙活动的理念特征及原因（2000年~至今）

由于2000年衡阳市城区的扩张，酃湖乡已归属于衡阳市珠晖区政府管辖，双江村、合福村等各村划入了衡阳市大学城的范围，村里的耕地几乎全部被征用，变成了名副其实的"城中村"（图3）。合福村正在新建合福村民的安置房，以前的农田变成了商铺、楼房、工厂（图4）。过去，农民的精神文化生活单调，除了农忙就是到大王庙（图5）祈祷家人安康、谷物丰收，然而，城镇化不仅改善了村民的物质生活，也极大地改变了他们的精神文化生活，"耍龙灯"成为人们逢年过节的娱乐项目。

图3　衡阳市大学城的城中村　　　　图4　正在新建的楼房

---

① 万义，王建，龙佩林，等. 少数民族原始宗教与身体运动文化形成的文化生态学分析——东巴跳与达巴跳的田野调查报告［J］. 体育科学，2014，34（3）：54-61.

图5　重建的大王庙

　　第一，"祭祀求神"。城镇化时期的舞龙活动保留了农村时期"祭祀求神"的内容，保留了对"神"的敬重，但"祭祀求神"也在"进步"。在城镇化进程中，由于人们对宗教信仰意识的淡化，民俗活动的宗教色彩也相应减少，这也就导致了舞龙活动的内容和形式的变化。①这一时期的舞龙活动从正月十四开始，为期两天。在农村时期，为了祭祀祖先、神灵，全族举行隆重的"祭祀求神"是舞龙活动最重要的部分，但现如今，请龙仪式的主持者由以前的族长变成现代的村长，仪式简化和删减了许多环节。在村长庙堂内点燃三根香敬龙王，并放完一挂鞭炮后，在村民们有说有笑的氛围中，舞龙队伍便扮上行头出发。"祭祀求神"不再显得那么庄重和神秘。庙堂内堆放着一些杂物（图6），包括龙头、道具、香烛、香油等物品。据颜师傅所说，现在每年都会更换新的龙头。跑龙仪式的路径基本没有变化，而且增加了去商场的路线。为什么舞龙队伍会去商场舞龙？这是因为舞龙队伍通过在商场舞龙可以获得许多不同大小的红包。红包越多，舞龙的时间也就越长。

---

　　① 周传志，喻丙梅，廖建曹，等. 城镇化进程中的民俗体育解构与重构［J］. 吉林体育学院学报，2013，29（6）：100-102.

图6　庙堂里的杂物

　　第二，"吉祥喜庆，幸福欢乐"。舞龙队伍在舞龙时，村民会带着自己的孩子绕着龙走，他们认为这能带来"吉祥"。之前并没有人绕着龙、从龙身下钻、摸龙头，这些行为会被视为不规矩，冒犯了龙王。然而现在，龙灯中的蜡烛变成了电灯，古牌上的字由"风调雨顺，五谷丰登"变成了"吉祥喜庆""幸福欢乐"。正如一家新开业的网吧（图7）老板李先生所说："在开业时请舞龙队伍是为了求个好兆头，希望生意兴隆，非常热闹，而且自己也很开心，很喜欢。"

图7　在新开业的网吧外耍龙

即使没有高度的制度化，但几乎每年的春节期间村民都会自发组织舞龙活动。当问及现在大家都不再从事农耕，为什么还要舞龙时，村民们回答道："愿望不一样了，现在耍龙图个吉利，喜庆的日子就应该有喜庆的活动，大家可以在一起热闹。"虽然他们也拥有城市里的娱乐活动，但村民仍然保留着以前村里的传统娱乐活动——舞龙。随着城市化进程的推进，可供村民选择的娱乐活动越来越多，再加上农业科技的发展，通过舞龙表演诉求丰收的愿望已不再那么强烈，更多的是为了娱乐。

3.2.3 城镇化进程中衡阳市大学城舞龙活动的理念变迁

综上所述，衡阳市大学城的舞龙活动经历了从农村时期到城镇化时期的理念变迁。舞龙活动从过去带有浓厚的宗教祭祀色彩的祈求丰收的理念，逐渐转变成为节庆时必不可少的追求"吉祥喜庆，幸福欢乐"的理性行为。从农村时期舞龙活动的理念特征来看，农业社会原始的意识形态是慰藉神灵，实现"风调雨顺，丰收安康"，是情感和认同上的需要；城镇化时期的理念传承了传统意义，但是却淡化了通过祈求神灵保佑五谷丰登、风调雨顺的理念，变得没有那么多的"规矩"，人们更多的是在享受舞龙传统活动所带来的"吉祥喜庆，幸福欢乐"。可见，在城镇化进程中，随着社会文化环境和民间价值观的改变，衡阳市大学城的舞龙活动的理念变迁是一种必然的结果。

4 结语

在城镇化进程中，农村时期的衡阳市大学城舞龙活动的理念具有以"祭祀求神"为主，强调"风调雨顺，丰收安康"的特征，具有浓厚的宗教祭祀色彩；而在城镇化时期，衡阳市大学城的舞龙活动的理念具有强调"吉祥喜庆，幸福欢乐"的特征，具有现代功利性色彩。农村时期"丰收安康，风调雨顺"的核心理念为农业生产提供了精神上的保障，在农业社会中形成了独特的价值。而在城市化和现代化背景下，传统民俗活动被人们注入了新的生活理念——"吉祥喜庆，幸福欢乐"，适应了文化主体的新需求，更好地满足了社会大众。因此，衡阳市大学城作为城镇化中舞龙活动理念变迁的个例给了我们一个启示：在城市化和现代化的趋势下，舞龙活动以适应文化主体已经改变或正在改变的需求，被赋予了新的血液，贯穿舞龙活动的始终，重构了社会变迁中的"理念结构"，作为人们诉求的一种信仰支撑、生活理念得以实现和延续。

参考文献

［1］佚名. 酃湖乡［EB/OL］.［2009-06-16］. http://baike.baidu.com/item.

［2］佚名. 衡阳大学城［EB/OL］.［2009-11-26］. http://baike.baidu.com/item.

［3］万义，王建，龙佩林，等. 少数民族原始宗教与身体运动文化形成的文化生态学分析——东巴跳与达巴跳的田野调查报告［J］. 体育科学，2014，34（3）：54-61.

［4］周传志，喻丙梅，廖建曹，等. 城镇化进程中的民俗体育解构与重构［J］. 吉林体育学院学报，2013，29（6）：100-102.

［5］涂传飞. 一个村落舞龙活动的变迁［J］. 体育科学，2011，30（7）：81-96.

［6］郎勇春. 城镇化变迁中的孝桥镇民俗体育［J］. 上海体育学院学报，2007，31（2）：30-39.

［7］蒋明智，王爱仪. 东莞大井头女子龙舞文化探析［J］. 广西民族大学学报（哲学社会科学版），2016，38（2）：55-60.

［8］黄宗峰，韦丽春. 城镇化进程中红水河流域民俗体育文化的变迁与

发展研究［J］．赤峰学院学报（自然科学版），2011，27（4）：113–115.

［9］王永，曾文，乔冰梅．安徽省新农村建设与民间体育发展研究［J］．安徽体育科技，2011，32（2）：4–9.

［10］梅茂荣．关于苏北乡镇节日体育活动项目及其变迁的社会学调查［J］．南京体育学院学报，2007，21（4）：35–37.

［11］丁世勇．城镇化对广州民俗体育发展的影响研究［J］．北京体育大学学报，2008，31（5）：606–622.

［12］封又民，曾小玲．村落传统节日舞龙活动融入农村城镇化建设的若干思考［J］．武汉体育学院学报，2015，49（8）：48–51.

［13］王燕妮．从"龙神"到"龙舞"［J］．江汉学术，2013，32（1）：65–68.

［14］邱团，农贵．民俗节庆文化活动变迁沿革的思考——以广西宾阳县炮龙节为例［J］．企业科技与发展，2009（6）：163–165.

［15］郑国华．禄村变迁中的传统体育流变研究［J］．体育科学，2010，30（10）：80–96.

［16］王建伟．新农村建设背景下村落体育文化的功能、变迁及定位［J］．首都体育学院学报，2014，26（1）：31–34.

［17］汪雄，聂锐新，李延超，等．族群记忆与文化认同：花腰彝"女子舞龙"文化生态变迁的人类学考察——基于滇南石屏县慕善村的田野调查［J］．武汉体育学院学报，2014，48（12）：48–92.

［18］刘聪．江西民俗体育"塔城乡板凳龙"历史变迁述考［J］．兰台世界，2014（35）：154–155.

附录

访谈提纲

一、访谈目的

通过对衡阳市大学城组织舞龙活动的领头人或负责人进行访谈，进一步搜集舞龙活动的事实材料，深入了解衡阳市大学城舞龙活动理念的历史和现状特征，了解他们对舞龙活动的情感和动机等内在特征。

二、访谈对象

衡阳市大学城区域组织舞龙活动的领头人或负责人，以及区域的长者。

三、访谈过程

（一）访谈的引入

自我介绍，向被访谈者说明访谈目的，获得信任，争取被访谈对象的理解和支持。在征得被访谈者同意的前提下，采用录音、录像方式记录。

（二）访谈的展开

1."耍龙灯"是衡阳人民逢年过节必不可少的娱乐项目，传承了一代又一代，那么以您对舞龙的了解，能谈谈"耍龙灯"最初是怎么形成的吗？当时为什么会要"耍龙灯"？目的是什么？这一习俗大概从什么时候开始的呢？（有什么渊源、故事或传说？）

2.古老的耍龙"唱灯"中所唱的"八宝山，出宝贝，财主发财，国泰民安"，现实中真的存在八宝山，或者这是耍龙的人的一种情感和愿望的寄托？

3.传说中"耍龙灯"能保护稻谷不被虫害侵袭，因此，人们在田埂地头"耍龙灯"祈求丰收，人们对"耍龙灯"寄予了什么样的情感愿望？现在还有这样的想法吗？为什么？

4."耍龙灯"中赞美孩子的话的具体内容是什么？现在具体内容是什么呢？（寄予的内容有什么变化？）

5. "耍龙灯"有什么环节或内容？出于何种目的？（以跳火环节为例，通过这个环节，表达了人们怎样的情感愿望？）现在这种情感愿望有什么变化？

6. 以前耍龙活动结束后，没有生孩子的农村妇女会在早晨去清洗龙被，这样做的目的是什么？现在还有人去清洗吗？为什么？

7. 您大概在什么时候开始亲身参与"耍龙灯"活动？现如今，城区中的许多人会在"耍龙灯"时跑去摸龙头，绕龙身，他们为什么这么做？有什么寓意呢？

8. "耍龙灯"作为衡阳民间传统习俗能够一直延续至今不易，您认为是什么一直在支撑着大家？（以前"耍龙灯"大都出于什么目的？现在一些地方停止了"耍龙灯"，有些"耍龙灯"出现在商场成立的庆典上，大家又是出于什么目的呢？这样做会得到一些好处吗？）

2016 年里约奥运会女排决赛发球失误统计研究

体育科学学院　体育教育专业

13250607　何钱　指导教师：蒋德龙

摘　要：采用视频观察、数理统计等方法，对2016年里约奥运会女排决赛发球失误进行统计分析。研究内容包括对中国队与塞尔维亚队的基本情况，发球失误的落点、技术与时间的比较，以及决赛中两队的发球失误特征比较。发球是排球技术中唯一不受制约的技术。准确且具有攻击性的发球不仅可以破坏对方的战术组成，还是得分的有效手段。发球失误将丢失发球权从而失分。发球得分或失误是决定比赛胜负的关键因素，教练员应为每位队员制定不同的训练方案，改进训练模式，帮助队员找到适合的发球技术，在训练和比赛中结合实际状况和水平对每个步骤和每种情况提出具体要求。

关键词：2016年里约奥运会；女排决赛；发球失误

1　研究的目的及意义

1.1　研究目的

排球是三大球类运动之一。排球发球是1号位队员在发球区内自己抛球，用一只手将球击入对方场区的一种发球方式。发球失误往往会给队员带来压力且给对方得分的机会。本文的完成，使笔者掌握整理文献资料的方法，以及观察视频的方法和步骤，并能掌握论文的写作方法，同时，增加对排球发球失误的认识，了解排球发球的重要性。

1.2　研究意义

现代排球正朝着速度快、技术娴熟、战术多变和对抗激烈的方向发展。发球是排球运动中的一项重要基本技术，是比赛的开始，也是排球比赛的重要手段。它不仅可以直接得分，还能先发制人，破坏对方组织进攻战术，减轻本方防守压力。通过观察视频对2016年里约奥运会女排决赛发球失误进行统计研究，记录本次比赛发球失误的基本情况并进行分析，能够为自己今后从事体育教育事业，以及排球发球训练提供理论参考依据。

2　研究的对象与方法

2.1　研究对象

2016年里约奥运会女排决赛发球失误。

2.2　研究方法

2.2.1　文献资料法

通过收集、鉴别、了解和整理文献中的相关内容，再获得相关理论依据。

2.2.2　视频观察法

通过观看第31届奥运会女排决赛中国队对战塞尔维亚队视频，对两方发球失误情况进行统计研究，从而了解塞尔维亚的发球实力，发现中国队发球的优势与不足，观察内容如下。

（1）中国队塞尔维亚队两支球队发球失误的基本情况。

（2）两队发球失误分布情况。

（3）两队发球失误技术比较。

（4）两队发球失误时间。

2.2.3　逻辑分析法

通过观看比赛进行详细的统计分析和逻辑分析。

2.2.4　数理统计法

整理数据后对各支球队的情况进行具体分析，总结相应数据并进行整理。

通过观看视频了解中国队和塞尔维亚队在比赛中发球失误的数量、失误的时间、失误的分布情况以及发球失误技术的动作，为论文撰写提供有利数据。建立系统的表格，针对实际问题，提出问题并得出结论。

3　2016年里约奥运会女排决赛情况

3.1　基本概况

2016年夏季奥运会女子排球比赛是国际排联和国际奥委会举办的第31届里约奥运会的比赛项目。北京时间2016年8月21日，在里约奥运会女排决赛中，中国队以3∶1战胜塞尔维亚队，获得金牌。通过反复播放视频，记录了整场比赛的发球失误并进行相应的整理。北京时间2016年8月22日，2016年里约奥运会女排赛在马拉卡纳齐诺体育馆落下帷幕。由郎平挂帅的中国队在决赛中与塞尔维亚队激战四局，最终以3∶1逆转获胜。决赛中，中国队与塞尔维亚队四局比分为19∶25、25∶17、25∶22和25∶23。这是继1984年洛杉矶和2004年雅典折桂之后，时隔12年中国女排第三次斩获奥运会冠军。以下是对两队发球失误的基本情况、发球失误落点、发球失误时间、发球失误技术比较和发球失误特征做出的分析。

3.2　中国队发球失误统计分析

发球是排球技术中唯一不受制约的技术。准确而具有攻击性的发球不仅可以破坏对方的战术组成，还是得分的有效手段。发球失误将丢失发球权从而失分。

在决赛的首局比赛中，塞尔维亚队依靠大力跳发球给中国队造成了不小的压力，当中国队5∶9落后时，郎平请求暂停。暂停结束后，两队比分交替上升。在拦网得到改善后，中国队将比分追至10∶12，塞尔维亚队请求暂停。随后，博斯科维奇强攻得手，米哈伊洛维奇跳发下网。随着拉西奇快攻得手和发球连得2分后，塞尔维亚队以16∶12再次拉开比分。中国队一路苦追，徐云丽探头没打死，张常宁调整进攻被防后被对手打反击，以15∶19落后。塞尔维亚队的米哈伊洛维奇后三和暴扣到21∶16。中国队徐云丽背飞、魏秋月串联失误至17∶22后，郎平请求暂停。暂停结束后，中国队对于塞尔维亚队的强攻仍然毫无办法，最终以18∶24送给对手6个局点。随着中国队扣球出界，他们以19∶25输掉了首局比赛。

第二局比赛，丁霞和杨方旭顶替魏秋月和张常宁登场。中国队加强了发球攻击性，对手一传出现失误，中国队以6∶3领先占先。双方相持一段时间后，塞尔维亚队利用博斯科维奇的强攻迫近到8∶10，徐云丽背飞命中遏制住对手追分势头。惠若琪发球擦网得分，使中国队以12∶8占先。惠若琪发球再次破攻，米哈伊洛维奇调整攻击斜线出界，中国队以13∶8领先。当中国队以16∶10领先时，袁心玥的探头球让球队的情绪完全回来。朱婷后排扣球得手后，中国队以19∶11领先。朱婷的一锤定音使得中国队以23∶16占先。朱婷一攻命中，中国队以24∶17获得局点。拉西奇快攻触网，中国队以25∶17扳回一局。

第三局比赛，中国队以2∶4落后，但塞尔维亚队大力发球失误，中国队探头得分将比分追至5∶5。6平后，徐云丽快攻得手，随后惠若琪拦网得分，中国队以8∶6反超取得领先，塞尔维亚队请求暂停。徐云丽拦死吊球、朱婷连续借打手使得比分扩大至12∶8。塞尔维亚队因博斯科维奇开炮、拦不住袁心玥背飞、遭惠若琪拦网导致他们以10∶15落后。塞尔维亚队的博斯科维奇开炮和跳发出界，而徐云丽背飞压线，比分变为11∶18。在丁霞拦网、惠若琪借打手到20∶12领先，塞尔维亚队拉希奇探头、博斯科维奇后二连追5分至17∶20。最后，徐云丽短平快、朱婷重扣、防反和跳飘以25∶22领先局分至2∶1。

第四局比赛，中国队在5∶4领先的情况下连丢3分，导致5∶7落后。随后中国队以11∶10领先。在13平后，中国队利用防守反击连续得分，朱婷4号位扣直线命中，中国队将优势扩大到16∶13。塞尔维亚队在16∶19落后的情况下连得两分。徐云丽快球出界，比分被追至20平。两队比分在关键时刻再度交替上升。在拉西奇发球出界后，中国队以24∶23拿到赛点。最后时刻，惠若琪探头得分使中国队以25∶23获胜，中国队以总分3∶1击败塞尔维亚队夺冠。

3.2.1 发球失误的基本情况统计

经过四局的比拼，中国队的发球失误统计见表1。

表1 中国发球失误基本情况统计

单位：次

对号	位置	失误	一般发球	得分
2	主攻	1	14	1
12	主攻	0	14	2
11	副攻	1	17	0
1	副攻	0	14	0
16	二传	1	10	2
3	接应	0	13	1
6	接应	0	0	0
7	二传	0	5	0
9	主攻	0	3	0

通过观察视频记录中国队的发球失误情况，可以看出中国队发球失误次数较少，通常是运用发球技术正常平稳地发球。发球直接得分有6分，相对于普通比赛来说，发球得分的次数较多。发球失误有3次，一般发球有91次，其中，朱婷发球失误1次，一般发球14次；徐云丽发球失误1次，一般发球17次，丁霞发球失误1次，一般发球11次。从这些数据中可以发现，中国队的发球失误情况相对乐观，但主攻球员的发球技术水平还有待

提高，发球直接得分的爆发力不强。

3.2.2　发球失误落点情况

根据观察视频，可以发现发球失误的落点（表2）。在第一局比赛中，中国队未出现发球失分。在第二局比赛中，当比分10∶6时，16号丁霞跳跃发球，球落在右边网上；当比分19∶11时，2号朱婷跳跃发球，球落在右边界外，这两次失误均为得分失误。第三局比赛中没有发生发球失误，都是一般发球。在第四局比赛中，当比分13∶11时，徐云丽上手飘球，球落在网上。通过多次失误的情况，可以发现中国女排在决赛中的发球多为跳发球和跳飘、上手飘的综合运用，注重落点找人找点的发球实效性。

表2　发球失误落点情况

单位：%

发球	左边界	网上	右边界
跳发球	0	33.3	33.3
跳飘球	0	33.3	0
站立式发球	0	0	0

通过表2可以看出，发球失误落在网上最多，占66.6%。这可能是因为发球运动员跳发球时指尖击中球的底部使球落在网上。发球失误落在右边界的情况占33.3%，可能是由于跳发球时手掌用力过大，导致球落在右边界。发球失误的落点较为集中，发球的速度不够快、力度不够大。发球是排球的技术手段，要减少排球发球失误。

3.2.3　发球失误时采用的技术比较

通过对本届比赛中国队四局的发球失误情况的统计，可以看出中国队发球失误中使用的技术包括跳发、跳飘和站立式。总体来说，中国队发球失误的数量相对较少。女排选手16号丁霞在第二局10∶6时跳发球失误1次，失误原因为跳发球时指尖击中球的底部使得球落在了网上。2号朱婷在第二局19∶11时跳发球失误1次，失误原因为跳发球时由于手掌击球用力过大导致球落在了右边界。11号徐云丽在第四局11∶13时上手飘球失误1次，失误原因为上手飘球时由于手掌击球时没有短促有力导致球落在网上。

跳发球技术是排球比赛运用较广泛的一项发球技术，具有得分率高、攻击性强、球速快、力量大、突然性、隐蔽性、多变性等特点。它的技术特点决定了它成为世界排球发球技术的发展。同时，跳发球技术具有技术复杂、稳定性差、失误率高等问题。2号和16号运动员并没有很好地利用跳发球技术。

不旋转、在空中飘晃飞行的球称为飘球，主要见于发球之中。飘球在飞行中的飘晃性能给运动员的判断带来了困难，因此它可以增加接发球的难度，是常用的发球技术之一。根据视频观察，11号徐云丽的飘球的运动轨迹类似周期摆动或以突然失速下吊的方式运动，而不是沿着抛物线轨迹运动。从发球技术上看，发飘球时，要使作用力通过球体重心，使球不发生旋转。击球时，手和球的接触面要小，发力要突然、短促，手腕跟球的时间要短。飘球很难接，比跳发球还更难接，因为球的轨迹很难判断，所以预判非常重要。

3.2.4 发球失误时间

通过视频观察统计，可以得出中国队发球失误时间（表3）。第二局比赛在比分10∶6时，16号丁霞在6分29秒跳跃发球，球落在网中区；在比分19∶11时，2号朱婷在14分20秒时跳跃发球，球落在右区；第四局比赛在比分13∶11时，11号徐云丽在11分11秒上手飘球，球落网中区。

表3　中国队发球失误时间

队号	局次	失误时间
16	二	10∶6（6分29秒）
2	二	19∶11（14分20秒）
11	四	13∶11（11分11秒）

从表3可以看出，16号在6分29秒比分10：6时发球失误，2号在14分20秒比分19：11时发球失误，两人发球失误的时间比较接近，都是在第二局比赛中。第一局和第三局都没有发球失误的情况。第四局比赛中，11号在11分11秒比分13：11时有一次发球失误。总体来说，中国队发球失误的次数较少，发球失误在不同的时间段，表明发球失误只是偶然发生的情况。

3.3 塞尔维亚队发球失误统计分析

3.3.1 发球失误的基本情况统计

经过四局的比拼，塞尔维亚队发球失误统计见表4。通过观察视频记录，可以看出塞尔维亚队发球失误次数较多，有12次，一般发球有76次，其中19号发球失误3次，一般发球5次；16号发球失误4次，一般发球13次；9号发球失误5次，一般发球10次。从数据中可以看出，塞尔维亚队的发球失误情况较为严重，9号发球失误次数高达5次，16号发球失误高达4次。相对于中国队的发球失误情况来说，塞尔维亚队主攻的发球技术水平还有待提高，发球直接得分的爆发力不强。

表4 塞尔维亚队发球失误基本情况统计

单位：次

队号	位置	失误	一般发球	得分
19	主攻	3	5	1
16	主攻	4	13	3
6	副攻	0	14	0
9	副攻	5	10	2
15	二传	0	10	0
11	接应	0	7	0
1	接应	0	3	0
2	二传	0	0	0
10	主攻	0	13	0
4	接应	0	1	0

3.3.2　发球失误落点情况

通过观察视频记录，可以看到发球失误的落点，见表5。在第一局比赛中，比分3：4时，塞尔维亚队16号跳跃发球，球落在网上；比分13：11时，9号跳跃发球，球落在网上；比分14：18时，19号跳跃发球，球落在右边界外；比分18：24时，9号跳跃发球，球落在网上。在第二局比赛中，比分1：2时，9号跳跃发球，球落在右边界外；比分19：12时，16号跳跃发球，球落在左边界外。第三局比赛比分3：5时，19号跳跃发球，球落在右边界外；比分16：11时，19号跳跃发球，球落在网上；比分22：21时，9号跳跃发球，球落在网上。第四局比赛比分3：4时，9号跳跃发球，球落在左边界外；比分5：7时，16号跳跃发球，球落在网上；比分22：23时，16号跳跃发球，球落在左边界外。塞尔维亚队发球失误落点一般在右边边界区域和网上区域。

表5　发球失误落点情况

单位：%

发球	左边界	网上	右边界
跳发球	25	50	25
跳飘球	0	0	0
站立式发球	0	0	0

通过表5可以看出，跳发球失误落在网上次数最多，占50%。这种情况可能是因为运动员跳发球时指尖击中球的底部使得球落在网上。跳发球失误落在右边界和左边界的情况占比均为25%，可能是因为运动员大力跳发时力度过大，击中了球的左下或右下部分。跳发飘发球失误和站立式发球失误没有出现。跳发球技术复杂、稳定性差，所以失误率高。塞尔维亚队应加强发球落点的练习。

3.3.3　发球失误时采用的技术比较

本届比赛的统计数据显示，塞尔维亚队发球失误中采用的技术只有爆发式跳跃发球。塞尔维亚队发球失误的数量相对较多。第一局比赛比分3：4时，16号跳跃发球，跳发球时指尖击中球的底部，导致球落在网上；比分13：11时，9号跳跃发球，跳发球时由于手掌击球用力下压导致球落在了网上；比分14：18时，19号跳跃发球，跳发球时由于手掌击球用力过大导致球落在了右边界外；比分18：24时，9号跳跃发球，跳发球时指尖击中球的底部，导致球落在网上。第二局比赛比分1：2时，9号跳跃发球，跳发球时由于手掌击球用力过大，导致球落在了右边界外；比分19：12时，16号跳跃发球上手飘球，球落在网上。第三局比赛比分3：5时，19号跳跃发球，球落在右边界外；比分16：11时，19号跳跃发球，落在网上；比分22：21时，9号跳跃发球，球落在网上。第四局比赛比分3：4时，9号跳跃发球，球落在左边界外；比分5：7时，16号跳跃发球，球落在网上；比分22：23时，16号跳跃发球，球落在左边界外。16号共出现了4次跳跃发球失误、9号出现了5次跳跃发球失误、19号出现了3次跳跃发球失误。塞尔维亚队所有发球失误都采用了跳发球技术。提高跳发球技术的质量对于塞尔维亚队来说至关重要。观察视频可以发现，塞尔维亚队在跳发球时手掌用力过度，击球时手与球的接触面小，发力突然、短促，手腕跟球的时间短，增加了球出界的可能性[①]。

3.3.4　发球失误时间

通过观察视频，统计了塞尔维亚队的发球失误时间（表6）。第一局比分3：4时，16号在2分52秒跳跃发球，球落在网上；比分13：11时，9号在13分29秒跳跃发球，球落在网上；比分14：18时，19号在14分47秒跳跃发球，球落在右边界外；比分18：24时，9号在22分15秒跳跃发球，球落在网上。第二局比分1：2时，9号在1分32秒跳跃发球，球落在右边界外；比分19：12时，16号在14分40秒跳跃发球，球落在左边界外。第三局比分3：5时，19号在4分21秒跳跃发球，球落在右边界外；比分16：11时，19

---

① 蒋晔，毛武杨. 中国女排在世界杯和奥运会比赛中发球技术的分析研究［J］. 南京体育学院学报，2005（3）：35-38.

号在12分11秒跳跃发球，球落在网上；比分22：21时，9号在19分11秒跳跃发球，球落在网上区域。第四局比分3：4时，9号在2分51秒跳跃发球，球落在左边界外；比分5：7时，16号在6分17秒跳跃发球，球落在网上；比分22：23时，16号在19分55秒跳跃发球，球落在左边界外。从统计结果可以看出，发球失误的时间相对较接近。

表6　塞尔维亚队发球失误时间

队号	局次	失误时间
16	一	3：4（2分52秒）
9	一	13：11（13分29秒）
19	一	14：18（14分47秒）
9	一	18：24（22分15秒）
9	二	1：2（1分32秒）
16	二	19：12（14分40秒）
19	三	3：5（4分21秒）
19	三	16：11（12分11秒）
9	三	22：21（19分11秒）
9	四	3：4（2分51秒）
16	四	5：7（6分17秒）
16	四	22：23（19分55秒）

根据统计表格，第一局比赛中，9号发球失误2次，占全部发球失误的17%。第二局比赛有2次发球失误，时间间隔较长，表明塞尔维亚队这局的发球表现较为稳定。第三局比赛中，19号发球失误2次，占全部发球失误的17%，且两次发球失误的时间间隔较长，这一局发生了3次发球失误的情况。在第四局比赛中，16号发球失误2次，占全部发球失误的17%，这一局发生了3次发球失误的情况。从表格中可以看出，9号共有5次发球失误，16号有4次发球失误，19号有3次发球失误。虽然一局比赛至少发生2次发球失误，但教练员没有尝试改变发球的方法。

3.4　里约奥运会女排决赛发球失误特征分析

根据本届比赛中国队和塞尔维亚队运动员发球失误的统计结果，采用的发球形式包括跳发球、跳飘球和站立式发球。从总体上看，塞尔维亚队的跳发球失误比例高于中国队，中国队的发球失误比例为3%，塞尔维亚队的发球失误比例为14%。在跳发球失误方面，中国队的比例为2%，而塞尔维亚队的比例为14%，相比之下，塞尔维亚队的跳发球失误比例是中国队的7倍。由于站立式发球的人数相对较少，因此发球失误的数量也较少，中国队和塞尔维亚队都为0。发跳飘球的人数也相对较少，中国队的跳飘球发球失误比例为1%，塞尔维亚队则为0。从参与跳发球的运动员的司职情况来看，除了主攻和接应二传运动员外，副攻运动员也采用了跳发球技术，这表明世界强队的副攻运动员技术正在进步，接应运动员的技术动作也在改善，各队发球技术的运用普及化。中国队在大力跳发球技术动作上仍需加紧练习，塞尔维亚队在大力跳发球技术动作上也需要改善。在完成发球动作方面，两队的形式大致相同。

3.4.1 中国队发球失误特征

根据本次比赛的统计数据，中国队共进行了93次发球，其中跳发球61次，跳飘球25次，站立式发球7次。跳发球占总发球数的66%，跳飘球占27%，站立式发球占8%。在跳发球方面，中国队发球失误比例为2%。由于站立式发球人数较少，所以发球失误的数量也相对较少，中国队站立式发球失误比例为0。对于跳飘球发球，参与人数也较少，中国队的跳飘球发球失误比例为1%。通过对一般发球、破攻、得分和失误四项指标进行比较分析（表7），发现发球技术的特征存在明显差异。在发球失误方面，跳发球的失误率较高，而站立式发球的失误率较低。女排运动员在提高发球得分和失误方面，不一定非要采用跳发球技术。

表7 中国队各类发球技术统计一览表

技术	次数/次	一般发球/%	破攻/%	得分/%	失误/%
跳发球	61	41	18	4	2
跳飘球	25	20	3	2	1
站立式发球	7	8	0	0	0
总计	93	69	21	6	3

3.4.2 塞尔维亚队发球失误特征

根据本次比赛的统计数据，塞尔维亚队共进行了88次发球，其中跳发球71次，站立式发球4次，跳飘球13次。跳发球占总发球数的81%，站立式发球占5%，跳飘球占15%。塞尔维亚队的发球失误比例为14%，站立式发球失误比例为0，发跳飘球失误比例也为0。通过对一般发球、破攻、得分和失误四项指标进行比较分析（表8），发现发球技术的特征存在明显差异。在发球失误方面，塞尔维亚队只存在跳发球的失误，站立式发球和跳飘球发球未有失误。塞尔维亚队的运动员需要考虑提高跳发球得分和降低跳发球失误。

表8 塞尔维亚队各类发球技术统计一览表

技术	次数/次	一般发球/%	破攻/%	得分/%	失误/%
跳发球	71	47	17	3	14
跳飘球	13	7	6	2	0
站立式发球	4	3	1	1	0
总计	88	57	24	6	14

4 结论与建议

4.1 结论

（1）就发球失误的基本情况而言，中国队以3：1战胜了塞尔维亚队。中国队与塞尔维亚队的四局比分分别为19：25、25：17、25：22和25：23。总体而言，中国队的发球失误有3次，其中朱婷、徐云丽和丁霞各失误一次。而塞尔维亚队一共发球失误了12次，其中19号发球失误3次、16号发球失误4次、9号发球失误5次。发球是排球技术中唯一不受制约的技术，准确且具攻击性的发球不仅可以破坏对方的战术组成，还是得分的有效手段。发球失误将丢失发球权从而失分。

（2）从失误落点分析，中国队发球失误最多的落点是在网上，占66.6%；其次是落在右边界，约占33.3%。塞尔维亚队跳发球失误落点是在网上最多，占比50%；其次是落在左右边界，均占25%。

（3）根据发球失误技术统计，中国共发球93次，其中跳发球61次，跳飘球25次，站立式发球7次。跳发球占总发球数的66%，跳飘球占27%，站立式发球占8%。中国队发球失误的比例为3%，而跳发球的失误比例为2%。塞尔维亚队共发球88次，其中跳发球71次，站立式发球4次，跳飘球13次。跳发球占总发球数的81%，站立式发球占5%，跳飘球占15%。塞尔维亚队发球失误的比例为14%，其中站立式发球失误的比例为0，跳飘球失误比例也为0。

（4）发球失误时间方面，中国队在第二局6分29秒和14分20秒出现了发球失误，而第一局和第三局没有发生发球失误的情况。第四局在11分11秒13∶11时，发生了一次发球失误。塞尔维亚队在第一局2分52秒、13分29秒、14分57秒和22分15秒出现发球失误，在第二局1分32秒和14分40秒出现发球失误，在第三局4分21秒、12分11秒和19分11秒出现发球失误，在第四局2分51秒、6分17秒和19分55秒也出现了发球失误。

4.2　建议

（1）在训练中，教练员应注意结合比赛实际状况和队员们的水平，对每个步骤和情况都提出具体要求。不能仅仅看表面现象。发球得分或失误是决定比赛胜负的关键。严重的发球失误会给队友带来不必要的压力，因此需要特别注意发球区域。[①]

（2）教练员应为每个队员制订不同的训练方案，因为每个人的身体素质、心理承受能力和控球能力都不同。每个队员都应有个性化的训练计划。

---

① 王琦. 排球运动中的发球技术分析［J］. 中国体育教练员，2009（2）：1.

（3）改进训练模式，采用间断式发球训练方法。例如，连续发球3次后，进行其他练习，然后间隔5~6分钟后再进行发球练习，循环进行。这样可以降低运动员的心理压力。

（4）每个人应找到适合自己的发球技术。例如，适合跳发球的运动员应该加强对跳发球落点情况的训练。教练员在组织发球练习时，应标明发球落点，并要求运动员将球落在指定的区域内。

参考文献

[1] 蒋晔，毛武杨. 中国女排在世界杯和奥运会比赛中发球技术的分析研究 [J]. 南京体育学院学报，2005（3）：35-38.

[2] 王琦. 排球运动中的发球技术分析 [J]. 中国体育教练员，2009（2）：1.

[3] 尹兆友. 第9届世界杯女子排球赛各队发球技、战术特征分析 [J]. 中国体育科技，2006（6）：50-53.

[4] 徐万彬. 伦敦奥运会中国女排运动员发球技术研究 [J]. 德州学院学报，2014（6）：25-29.

[5] 尹沛. 对2005年中国国际女排精英赛中国队得分情况分析的研究 [J]. 山东体育学院学报，2006（6）：89-95.

[6] 主红. 对排球大力跳发球失误的技术原因分析 [J]. 科技信息，2010（14）：404.

[7] 宋信勇. 试析排球运动员的心理定向对发球效能的影响 [J]. 北京体育大学报，2000，23（1）：39-40.

[8] 刘建南，王常春. 当前排球发球技术特点比较分析 [J]. 体育科技文献通报，2009（12）：1-4.

[9] 崔雅娟. 探究影响排球比赛中接发球成功率的因素及其训练方法

［J］. 商，2015（14）：291–291.

［10］谢国栋，章建成. 排球运动员发球得失率效应的实验研究［J］. 上海体育学院学报，2008，38（2）：1.

［11］孟范生，张忠新，张涛. 排球每球得分赛制下的发球规律性探讨［J］. 上海体育学院学报，2001（3）：61–63.

［12］刘洪. 每球得分对发球攻击性的影响［J］. 武汉体育学院学报，2007（9）：5.

［13］李静，孙学斌. 我国排球发球技战术现状与对策研究［J］. 北京体育大学学报，1999（4）：292–295.

［14］闫升. 排球跳发球技术训练的途径及方法［J］. 湖北体育科技，2015（14）：328–338.

［15］左娜，翟月. 第十二届全运会女排决赛北京队发球技术运用效果分析［J］. 运动，2016（3）：24–27.

致谢

光阴似箭，日月如梭，大学四年转瞬即逝。回想这四年时光，有许多收获，这离不开我身边老师和朋友们的支持与帮助。

借本论文完成之际，感谢我的导师蒋德龙老师。从最初确定论文方向开始，到最后整篇论文的完成，蒋老师一直非常耐心地指导我，给予了我许多宝贵的建议和帮助。他不仅告诉我应该注意的细节问题，还细心地为我指出错误。在论文的写作过程中，我的资料搜集整理能力和实际操作与分析能力都得到了很大程度的提升。最后，我还要感谢胡秋菊、邹娟花和刘建成等各位老师在论文开题、初稿及答辩的过程中提出的宝贵意见。

小学生校外体适能培训中断原因现象以及对策探讨

体育科学学院　体育教育专业

19250521　张晓慧　指导老师：蒋德龙

　　摘　要：本文主要通过访谈法、实地调查法和文献资料法对衡阳市优资艺体培训学校的基本情况进行了解，对参加体适能培训的家长、教练和学生等成员进行了访谈调查，收集了体适能培训中断的原因，并对其进行了整理和分类。根据校外体适能培训中断原因，提出了相应的措施和建议。本文旨在促进衡阳优资艺体培训学校体适能培训的发展，增强学生参与体能培训的连续性和系统性，减少学生体适能培训的中断，进而促进学生体质发展、身体身心与社会相适应。研究发现：影响学生体适能中断的因素主要分为家长方面、教练方面、学生方面和其他方面（如疫情和场地器材等）四大类。这四类因素又各自包含了主观原因和客观原因。家长方面的主观和客观原因包括家长对体适能的不理解、家长对孩子学业的担心、家长对教练员的不信任、搬迁至较远地方、家庭经济状况、父母工作时间不充足等。教练员方面的主观和客观原因包括教练的专业能力问题、教练的支持态度和建议、教练的授课方式。学生方面的主观和客观原因包括升学压力、畏难情绪、选择其他运动项目、已达到预期效果、伤病等。其他方面的原因包括体适能锻炼的连续性不足、场地器材限制、疫情等。针对体适能培训中断，提出以下建议：在家长方面，增加体适能培训的认识与宣传力度；利用反馈软件记录学生参加体适能训练情况，增加家长的信任；提高培训机构的影响力，设立分校；对于家长没有时间接送学生的情况，可以安排专车接送。在教练员方面，建立一个高质量的教练团队；增加课堂内容的趣味性。在学生方面，加强学生心理建设；合理安排学习和参加培训的时间。此外，还可以提高培训机构的服务水平和在体适能练习中增加技巧性项目。

关键词：体适能培训；中断原因；客观因素；主观因素；措施

1　前言

目前，国家对青少年素质教育和学生体质的关注不断增加。随着家庭收入水平和消费水平的提升，以及教育思想的转变，各种体育培训的发展前景广阔。体适能培训行业的发展，为我国中小学生的体质发展发挥了重要作用。与此同时，在国家推行"双减"政策的背景下，各类体育培训得到了保障并进一步发展。在此背景下，本文根据实际情况对衡阳市优资艺体培训学校进行调查，以了解其体适能培训的发展情况、影响因素以及中断原因，并进行分析总结，最后根据校外体适能培训中断的原因提出可行性建议。

1.1　研究目的与意义

1.1.1　研究的目的

体适能培训由国外传入中国，近年来在国内不断发展。体适能训练越来越受到人们的关注，儿童和青少年经常参加体适能运动可以改善血液循环，使营养物质得到充分供应，促进骨骼生长，同时也为培训市场带来了前所未有的发展前景。然而，体适能培训目前处于起步阶段，仍面临诸多影响因素。本文主要通过访谈法对衡阳市优资艺体培训学校的现状和参加体适能训练的学生进行调查，了解体适能训练中断的原因，分析总结其影响因素，并提出有效的解决办法。这能为衡阳市优资艺体培训学校的体适能培训发展提供实效性的建议，增强学生对体适能训练的兴趣，进而促进学生的体质发展，提高其身体适应能力。

1.1.2 研究意义

以衡阳市优资艺体培训学校为例，对小学生校外体适能培训的中断原因进行调查研究，为体适能培训的发展提供理论参考。此外，通过结合实际情况，分析影响培训中断的主客观因素，在此基础上提出切实可行的措施，为衡阳优资艺体培训学校提供实效性、合理性的建议，从而推动体适能培训的发展，提高学生的适应能力。

1.2 相关概念

1.2.1 体适能概念

体适能最早起源于美国，美国体育联合会将其定义为个体能够有效地参与活动程度的一种状态。[①]体适能概念还有两种：第一种，体适能的英文是Physical Fitness，指身体具有足够的精力从事日常工作（学习）而不会感到疲劳，同时还可以享受休闲活动的乐趣和适应紧急情况的能力；第二种，体适能也可称之为体能，是指人体的各个部位或系统对于外界突发状况的及时应变能力。

1.2.2 体适能中断的概念

中断是指某事情或现象因主客观原因而突然停止，其主客观原因包括引起该事情或现象的因素消失或条件消失。体适能培训中断是指因主观动力或客观条件消失而突然不参加体适能培训。本文所指的体适能培训中断是针对小学生参加体适能培训过程中，由于他们对体适能相关运动的主观动力突然消失，或是客观上家长以及培训中心的条件消失，而导致小学生停止参加体适能培训的现象。当条件再次出现时，体适能培训又能够继续，例如在疫情期间无法参加培训，疫情结束后继续参加。

---

① 曾朝恭，董会凯. 体适能相关概念的逻辑辨析与演变路径［C］//中国班迪协会，澳门体能协会，广东省体能协会. 第七届中国体能训练科学大会论文集，2022：6.

2　研究对象与方法

2.1　研究对象

本文以衡阳市优资艺体培训学校体适能培训中断的原因为研究对象，以该培训学校的教练员、学生家长和学生为调查对象。

2.2　研究方法

2.2.1　文献综述法

本文通过查阅衡阳师范学院图书馆、中国知网等网站，搜索体适能培训、中断原因、培训机构等关键词，查阅和整理影响培训机构发展、体适能培训中断等国内外相关文献资料，并进行深入研究和总结分类，从中提取有关内容作为本文研究的理论依据。

2.2.2　实地考察法

本文实地考察了衡阳市优资艺体培训学校，对该培训学校的发展历史、地理位置、场地设施、器材情况、教练员情况以及学生基本情况进行调查研究，并如实记录，增加论文的可信度。

2.2.3　访谈法

根据本文的内容要求，通过微信、电话、面对面等方式与体适能培训的老板、学生、学生家长、教练员进行交流访谈，获取相关信息。与少部分中断培训的学生家长进行通话，了解体适能培训中断的原因并及时记录总结（详见附录）。

3　研究结果与分析

3.1　衡阳市优资艺体培训学校概况

3.1.1　衡阳优资艺体培训学校地理位置与教学环境分析

经过实地考察了解得知，衡阳优资艺体培训学校的校区因场地原因，现已经迁移至衡阳市蒸湘区融贯乐城商业街。通过与培训机构老板的访谈得知，优资艺体培训学校成立于2017年，是一所经衡阳市蒸湘区教育局批准注册，具有正规办学资质的培训学校。新校区总面积870余平方米，比之前的校区更大。学校以"素质教育，规范创新"为办学宗旨，并将其贯穿于日常教学中。通过观察优资艺体培训学校的门面，可以大致了解其经营课程主要包括钢琴、青少年体适能、跳绳和体育中考等项目（图1）。优资艺体培训学校的体适能培训在衡阳地区有较大的影响力。优资艺体培训学校自2017年开始增设体适能项目培训，是当地乃至全国最早开展体适能培训的机构之一，受到众多学生家长的信任和支持。衡阳优资艺体培训学校教学场地中的器材主要有平衡球、小栏架、锥形桶、敏捷圈、体能包、小哑铃、吊环等（图2、图3）。教学环境适宜，拥有专业的体适能教练员，提供良好的课后服务并配备优良的教学设施。

图1　衡阳优资艺体培训学校

图2　优资艺体培训学校训练场地

图3　优资艺体培训学校器材设备

3.1.2　衡阳优资艺体培训学校教练员情况

在体适能培训的竞争中，师资力量至关重要。只有不断提升师资力量，才能保证课程质量与服务水平。教练员的专业性越强，越能吸引更多家长的关注，进而提高自身的竞争力，实现持续发展。根据表1，衡阳优质艺体培训学校共有7名教练员，其中男性教练员5名，占比71%；女性教练员2名，占比29%。根据表2，优资艺体培训学校的教练员均具备高等教育背景，学历为本科及本科以上，且具备丰富的体适能培训经验，其中本科学历占比57%，研究生学历占比43%。

表1 优资艺体培训学校教练员性别比例（N=7）

性别	人数/人	比例/%
男	5	71
女	2	29

表2 优资艺体培训学校教练员学历人数比例（N=7）

学历	人数/人	比例/%
本科以下	0	0
本科	4	57
研究生	3	43
博士	0	0

3.1.3 衡阳优资艺体培训学校学员情况

对于衡阳优资艺体培训学校的学员情况，主要从参加培训的学员人数和年龄比例、学员父母的文化程度、学员的家庭经济收入情况3个方面进行分析。由表3可知，衡阳优资艺体培训学校拥有500名学员，其中包括幼儿园学生、小学生、初中生、高中生等。将学员年龄划为4个阶段：3.5~5岁（不含3.5岁）、5~7岁（不含5岁）、7~12岁（不含7岁）、12岁以上。其中，3.5~5岁（不含3.5岁）年龄段学员占比为13%；5~7岁年龄段学员占比为20%；7~12岁（不含7岁）年龄段学员占比为17%；12岁以上年龄段学员占比最大，为50%。12岁以上学员占比达到整个培训学校学员总数的一半。这主要是因为这些学生要参加体育中考，为了取得满意的成绩，在六年级、初一、初二和初三阶段就开始参加该培训机构的培训。这部分学生主要在南华大学本部校内的田径场（图4）进行训练。这也是衡阳优资艺体培训学校的一个特色。5~7岁（不含5岁）年龄段学员占比居第二位。这个年龄段的学生身心发展尚未成熟，相较于较高年龄段的学生，在身高、体重和协调性等方面并不占优势，因此对于羽毛球、篮球、足球等球类项目的学习会稍显困难。加之这个年龄段的学生学习压力相对较小，因此进行体适能培训是他们的最佳选择，也为其日后学习其他项目打下基础。

表3　该培训学校学生年龄与人数比例（*N*=500）

年龄	人数/人	比例/%
>3.5～5岁	65	13%
>5～7岁	100	20%
>7～12岁	85	17%
>12岁	250	50%

图4　南华本部田径场训练的体育中考学生

表4显示，在性别比例方面，男性学员的比例更高，占总学员人数的60%，女性学员占比为40%。许多家长更倾向于让女孩参加文艺类培训，让男孩参加体育体能运动类培训。

表4　该培训学校学生性别比例（*N*=500）

性别	人数/人	比例/%
男	300	60
女	200	40

从表5可以看出，家长中本科学历的人数最多，占比达到50%。其次是

研究生学历，占比为25%。由此可见，参加体适能培训的学生家长普遍具备较高的文化水平。文化水平较高的家长对体适能培训有更深入的理解，同时也更支持孩子参加体适能培训，因此这类家庭中中断培训的孩子的数量也较少。

表5　该培训学校学生家长学历表（N=24）

学历	人数	比例
博士	0	0
研究生	6	25%
本科	12	50%
大专	4	17%
大专以下	2	8%

表6是参加体适能培训学生的家庭经济情况表。相当一部分家庭的收入集中在6 000～8 000元（不含6 000元）间，占比42%。这些家庭中的父母多从事教育事业或医疗行业等稳定工作，非常关注孩子的教育，希望孩子的身心都能得到发展，因此非常支持孩子参加各种培训教育。家庭收入超过8 000元的家庭，在本次调查中也占很大的比例，达到33%。这些家庭中的父母大多数拥有自己的公司或自主创业，虽然工作繁忙，但对孩子的教育从不懈怠，也愿意在孩子的教育上投入资金。

表6　该培训学校学生家长经济收入情况（N=24）

月收入	人数	比例
>2 000～4 000元	2	8%
>4 000～6 000元	4	17%
>6 000～8 000元	10	42%
>8 000元以上	8	33%

综上所述，衡阳优资艺体培训学校是一所由教育局批准注册的培训学校，成立时间久远，具备丰富的体适能教学经验和学生生源。该学校位于衡阳市蒸湘区融贯乐城商业街，紧靠南华大学附近，地理位置优越。附近属于开发区，未来将有大量人口涌入，存在较大的潜在生源。然而，经过

调查发现，随着学生升学压力的影响，一些小升初和初升高的学生会搬家至重点初中和高中的学区房附近。因此，在这方面，该机构的地理位置存在一定的劣势。在教练员方面，根据调查可知，该机构的教练员具有较高的学历和丰富的教学经验，可以为学生的体能培训做出自己的贡献，为学生提供优质的服务并设计合适的体适能培训课程内容。尽管男性教练员多于女性教练员，但这符合目前体育培训行业的普遍状况，男性更多从事体育类工作，而女性从事体育类工作的比例较少。就参加体适能培训的学生而言，大多数是年龄在3.5~12岁（不含3.5岁）的幼儿和少年。其中，12岁以上的学生占比最高，这与衡阳市的体育中考相关，其次是5~7岁（不含5岁）的学生，这一年龄段的学生正处于小学阶段，学业压力相对较小，并且正是各种培养兴趣爱好的时期，因此占据了体适能培训总人数的第二大比例。然而，这类学生情绪稳定性较差，意志力不够坚定，对自身要求不高，容易受到父母和同伴的影响，因此5~7岁（不含7岁）学生更容易中断体适能培训。调查还发现，参加体适能培训与学生的家庭情况相关。家庭的经济收入越高，父母的文化水平越高，越倾向于支持孩子参加体适能培训。

3.2 校外体适能中断的原因

影响优资艺体培训学校学生体适能培训中断的原因有很多，涵盖了许多方面。有些学生可能因为某种因素而中断，而有些学生可能是由于多种因素的共同作用而中断体适能培训。部分学生可能因父母不了解体适能、选择其他项目、搬家等客观或主观原因而中断体适能培训。还有一部分中断的学生，当他们提高了自己文化成绩不再有过多的学业压力时、伤病康复后、疫情消失后，努力克服这些客观或主观影响因素后，又重新参加体适能培训。本文通过对该培训机构1位老板、6位体适能培训教练员、5名体适能培训中断的学生及其家长共16人进行了访谈交流，询问记录有效信息，并归纳分析他们提到的中断原因。为了更直观地展示结果，将中断原因分为家长方面的主观和客观原因、教练员方面的主观和客观原因、学生方面的主观和客观原因，以及其他方面的主观和客观原因，以下是具体结果。

3.2.1　家长方面主客观原因

对正处于儿童少年阶段的学生来说，是否参加体适能培训，以及参与的时间长短和精力投入多少，在很大程度上受到家长的影响。在这个阶段，学生对体适能培训的理论意义了解较少，也很少关注自己的健康状况，同时也没有经济基础去参加体适能培训。因此，父母的支持态度是首要的影响因素。调查结果显示，家长对体适能的了解程度是影响学生体适能培训中断的主要因素，占比为69%。很多家长对体适能的了解较少，过于注重孩子参加体适能培训的结果。培训一段时间后，如果没有看到孩子的变化，他们就会中断培训。这些家长没有认识到体适能培训是一个长期、潜移默化的过程，短期内可能看不到明显效果。另外，有50%的家长因为担心影响孩子的学业而中断培训。因家与培训学校的距离太远而中断培训的家长占44%；因家庭经济情况而中断培训的家长占31%；因不信任教练员而中断培训的家长占25%；因工作时间的原因无法接送孩子而中断培训的家长占25%；因对培训机构的服务不满意而中断培训的家长占19%；因对教练员的授课方式不满意而中断培训的占13%。此外，家长对体适能培训参与程度不高也会影响学生体适能培训中断，占比为13%。具体见表7。

表7 校外体适能中断家长方面主客观原因（N=16）

影响中断的因素	提到的次数/次	占总人数次数比例/%
家长对体适能的了解程度	11	69
家长对孩子学业的担心	8	50
搬新家后距离太远	7	44
家庭经济条件	5	31
家长对教练员的信任	4	25
父母工作没有时间接送孩子	4	25
对培训机构服务不满意	3	19
对授课方法不满意	2	13
体适能参与程度	2	13

3.2.2 教练方面主客观原因

教练的能力和专业程度是影响学生是否继续参加培训、是否还有必要继续参加培训的另一个因素。根据表8可知，当学生参加体适能训练一段时间后，达到了自身需求并掌握了一些基本运动技能时，教练员建议学生不再继续参加培训，从而导致中断培训的比例为25%；因教练员的授课方式和方法导致学生中断体适能培训，占比为19%；因教练员的教学手段导致学生中断体适能培训，占比为19%；因教练员的专业能力导致学生中断体适能培训，占比为13%；因教练员的教学效果导致学生中断体适能培训，占比为13%。在调查中，有一位家长提到教练员的体型和气质会影响家长对教练员的信任程度，所占比例为6%。

表8 校外体适能中断教练方面的主客观原因（N=16）

影响中断的因素	提到的次数/次	占总人数次数比例/%
教练的支持态度与建议	4	25
教练的授课方式	3	19
教练员的教学手段	3	19
教练的专业能力	2	13
教练员的教学效果	2	13
教练员的气质形象	1	6

3.2.3　学生方面主客观原因

学生是体适能培训的主体,一切都要以学生为主体。学生也是独立的主体,有自己的感受和想法。如果学生本身不愿意继续参加培训,无论家长或教练如何劝说也徒劳无功,即使采用再好的训练方法也难以产生效果。影响学生中断培训的因素很多。根据表9可知,升学压力是最主要的影响因素,占比69%;其次,学生参与的其他运动项目(如篮球、羽毛球等)的课程太多,导致体适能培训中断,占比63%;学生参加体适能培训已达到预期效果(如体育中考达到满分合格要求)而中断体适能培训,占比44%;学生对体适能训练产生畏难情绪,导致中断培训,占比31%;另外,学生伤病也是导致中断的因素之一,占比25%;学生的性格特点也是影响体适能中断的原因之一,占比19%;由于不喜欢或不信任教练而中断培训的学生,占比13%;学生对培训机构不满意而中断培训,占比6%。总体来看,此调查结果中升学压力是影响培训市场的主观因素,这与田虹和周阳[1]在2014年第8期《成都体育学院学报》中的研究结果一致。

表9　校外体适能中断学生方面主客观原因(N=16)

影响中断的因素	提到的次数/次	占总人数次数比例/%
升学压力	11	69
选择其他运动项目	10	63
已经达到预期效果	7	44
畏难情绪	5	31
伤病影响	4	25
学生性格	3	19
学生对教练员的信任程度	2	13
学生对体适能培训机构不满意	1	6

3.2.4　其他方面主客观原因

体适能锻炼主要是各种身体练习,其连续性不像球类项目那么强。学

---

① 田虹,周阳. 四川省篮球培训市场的现状及影响因素研究 [J]. 成都体育学院学报, 2014(8):46-49.

生可能会因为家中有事、想要出去玩等原因中断几次培训，然后又继续参加培训。根据表10可知，因体适能连续性不强而中断培训的占19%；因场地器材而中断培训的占19%；因同伴影响而中断培训的占13%。疫情发生后，对培训机构产生了很大的影响，体适能培训也不例外。因疫情导致中断的学生占比为13%。

表10　校外体适能中断其他因素原因（N=16）

影响中断的因素	提到的次数/人	占总人数次数比例/%
体适能锻炼的连续性	3	19
场地器材因素	3	19
同伴的影响	2	13
疫情影响	2	13

综上所述，通过分析结果可以得出，影响该机构学生体适能培训中断的因素共有27种。家长方面的原因包括对体适能的了解程度、担心孩子学业、不信任教练员、搬家导致距离太远、工作繁忙没有时间接送孩子、对培训机构的服务不满意、对授课方式不满意、家庭经济条件、家长的参与程度等9种原因，其中家长对体适能的了解程度比例最高，也是访谈调查的16位人员提到次数最多的一个原因。家长方面的主客观原因在所有影响体适能培训中断的因素中占比最大，因此在该机构中断体适能培训的学生中，大部分受到父母的影响。要减少中断培训的学生，家长的作用非常重要。教练员方面的原因包括教练的支持态度与建议、授课方式、教学手段、专业能力、教学效果和教练的气质形象这6种原因，其中教练的支持态度与建议被提到的次数最多。学生方面的原因包括升学压力、选择其他运动项目、已达到预期效果、畏难情绪、伤病影响、学生性格、学生对教练员的信任程度、学生对培训机构不满意这8个原因。随着学生年龄的增长，他们会有自己的认知和想法，有些中断体适能培训的学生会选择参与更感兴趣、更擅长的项目。这类学生在中断体适能培训后，几乎不会再继续参加体适能培训。而因参加其他培训项目导致受伤、升学压力大等原因

中断的学生，在伤病康复或升学压力减小后，会继续参加培训，并且此时他们参加体适能培训的持久性更强。在其他主客观原因方面，通过对16位受访者的访谈得出，有体适能的持续性、场地器材因素、同伴的影响、疫情的影响这4个原因，其中体适能的连续性与场地器材因素被提到的次数最多。

3.3 校外体适能培训中断采取的措施

通过与衡阳优资艺体培训学校的老板、教练员、体适能培训中断的学生家长及学生等人员的访谈交流，记录并分析归纳有效信息，发现影响该培训机构校外体适能培训中断的原因有27个。根据该培训机构老板和教练员已经采取的措施、该培训机构的实际情况，以及家长交流时提出的建议，本文提出了相应的建议和措施。

3.3.1 家长方面原因中断采取的措施

提高家长对体适能培训的认识。大多数家长对体适能培训的了解不够，如果短期内看不到效果，他们会让孩子中断培训。为了解决这个问题，可以采取以下措施：加强对体适能的讲解，使家长对体适能培训有更充分的认识；通过电话、微信或面对面交流进行宣传；制作关于体适能培训的短视频，向家长进行讲解；通过展示学生参加培训前后的变化结果来证明体适能培训的效果。

利用反馈软件记录学生参加体适能训练的情况，增加家长的信任。充分利用先进的技术对学生的体适能培训进行成长记录。记录学生在接受体适能培训之前和之后身体机能的变化对比，以及一直参加体适能培训的学生与中途中断体适能培训学生的对比。这既能够突出体适能培训的功能和价值，又能让家长更加了解他们孩子的变化，了解孩子在课程中获得的收获。这样可以增加家长对体适能培训的信任和支持度。

不断提高该培训学校的影响力，建立分校。该培训学校在衡阳体适能培训领域具有较大的影响力。通过对该机构的教练进行访谈得知，大多数家长是通过熟人、朋友或同事的推荐来报名的，对该机构非常信任。由于学生搬家后与该培训学校的距离太远，一些学生不得不中断体适能培训。为了解决这个问题，该培训机构可以采取建立分校以保证学生能继续参加培训，同时也可以吸引周边学生家长的关注，以便更多的学生能够参与体适能培训。

对于父母没有时间接送的学生，可以安排专车接送。经调查发现，部分学生由于父母工作繁忙，无法亲自接送学生上下课。针对这种情况，可以提供专车接送服务，父母只需支付相应的接送费用，这样不仅方便了父母，还能确保学生能够继续参加培训。

3.3.2 教练方面原因中断采取的措施

建立一支高质量的教练团队。体适能培训要想长久发展，就必须拥有一支优秀的师资团队。教练的授课方式和质量也非常重要。从学生上下课、课后服务、教学内容、教学手段、教学方式、教学过程等方面建立严谨的运行模式，既能保证教练员的教学质量，又能确保学生在体适能培训中增强体质，促进健康发展，从而增强家长的支持和信任。

增加课程内容的趣味性。调查显示，部分学生家长认为体适能课程过于枯燥而中断孩子的体适能培训。对3.5～7岁（不含3.5岁）年龄段的学生来说，在体适能培训课程中增加趣味性和情景性的教学内容是非常必要的。因此，教练员应该积极思考，充分利用现有资源增加课堂的趣味性，培养学生对体适能培训的兴趣。

提升教练员的气质形象。教练员的气质形象在体育培训中有一定的影响力，学生家长和学生会根据教练员的形象和气质来初步评估其专业能力和素质。一个良好的开始通常源于教练员的外貌、气质形象和言谈举止，因此，该培训机构需要不断提升和改善教练员的气质形象。

3.3.3 学生方面原因中断采取的措施

加强学生心理建设。小学阶段的学生身体各器官和系统发育迅速，精力充沛、活泼好动，但同时他们的控制能力不够，自觉性和自律性较差。在参加培训课程过程中，学生往往会从最初的开心、好奇、充满热情到逐渐适应、疲惫和厌倦。因此，当学生出现畏难情绪时，教练员应及时与他们沟通，并进行心理疏导和安慰。

合理安排学习和参与培训的时间。随着学生年龄的增长，学习课程越来越繁重，升学压力也随之而来。很多学生认为参加培训会耽误学习并选择将重心放在学习上，从而中断培训。对于这种情况，教练员和家长应积极引导学生，让他们意识到学习和锻炼并不冲突。教练员和家长还应鼓励学生在学习之余多参加体育培训，特别是体适能培训，因为体适能培训具有长期、隐性的效果，中途中断会导致效果大打折扣。

提升学生对教练员的信任程度。学生对教练员的信任程度与教练员本身密切相关。教练员是否了解每个学生、是否公正对待每个学生、是否及时给予鼓励和表扬等，这些都会对学生产生影响。有时，学生可能因为教练员的言语或教练员忽视自己而反感教练员。在教学过程中，教练员应及时关注每位学生的情绪，并给予适当的鼓励和合理的批评，从而增加学生的信任程度。

3.3.4 其他方面原因中断采取的措施

提高培训机构的服务水平。培训机构要想继续发展必须提升课后服务质量。首先，教学环境和器材的质量应符合国家的质量检测；其次，培训机构还要提供足够的场地，同时，确保学生的安全与健康，避免学生在训练中受到伤害。对于性格内向、不喜欢集体活动的学生，教练员和其他工作人员应关注其课堂中和课后的状态，并给予鼓励。对于学生家长，培训机构需要耐心地解释和介绍，让家长了解培训机构的情况，包括体适能的内容，学生的课堂表现、优点和缺点等。

体适能练习中多增加技巧性的项目。体适能练习以身体各个部分的练习为主，如上肢练习、下肢练习和腰腹部练习，这些部位的练习方法可以每天变化，增加趣味性。与球类技巧性项目相比，体适能练习的连续性较低，导致一些学生认为错过一节课没有关系，从而不时地中断体适能培训，因此，培训机构应将跳绳、篮球、足球等各种球类练习课程加入体适能培训中，而不是局限于跑步、上下肢、腹部等练习。

综上所述，针对体适能培训中断的各种原因，需要采取相应的措施。首先是改变主观因素的影响，提高学生家长对体适能的了解程度、对学生进行一定的心理建设（积极鼓励、设定目标、疏导情绪等）。只有改变学生家长和学生的思想意识，才能让家长发自内心地支持孩子继续参与培训，让学生自发自愿地参加体适能培训，从而使学生持续长期地参与体适能培训。其次，针对客观因素的影响所采取的措施主要从培训机构着手，包括提高培训机构教练员的能力、改善服务方式、建立分校、提供校车服务、更换培训场地与器材等方面采取措施。

4 结论与建议

4.1 结论

根据本文的调查结果，儿童体适能培训中断受到许多因素的影响，包括主观原因和客观原因。本文将这些因素分为家长方面的主客观原因、教练员方面的主客观原因、学生方面的主客观原因、其他方面的主客观原因4个方面。其中，家长方面的主客观原因包括家长对体适能的了解程度、家长对孩子学业的担心、搬家造成距离过远、家庭经济条件、家长对教练员的信任、父母工作没有时间接送孩子、对培训机构服务不满意、对授课方法不满意、家长对体适能的参与程度等。教练员方面的主客观原因包括教练的支持态度与建议、授课方式、教学手段、专业能力、教学效果和气质形象。学生方面的主客观原因包括升学压力、选择其他运动项目、已经达到预期的效果、畏难情绪、伤病影响、学生性格、学生对教练员的信任程度、学生对体适能培训机构不满意。其他方面的主客观原因包括体适能锻炼的连续性、场地器材因素、同伴的影响和疫情的影响。

4.2 建议

根据本文的结论，影响校外体适能培训中断的原因很多，因此培训机构需针对4个不同方面的影响因素，采取针对性的方法和措施，具体问题具体分析。针对家长方面的原因，应采取增加体适能培训的宣传力度；使用反馈软件记录学生参与体适能训练情况，增加家长的信任度；提升培训机构的影响力，建立分校；对于父母没有时间接送的学生，安排专车接送等措施。针对教练员方面的原因，应采取建立一支高质量的教练团队；增加课程内容的趣味性；提升教练员的气质形象等措施。针对学生方面的原因，应采取加强学生心理建设；合理安排学习和参与培训的时间；提高学生对教练员的信任程度等措施。针对其他方面的原因，应采取提高培训机构的服务水平；体适能练习多增加技巧性的项目等措施。

参考文献

［1］曾朝恭，董会凯. 体适能相关概念的逻辑辨析与演变路径［C］//中国班迪协会，澳门体能协会，广东省体能协会. 第七届中国体能训练科学大会论文集，2022：6.

［2］田虹，周阳. 四川省篮球培训市场的现状及影响因素研究［J］. 成都体育学院学报，2014（8）：46-49.

［3］周阳. 成都市篮球培训市场的运行机制及制约因素的研究［J］. 当代体育科技，2016，6（3）：128-129.

［4］侯高林，陈晓璇. 贵阳市业余拉丁舞培训机构现状与发展研究

〔J〕．科技资讯，2016，14（36）：204-205.

〔5〕方丽华，潘进初，黄辉斌．目标设置对高职学生体育锻炼坚持性的影响研究〔J〕．湖北体育科技，2013，31（3）：327-330.

〔6〕程维峰．大学生体育锻炼中断行为分析〔J〕．当代体育科技，2012，2（36）：119，121.

〔7〕赵少峰，杨少雄．北京市居民体育锻炼中断因素分析〔J〕．福建师范大学学报，2019，35（1）：110-116.

〔8〕魏永敬．少儿体适能的发展现状探讨〔J〕．文体用品与科技，2020（23）：64-65.

〔9〕张丽丽．少儿体适能教育发展现状及提升策略〔J〕．灌篮，2019（27）：101-102.

〔10〕王芳．供需视角下合肥幼儿体适能培训的发展路径分析〔J〕．合肥学院学报（综合版），2020，37（1）：139-144.

〔11〕姚任均．我国中青年体育经历中断原因及对策研究——以四川省中青年为例〔D〕．成都：成都体育学院，2012.

〔12〕钱澄，艾昀乐．新型冠状病毒肺炎疫情下儿童体育培训机构存在的问题和对策研究〔J〕．青少年体育，2021（7）：139-140.

〔13〕吴昕歌，鹿云昭，付倩，等．新冠肺炎疫情影响下青少年体育培训业发展现状及对策研究〔J〕．辽宁体育科技，2021，43（4）：1-6.

〔14〕唐刘念．成都市儿童体适能培训机构经营管理现状、困境与出路研究〔D〕．成都：成都体育学院，2021.

〔16〕都晓娟，何敏学，张大庆．大众体育领域的体育中断现象特征及原因分析〔J〕．武汉体育学报，2013，6（47）：58-62.

〔17〕师建伟，武江浩，詹家盛，等．儿童体适能运动馆现状调查研究——以太原市为例〔J〕．当代体育科技，2021，11（32）：120-124.

［18］罗诗凌，杨茜云．长沙市某体适能机构经营管理现状研究［J］．当代体育科技，2022，12（11）：86-91.

［19］张静．体适能视角下中小学体育教学的创新路径研究［J］．青少年体育，2022，129（8）：105-107.

附录1

体适能培训中断的原因调查访谈提纲

尊敬的优资艺体培训学校老板：

您好！

我是衡阳市师范学院体育学院的一名大四学生。为了完成我的毕业设计，我需要对优资艺体培训学校进行实地调查。为此，我制定了一个访谈提纲，希望能得到您的帮助与支持。我会向您提出一些问题，请您如实回答。访谈内容会进行简单的记录，且仅作为毕业论文设计之用，保证保密性。非常感谢您的支持。

问题1：请问衡阳优资艺体培训学校开办多少年了？

问题2：请问学生生源怎么样？

问题3：体适能培训是从什么开始的？

问题4：体适能培训的学生人数多吗？

问题5：学生参加体适能培训有过中断吗？

问题6：如果有，学生中断过几次呢？

问题7：中断一次后，学生再也没有参加过吗？还是在中断几次后，又继续参加了？

问题8：您知道学生体适能中断的原因吗？

问题9：体适能培训中断后，您了解过中断的原因吗？

问题10：针对这些中断的原因，您采取了哪些措施？

问题11：采取的措施效果如何？

访谈到此结束，再次感谢您的支持与配合！祝您生活愉快，万事顺意！

图5为对优资艺体培训学校老板进行访谈。

图5　对优资艺体培训学校老板进行访谈

附录2

体适能培训中断的原因调查访谈提纲

尊敬的优资艺体培训学校教练员：

您好！

我是衡阳市师范学院体育学院的一名大四学生。为了完成我的毕业设计，我需要对优资艺体培训学校进行实地调查。为此，我制定了一个访谈提纲，希望能得到您的帮助与支持。我会向您提出一些问题，请您如实回答。访谈内容会进行简单的记录，且仅作为毕业论文设计之用，保证保密性。非常感谢您的支持。

问题1：您担任体适能教练的时间有多久？

问题2：学生上课的基本情况如何？

问题3：课堂氛围和授课方式是怎样的？

问题4：学生参加体适能培训有过中断吗？

问题5：如果有，学生中断过几次呢？

问题6：中断一次后，学生再也没有参加过吗？还是在中断几次后，又继续参加了？

问题7：您了解学生体适能中断的原因吗？

问题8：学生中断培训后，您有深入了解中断的原因吗？

问题9：您想出了一定的解决方案吗？

问题10：解决方案的效果如何？

问题11：有家长会反馈体适能锻炼没有效果，您会如何应对？

问题12：培训机构的场地和器材是影响学生体适能培训中断的原因吗？

访谈到此结束，谢谢您的支持与配合，祝您生活愉快，万事顺意！

图6、图7为对优资艺体培训学校教练员进行访谈。

图6　对李教练进行访谈

图7　对黄教练进行访谈

附录3

体适能培训中断学生家长访谈提纲

问题1：您的孩子几岁了，就读于几年级？

问题2：您的孩子参加体适能培训多长时间了？

问题3：您的孩子体适能中断的原因是什么？请您简单说明一下。

问题4：中断的时间是多久？

问题5：中断过几次？

问题6：一些问题得到解决后，您会继续支持孩子参加培训吗？

问题7：您对优资艺体培训学校的体适能培训有什么意见与建议吗？

图8为对体适能培训中断的学生家长进行访谈。

图8　对体适能培训中断的学生家长进行访谈

附录4

参加体适能培训学生家长访谈提纲

问题1：您家与培训学校的距离远不远？

问题2：您的家庭收入的主要来源是什么？

问题3：您的家庭的月收入大致是多少？

问题4：家庭收入足够支撑家庭开销吗？

问题5：您的文化水平是什么？

问题6：您怎么看待孩子的体适能培训？

附录5

第一次访谈总结

一、优资艺体体适能的发展

首先，优资艺体体适能于2016年开始发展，在国内开始时间较早。在同一时期，北京和深圳各有一家开设体适能课程的机构，如今，他们已经停止运营。优资艺体培训学校在招生方面具有较大的影响力，并且最初培训的学生主要来自华南，他们对体适能有一定了解，更容易理解和接受。

二、李教练提出的体适能培训中断的原因

（一）客观原因

（1）学生家长对体适能的认识不足，无法看到效果，因此中断培训。李教练强调，父母的引导至关重要。

（2）由于家长工作原因，无法接送学生，导致中断。李教练提出提供专门的校车接送服务的解决方案。

（3）学生搬家后，距离学校太远，交通不方便。

（4）学生已达到体适能培训的合格标准，不建议其继续参加培训。

（二）主观原因

（1）学生在掌握一定体适能能力后，选择了自己感兴趣的项目，如排球、篮球等，从而中断培训。

（2）学生达到了中考体育的满分要求而中断体适能培训。

（3）通过访谈，笔者了解到因升学压力而中断的学生很少，因为该培训机构开设的是从幼儿园到小学阶段的培训课程，初中学生较少；因经济压力导致培训中断的情况也较少，大部分已经选择体适能培训的家庭能够承担相关费用。在后续调查中，还需与学生、家长和老师进行进一步交流，以了解中断培训的次数以及是否有因受伤而中断的情况等。

（4）通过学生家长的访谈还了解到，孩子参加体适能培训是为了锻炼身体和减肥。有家长表示，孩子参加体适能培训约半年时间后觉得过于辛苦和累，想放弃培训，但未能获得家长的同意，导致孩子继续参加培训。在后续调查中，我可以更多地去了解中断体适能培训的学生，以确定他们是否也因为过于辛苦而中断。

附录6

第一次笔记记录与感想

非常感谢蒋老师给予我这么好的机会，让我有机会积累更多的社会经验。感谢蒋老师的认真负责和亲自指导，也感谢蒋老师的慷慨。能成为蒋老师的学生对我来说是一种荣幸。

这次实践课让我学到了许多东西，包括基本礼仪、听取老师们对运动的见解，以及他们的人生经历。我意识到自己在很多方面还存在不足之处，希望蒋老师能及时指出来，我会努力改正。

经过本次访谈，我对体适能及其他运动项目有了更深入的认识。首先，我认为几位老师的思想十分具有前瞻性，涉及内容广泛，对运动的认知、技能和协调性有着深刻的见解。体适能是一门隐性课程，潜移默化地影响学生。他们并没有急于求成，而是通过实践来证明。其次，与其他体适能机构相比，衡阳优资艺体适能的发展非常出色，主要有以下几个原因。

第一，衡阳优资艺体适能培训学校的一些老师具有一定的影响力。他们毕业于南华大学。家长们了解到老师的教育背景后，更容易对他们产生信任，并同意让孩子接受培训。而其他体适能机构想要进入衡阳开展业务，应该不会那么容易。体适能是从华南地区的学生开始的。对于不太了解体适能的家长，他们并没有进行过多的解释，因为解释了有些家长也无法理解。他们通过自己的实践结果向家长证明体适能的含义。学生家长之间互相交流，认为孩子学习体适能课程后有了很大的改变。逐渐地，第一批的学生家长又带动了第二批的学生家长，以此类推。

第二，体适能训练的效果较好。通过观察他们的课程，发现几位老师都是亲自上课。这不仅能赢得家长的信任，同时还能使老师们更好地实现体适能教学的目标和教学效果。这表明他们对体适能有着深入的了解，并且具备才华和能力，熟悉教学内容。

第三，体适能培训的发展与衡阳的教育和中考体育等相关联。体适能能够良好发展与生源息息相关。优资艺体培训学校大部分学生是小学生，为初中学习打下基础。当然，这一切也离不开几位老师的培养和引导。他们的教育理念与其他机构的老师也有所不同。

第四，自2019年之后，短视频迅速兴起，这也增加了人们对体适能的理解。

第五，体适能的功能是锻炼身体，增强体质。正如李教练所说，有的学生在完成中考后，仍然回到学校参加体适能训练。这些学生认识到体适能对身体健康的积极影响，他们不仅限于完成体育中考，而是将体适能作为一种终身的行为选择。

第六，对于体适能中断的原因，正如蒋老师所言，我们需要从教练、家长和学生等多个方面着手。对于教练而言，他们对于中断培训的学生往往没有进行回访追踪。这可能是因为学校的生源较好，具有一定的影响力，不会因少数学生中断培训而产生太大的影响。后续调查还需要从学生家长和学生自身的角度进一步展开。

路漫漫其修远兮，吾将上下而求索。

附录7

第二次笔记记录与感想

第二次访谈的感想与总结如下。

时隔一个月，我再次来到衡阳优资艺体培训学校，不同之处在于学校已经搬迁到了新的校区。根据体适能教练的指引，我来到了衡阳优资艺体培训学校的新校区。首先，映入眼帘的是"优资艺体培训学校"这几个大字的招牌，十分显眼。同时，招牌还将主要培训项目如青少年体适能、青少年田径、跳绳和体育中考等进行了标注，使人能够清晰地了解学校的主营项目。

老校区的门面不太显眼给人感觉好像需要熟人指点，仔细观察才能发现那是一个培训学校。而新校区则不同，第一次路过这里的人也会被吸引，心里会想着：这个培训学校看起来很大，场地和器材设备应该也不错，有时间可以带孩子来参观一下。

三楼的培训教室的进门左手边是前台和钢琴教室，右手边是体适能培训教室。进入体适能教室后，首先是一个长方形的健身房，里面有跑步机、自行车、哑铃等健身器材。经过教练的介绍，我了解到那是家长休息室（图9）。然后继续前行，来到学生体适能训练教室，这是一个更大更宽敞的场地，比起之前老校区的场地要大很多，给人一种不同的氛围和感觉。整个场地以橙色为主色调，这是一种暖色调，能够带给人温暖的感觉，同时也能激发对运动的激情。橙色也更容易吸引小孩子的注意力。

图9　体适能家长休息锻炼区

我与体适能教练黄老师进行了交流。关于体适能中断的原因，黄老师提出以下几点。

第一，部分家长不同意孩子上课。对于家长不同意的原因，黄老师指出有些家长对体适能不了解，认为孩子上体适能课，没有达到效果，他们没有意识到体适能是一个长期、隐性的过程；有些家长是因为家庭经济情况；还有些家长因无法接送孩子上下课。在讨论此问题时，我意识到父母对孩子的影响非常大，因此与家长加强沟通非常重要。

第二，同伴的影响也会导致孩子中断培训。有些孩子因为他们的朋友不再参加，自己也不再参加。

第三，孩子性格原因。有些孩子不喜欢集体活动、不喜欢老师的教学方式、不听从教练的安排，久而久之就失去了兴趣，继而中断了培训。

这次访谈让我受益匪浅。培训学校换了一个更宽敞的校区，为学生提供了一个更舒适的学习环境，方便教练进行训练安排，提高了学生的积极性，并增加了家长的信任。我认为该培训学校最大的特色之一是为家长提供了一个休息健身区，让等待孩子下课的家长能够利用这段时间进行锻炼，同时以身作则起到榜样作用。场地和器材的布置也很合理，器材摆放整齐，给人舒适感。颜色安排以橙色为主，白色墙为辅，整体感觉整洁有序，干净利落，没有杂乱感。

此外，当我想了解优资艺体适能培训学校的发展状况时，罗教练建议我去了解其他体适能培训机构的状况，通过比较和参考，就能了解优资艺体适能培训学校的优势所在，以及哪些方面还需要改进。罗教练提出的建议非常有见地和针对性。

附录8

第三次笔记记录与感想

今天是2023年4月12日，我再次来到优资艺体培训学校与老板黄教练进行了交流。黄教练提供了许多信息与思路。总结如下。

首先，在学员情况和学情分析方面，黄教练提到可以增加学员家长学历水平高低的分析和学员家庭经济情况的分析。

其次，在分析学生中断体适能培训的原因时，黄教练提出了以下几点。学生家长方面，有些家长可能会因为服务不到位（如教练没有及时关注到自己的孩子）而选择其他培训机构；家长希望教练在课程中多增加情景导入和趣味性，而教练更注重课程的实用性，可能导致课程有些枯燥乏味；为了孩子的学业，当孩子小升初时，家长可能会搬到学区房附近，如果附近有合适且知名度较高的培训机构，家长会更换培训机构。教练方面，有些学生可能因为不喜欢某个教练的授课方式而中断培训。其他方面，场地与器材也可能对学生中断体适能培训产生影响。黄教练还提到了几个较为重要的中断原因。第一，学生参加任何项目或培训都会经历一个厌倦过程，学习一段时间后会产生厌倦和疲劳感。一两年后，学生可能会重新参加培训。第二，当学生参加体适能培训并达到一定能力水平，身体素质提高时，他们可能选择参加其他运动项目而中断培训。然而，当学生进入初一和初二阶段时会因体育中考而继续参加培训。

黄教练还分析了参加体适能培训的学生情况，大约有200多名学生参加培训，男女比例大约为6∶4。其中，3.5~5岁（不含3.5岁）和5~7岁（不含5岁）的学员最多，但这一年龄段的学生参加体适能培训的稳定性较差；7~12岁（不含7岁）和12岁以上的学生人数较少，但12岁以上的学生的稳定性最强，这个年龄段的学生已经具备一定的认知能力，并对自身有一定要求，因此中断培训的人数最少。但是对于体适能中断学员的人数，黄教练表示由于没有进行具体统计，也没有建立学生档案，很难知道具体人数。为解决这一问题，黄教练已经采取了一系列措施，如建立学生档案并定期组织定量测试，使家长和教练能够观察到学生的变化。

致谢

"大家好，我是……"在一声声的自我介绍中，我开启了大学四年学习生活。时间如白驹过隙，一转眼，大学生活即将结束。回想起往事，我记忆犹新。父母千里迢迢陪着我，经历了漫长而辛苦的7个多小时绿皮火车旅程，从湖南最西边的一个小县城来到我的母校衡阳师范学院；我和室友匆匆忙忙起床，奔向食堂和教室；我晚上7点30分才到跆拳道馆学跆拳道的"小糊涂"模样；我在406教室打瞌睡的模样；我与同学们一起在图书馆奋斗，这些画面都仿佛发生在昨日，然而我却不知从何处开始讲述我的故事。单纯的讲述道不出我心中的喜悦、高兴、迷茫、遗憾。那就让这些情感留在我的记忆长河中，成为我成长之路上一道靓丽的风景。

在此向每一位授课老师表示感谢，也感谢每一位帮助和陪伴我的同学，正是因为有了你们的陪伴，当面对困难时，我才能不畏艰辛、勇往直前，不断审视和提高自己。

首先，我非常感谢论文指导老师蒋德龙老师。桃李不言，下自成蹊。蒋老师是一位有才华、有魅力、认真负责、严谨细心的好老师，给予我很大的帮助。我有幸成为他的学生并顺利完成毕业论文（设计）。在撰写论文期间，无论是论文选题、调查问卷设计、访谈提纲设计、实地考察，还是论文的修改、撰写以及完成，蒋老师都十分负责，耐心地指导我。蒋老师对学术研究的严谨态度一直影响着我。当我咨询蒋老师论文应如何撰写时，他始终强调真实性，要根据自己调查的数据进行分析和撰写。这为我今后的学习打下了坚实的基础。正是因为蒋老师严谨、耐心、负责地指导和帮助，我才能从多个角度去思考问题。当我遇到困难时，蒋老师也一直鼓励我。蒋老师付出了很多心血，在此向他致以最诚挚的感谢。蒋老师不仅在论文和学业方面给予我指导和帮助，在生活方面也教会我许多处事原则。再次衷心地感谢我的论文指导老师蒋德龙老师。

其次，我要感谢参与开题答辩和论文答辩的各位老师的指导以及衡阳优资艺体培训学校的老板、教练员、学生家长和学生的支持与配合。

最后，我要感谢我的父母、家人和朋友。常言道，穷人家的孩子早当家，我也不例外。我来自农村，是家里的第一个大学生。我肩负着父母的期望，希望能有所成就。父母常说："我们现在再辛苦、再累也没关系，只要你们过得好，能够读书就读书，即使砸锅卖铁也要供你们读书……不要像我们一样，每天在田间劳作，干重活，手里的老茧一层又一层。"虽然家中的条件并不富裕，但父母给我的爱与关心从未缺失。我脑海中常常浮现母亲早早起床生火为我和弟弟做早餐、喊我们起床上学和为我梳理美丽的麻花辫的场景；父亲打工回家时给我和弟弟带回一年都吃不到几次的荔枝和零食的场景。那些荔枝是我这二十多年来吃过最甜的荔枝。我明白父母所经历的辛劳和不易，希望自己成长得快些，再快些，父母老得慢些，再慢些。同时，我也庆幸自己是幸运的，能够成为他们的孩子。父母的恩情，孩子无以为报。我还要特别感谢一路陪伴我的朋友们，在我伤心难过、哭泣时，你们给予我温暖和关怀。谢谢你们，愿我们的友谊长久。

行文将至，道阻且长。大家，再见！

参考文献

［1］爱因斯坦. 物理学的进化［M］. 周雄威，译. 上海：上海科技出版社，1962.

［2］毕孝春. 开题报告［C］//广西写作学会教学研究专业委员会. 教师教育论坛（第六辑），2019：4.

［3］蔡泳，宋昕，徐刚，等. 计量资料的统计分析方法［J］. 上海口腔医学，2004（2）：134-136.

［4］常士正. 摘要、关键词、引言、结论与科技论文内容的关联性探讨［J］. 南阳理工学院学报，2017，9（1）：63-65.

［5］陈海艳，曹玉春. 普通高校本科毕业设计（论文）的改革探索与实践［J］. 高教学刊，2018（4）：128-130.

［6］陈洪武. 创新教育理念下体育教学方法理论与实践研究——评《体育教学法》［J］. 高教探索，2018（6）：132.

［7］陈及治. 体育统计与体育科研方法［J］. 天津体育学院学报，2001（3）：42-46.

［8］陈平. 毕业设计与毕业论文指导［M］. 北京：北京大学出版社，2015.

［9］陈巧. 如何撰写本科毕业论文［J］. 福建教育学院学报，2005

（5）：103–107.

［10］程志理. 选题、统计方法和概念——论体育科研的几个基本问题［J］. 天津体育学院学报，2002（4）：37–39.

［11］初景利，王珏，任娇菡. 图书馆学期刊论文的选题策略［J］. 图书馆学刊，2022，44（10）：1–7.

［12］崔江涛，赵岩松，王泉. 毕业要求达成度的多样性评价探索与实践［J］. 计算机教育，2018（4）：131–138.

［13］崔京艳. 科技期刊编辑撰写论文修改建议的要求及原则［J］. 编辑学报，2018，30（1）：29–31.

［14］戴艳阳. 浅议专业英文文献阅读能力的培养［J］. 中国电力教育，2010（28）：212–213.

［15］邓昌胜，张杨林，唐荣，等. 基于.NET的毕业论文在线指导系统的设计与实现［J］. 微计算机应用，2008（10）：74–78.

［16］邓伲姣，王华倬，高鹏. 我国体育思想研究的科学知识图谱分析［J］. 北京体育大学学报，2018，41（6）：13–20.

［17］丁汝鑫. 本科毕业设计指导五方略［J］. 教育教学论坛，2023（15）：165–168.

［18］杜红平，王元地. 学术论文参考文献引用的科学化范式研究［J］. 中国科技期刊研究，2017，28（1）：18–23.

［19］傅斌，王彤. 本科毕业论文（设计）模式的改革与实践探讨——以山西师范大学民族传统体育专业为例［J］. 体育研究与教育，2014，29（6）：64–66，82.

［20］高家望. 文献的认识论及其定义［J］. 图书馆理论与实践，1988（1）：3–8.

［21］耿芃. 大学本科毕业设计教学中培养学生分析思维和综合思维的实践［J］. 教育现代化，2020，7（15）：67–69，105.

［22］龚旖莲. 高校体育教育专业本科毕业论文选题和质量研究［D］.

长沙：湖南师范大学，2016.

［23］关雪. 五种定性资料统计分析方法比较研究［D］. 北京：中国人民解放军军事医学科学院，2013.

［24］国务院学位委员会，中华人民共和国教育部. 国务院学位委员会教育部关于进一步严格规范学位与研究生教育质量管理的若干意见：学位［2020］19号［A/OL］. http://www.moe.gov.cn/srcsite/A22/moe_826/202009/t20200928_492182.html.

［25］郭岩，高云海. 例谈论文写作提纲的拟制［J］. 应用写作，2020（12）：26–29.

［26］韩景春，栗延文，游小秀. 科技期刊学论文选题思路与写作技巧［J］. 编辑学报，2023，35（1）：103–108.

［27］郝清杰. 谈人文学科研究生的研究选题［J］. 中国高教研究，2010（7）：31–33.

［28］洪耀辉. 开放教育汉语言文学毕业论文指导问题思考［J］. 中国成人教育，2014（21）：160–162.

［29］胡宝华. 高校本科毕业设计"内卷化"：表现形式、成因与矫治策略［J］. 四川轻化工大学学报（社会科学版），2022，37（1）：84–100.

［30］华一雄，张执南. 基于文本相似度和入出比的改进PageRank科研文献搜索方法［J］. 机械设计与研究，2021，37（1）：6–9.

［31］黄敦利. 硕士毕业论文致谢词［J］. 应用写作，2017（7）：58–59.

［32］黄汉升. 体育科学研究方法［M］. 3版. 北京：高等教育出版社，2015.

［33］黄汉升，吴燕丹. 普通高校本科"体育科研方法"课程改革的路径——基于体育院、系学生毕业论文的现状思考［J］. 中国体育科技，2011，47（5）：116–127.

［34］姜丽娜. 导师制视角下舞蹈表演专业本科生毕业设计质量实践探索——以红色主题原创舞蹈作品《影》为例［J］. 艺海，2022（8）：66-68.

［35］教育部高等学校教学指导委员会. 普通高等学校本科专业类教学质量国家标准［M］. 北京：高等教育出版社，2018.

［36］结论（结语）的写法［J］. 实验室研究与探索，2021，40（6）：41.

［37］劳凯声. 人文社会科学研究的问题意识、学理意识和方法意识［J］. 北京师范大学学报（社会科学版），2009（1）：5-15.

［38］雷学会，龙行年，徐剑，等. 变迁中的再生：民俗体育在城市空间运行机制研究——一个舞龙习俗的田野调查［J］. 武汉体育学院学报，2023，57（5）：62-71.

［39］李博，刘阳，陈思同，等. 我国学校体育研究中访谈法运用的问题分析［J］. 上海体育学院学报，2018，42（1）：56-63.

［40］李娟娟. 本科毕业论文致谢［J］. 应用写作，2018（5）：63.

［41］李林英，石丽萍. 马克思主义理论学科博士学位论文研究方法运用的实证分析［J］. 马克思主义理论学科研研，2016，2（3）：156-170.

［42］李微，王智慧. 从搏击技艺到身体教育的演变——古代与近代学校武术变迁过程的动因分析［J］. 体育与科学，2012，33（1）：44-47，64.

［43］李艳翎. 体育科学研究方法［M］. 长沙：湖南师范大学出版社，2018.

［44］李艳翎. 体育科研理论与方法［M］. 长沙：湖南文艺出版社，2003.

［45］李玉倩. 毕业设计（论文）质量问题的分析与对策研究——基于"学"为中心的理念视角［J］. 长春大学学报，2015，25（8）：

124–128.

［46］李长平，胡良平．定性资料的数据结构与分析方法概述［J］．四川精神卫生，2019，32（4）：289–296．

［47］李正莉，李淑娟，任之梦，等．科技论文查重扩大化对学术诚信的负面影响［J］．编辑学报，2022，34（4）：415–418．

［48］梁荻．公文的语言风格［J］．云南社会科学，2001（S1）：289–292．

［49］凌斌．论文写作的提问和选题［J］．中外法学，2015，27（1）：36–42．

［50］刘夫力，孙国良，张钧庆．中国竞技体育无形资产发展战略研究［J］．广州体育学院学报，2003（1）：28–30，36．

［51］刘建平，宋剑波，刘元镇．中国古代统计资料整理方法及其发展［J］．统计与决策，2004（5）：60–62．

［52］刘津津．西安体育学院舞蹈表演专业本科毕业设计质量评价体系优化［D］．西安：西安体育学院，2022．

［53］刘晓丽．本科毕业论文存废之争与体育院校毕业论文改革［J］．科教导刊（中旬刊），2012（20）：206–207．

［54］刘义峰，张彦秋，李彦龙，等．我国高等体育院校本科毕业论文质量提升策略研究［J］．哈尔滨体育学院学报，2015，33（2）：70–73．

［55］刘益之．六法论与中国绘画［J］．艺术探索，1989（2）：55–116．

［56］龙宋军，罗凤梅．民国时期体育类毕业论文写作对本科论文改革的启示［J］．科技视界，2017（19）：77–78．

［57］陆再兴．不能低估毕业论文中期检查的作用［J］．中国电力教育，1997（4）：61–62．

［58］论文摘要的写法［J］．实验室研究与探索，2022，41（11）：

199.

［59］吕允英. 编辑指导学术论文修改的思路及方法分析［J］. 科技与出版，2017（3）：36–38.

［60］马来平. 文章千古事得失寸心知——与研究生谈找"问题"和论文修改［J］. 学位与研究生教育，2015（11）：1–5.

［61］马立平. 怎样分析定性资料——现代统计分析方法的学与用（二）［J］. 北京统计，2000（2）：41–42.

［62］马勇. 对媒介融合时代体育新闻实践教学改革的探讨［J］. 新闻界，2012（7）：77–80.

［63］毛善超. 高校本科毕业论文质量评价实证研究［D］. 广州：华南理工大学，2013.

［64］欧锦雄. 法学毕业论文写作课的教学研究［J］. 广西政法管理干部学院学报，2003（2）：122–127.

［65］欧阳健.《中国小说史略》论断平议［J］. 内江师范学院学报，2007（5）：10–15.

［66］彭李明，郑伟涛，王虹. 应用型本科学生创新能力培养实践教学体系构建——以体育工程学专业为例［J］. 高教学刊，2022，8（36）：63–66，70.

［67］钱寅. "文献"概念的演变与"文献学"的舶来［J］. 求索，2017（7）：167–173.

［68］全国信息与文献标准化技术委员会. 信息与文献 参考文献著录规则：GB/T 7714—2015［S］. 北京：中国标准出版社，2015.

［69］全国信息与文献标准化技术委员会. 学术论文编写规则：GB/T 7713.2—2022［S］. 北京：中国标准出版社，2022.

［70］史兵. 假设检验在中小学体育科研中的应用［J］. 陕西师范大学成人教育学院学报，1999（4）：107–109.

［71］石岩，霍炫伊. 体育运动风险研究的知识图谱分析［J］. 体育科

学，2017，37（2）：76-86.

［72］孙洁．毕业论文写作与规范［M］．北京：高等教育出版社，2014.

［73］孙洁，陈雪飞．毕业论文写作与规范［M］．北京：高等教育出版社，2014.

［74］邰崇禧，朱国生，汪康乐，等．体育科研方法与体育学科的发展［J］．体育文化导刊，2010（11）：138-140.

［75］唐伟．科技论文中结果与讨论的写法分析［J］．科技资讯，2014，12（23）：216-217.

［76］田武韬．引入动作创编设计提升大学生本科毕业论文实践创新能力的研究［J］．广州体育学院学报，2018，38（5）：125-128.

［77］王才东，刘苏萌，孙玉胜．本科毕业设计（论文）质量提升改革与实践［J］．高教学刊，2023，9（21）：124-127.

［78］王笛．文字表达与学术写作［J］．抗日战争研究，2020（2）：36-43.

［79］王枫云，陈嘉俊．公共管理类专业本科学位论文的写作与答辩［M］．广州：中山大学出版社，2016.

［80］王洪彪，王丽岩．用问卷做实验：调查——实验法在体育科学研究中的启示与展望［C］//中国体育科学学会．第十二届全国体育科学大会论文摘要汇编——专题报告（运动心理学分会），2022：2.

［81］王璐璐，秦丽莉．社会文化理论视角下导师反馈对学术语篇结构习得的影响——翻译专业毕业论文案例研究［J］．解放军外国语学院学报，2022，45（1）：103-110.

［82］王晓姝．英语专业本科毕业论文导写［M］．哈尔滨：哈尔滨工程大学出版社，2008.

［83］王艳，宫兆军，王世伟．论掌握文献检索知识的重要性［J］．山东化工，2018，47（11）：164，166.

［84］王雁．高校体育专业"体育科研方法"课程的教学改革研究——基于山西省某高校体育学院本科毕业论文的现状反思［J］．教育理论与实践，2019，39（6）：58-60．

［85］王樱桃，张庆建，梁旭鹏，等．基于结构方程模型的体育类本科毕业论文质量评审指标研究［J］．体育科技，2014，35（4）：130-131，136．

［86］威尔逊．科学研究方法论［M］．石大中，鲁素珍，穆秀瑛，等译．上海：上海科学技术文献出版社，1988．

［87］文秋芳．《文献阅读与评价》课程的形成性评估：理论与实践［J］．外语测试与教学，2011（3）：39-49．

［88］吴磊，刘炎祁．医学科研论文写作［M］．北京：化学工业出版社，2023．

［89］吴丽萍，黄文英．体育科研中实验法的思辩［J］．西安体育学院学报，2005（S1）：143-145．

［90］吴素香．课程思政融入《新药研究与开发》教学的探索与实践［J］．高教学刊，2020，（26）：150-152．

［91］夏伶，夏君，唐丰收．师生认知差异视角下本科毕业论文评价体系构建研究［J］．西部素质教育，2023，9（9）：10-14．

［92］项东，孙浩森，赵成龙，等．科技期刊文献综述论文的写作方法［J］．山东建筑大学学报，2017，32（5）：507-510．

［93］肖威．体育专业本科论文写作不应取消而应加强［J］．体育学刊，2008（8）：63．

［94］徐本力．专项理论到运动训练科学——兼论运动训练科学理论的形成与发展趋向［J］．北京体育大学学报，2004（6）：721-726，729．

［95］徐波锋．西安体育学院特殊教育专业本科毕业论文选题质量的分析研究［J］．教育现代化，2019，6（60）：213-215．

［96］徐昕蕾．上海师大体育教育专业本科毕业论文现状与对策研究
　　　［D］．上海：上海师范大学，2015.

［97］杨婷．全媒体时代公共图书馆宣传推广策略思考［J］．新世纪图书
　　　馆，2022（6）：38-41.

［98］杨新乐，郭仁宁，于静梅．本科毕业设计问题分析及质量提高方法
　　　探讨［J］．中国现代教育装备，2010（7）：140-142.

［99］姚琼姿，庄初升．关于东莞方言的调查和建档工作［J］．文化遗
　　　产，2016（2）：126-132，158.

［100］叶云飞．本科毕业论文质量提高研究［D］．上海：华东师范大
　　　学，2008.

［101］永井淳，李磊．我的资料整理方法［J］．情报科学，1984（3）：
　　　86-87.

［102］袁焰．关于毕业论文写作提纲的拟写［J］．新疆广播电视大学学
　　　报，2003（4）：40-41.

［103］佚名．参考文献著录格式［J］．中国研究型医院，2023，10
　　　（5）：56.

［104］佚名．如何选择论文关键词［J］．中国高等医学教育，2018
　　　（1）：13.

［105］张传花，司继伟，张宝成．学习拖延影响因素研究述评［J］．山
　　　东理工大学学报（社会科学版），2010，26（1）：106-109.

［106］张海燕．论文评审中的查重量化问题及改进路径［J］．编辑学
　　　报，2023，35（5）：545-549.

［107］张宏伟．体育新闻专业实践教学体系建设研究［J］．今传媒，
　　　2013，21（8）：137-138.

［108］张惠彬，仲思睿．破除"查重迷信"：知网时代学位论文抄袭判
　　　断标准的匡正［J］．太原理工大学学报（社会科学版），2023，
　　　41（5）：36-43.

［109］张静，姚继涛，武福全. 本科毕业设计（论文）问卷调查分析〔J〕. 西安建筑科技大学学报（社会科学版），2011，30（4）：80-83.

［110］张丽华，王娟，苏源德. 撰写文献综述的技巧与方法〔J〕. 学位与研究生教育，2004（1）：45-47.

［111］张力为，彭凡. 体育科学如何应对可重复性危机？〔J〕. 体育学研究，2021，35（6）：1-11.

［112］张琦. 我国体育学博士学位论文研究方法规范性研究〔D〕. 天津：天津体育学院，2022.

［113］张庆宗. 文献综述撰写的原则和方法〔J〕. 中国外语，2008（4）：77-79.

［114］赵明楠，张慧清，杨军，等. 高校体育科学研究方法课程综合改革的行动研究〔J〕. 南京体育学院学报，2019，2（8）：16-20，58.

［115］赵燕容，王锦国，魏继红，等. 工程教育认证标准要求下的河海大学地质工程专业课程体系构建〔J〕. 教育教学论坛，2019（34）：191-193.

［116］郑琳. 大学生毕业论文选题存在问题及对策〔J〕. 安徽科技学院学报，2008（4）：51-53.

［117］郑泉. 通往教育革新之路—胡适的语文教育思想研究〔D〕. 贵阳：贵州师范大学，2015.

［118］志瑜. 合作学习理论在毕业论文指导中的实证研究——以日语专业为例〔J〕. 浙江工业大学学报（社会科学版），2018，17（1）：116-120.

［119］中华人民共和国教育部. 关于印发《本科毕业论文（设计）抽检办法（试行）》的通知：教督〔2020〕5号〔A/OL〕. http://www.moe.gov.cn/srcsite/A11/s7057/202101/t20210107_509019.html.

［120］中华人民共和国教育部. 中华人民共和国学位法［M］. 北京：人民出版社，2024.

［121］周大鸣. 如何确立学术问题——文献综述撰写的目的与方法［J］. 广东技术师范大学学报，2021，42（4）：1-7.

［122］周德巧，张长念. 民族传统体育的现代转型叙事及其"结构-功能"逻辑——基于重庆"铜梁龙舞"的田野调查［J］. 体育与科学，2022，43（4）：21-28.

［123］周文辉，燕平. 应用型高校教学质量监控与保障体系的构建与完善［J］. 职教论坛，2017（19）：45-49.

［124］周学萍，刘均娥，岳鹏，等. 扎根理论资料分析方法在烧伤患者心理弹性研究过程中的应用［J］. 中国护理管理，2014，14（10）：1040-1044.

［125］朱晓进. 鲁迅的文体意识及其文体选择［J］. 文艺研究，1996（6）：35-41.

［126］邹本旭，刘军. 休闲体育俱乐部指导员胜任特征要素构成研究——双向行为事件访谈法的应用［J］. 武汉体育学院学报，2010，44（6）：77-80.

［127］邹振环. 世界想象［M］. 北京：中华书局，2022.